KB124301

생존자들

추천의 글

심리학자와 내담자가 인간 대 인간으로 만나는 경이로운 광경.

— J. M. 쿳시, 노벨문학상 수상자

우리는 지옥을 겪고 끊임없이 살아낸 사람들에 관한 이야기를 읽을 필요
가 있다. 매력적인 책이다.

— 글레넌 도일, 뉴욕타임스 베스트셀러 『언테임드』 저자

연대의 힘과 인간정신의 승리를 이야기하는, 가슴 아프고 놀라우며 영감
을 자극하는 심오한 책이다.

— 로리 고틀립, 뉴욕타임스 베스트셀러 『마음을 치료하는 법』 저자

강렬하고 울컥한 감동을 주는 이 책에서 알 수 있다시피, 이 세상에 '하자
인생'은 없다. 4명의 내담자와 감정적인 자유라는 목표를 향해 그들을 인
도하는 저자의 남다른 창의적인 태도에 경외감을 느낀다.

— 로나 메이너드, 『우리 어머니의 딸My Mother's Daughter: A Memoir』 저자

신경학자 올리버 색스처럼, 캐서린 길디너의 책 『생존자들』은 그들의 사
투를 돕고 그 과정에서 심리학자의 본분에 대한 깨달음을 얻는 과정을
기록했다. 길디너는 진솔한 스토리텔링의 대가로, 자신의 눈에 비친 타

인과 자신의 모습을 재미있고 솔직하며 군더더기 없이 전한다. 몰입의 기쁨을 만끽할 수 있는 작품이다.

— 수전 스완, 『바스의 아내들The Wives of Bath』 저자

이 흥미진진한 심리학 저서에서 캐서린 길디너는 어머니, 아버지, 기관의 극악한 비행을 고발하며 어린 시절의 상처를 간직한 피해자들이 꿋꿋한 영웅으로 변모해나가는 과정을 소개한다. 자기 자신을 좀 더 잘 이해할 수 있는 방법을 고민하는 심리학자와 함께한 구원의 여정이다.

— 안타나스 실레이카, 『맨발의 빙고 고수The Barefoot Bingo Caller』 저자

상담치료의 여정을 매력적이고 압축적으로 요약한 작품이다. 마음과 마음이 연결되는 의미 있는 순간들로 반짝이며, 심리학 이론뿐 아니라 통찰력 있고 적극적이며 긍정적인 상담치료사로서의 저자의 삶과 개성까지 엿볼 수 있다. 임상심리학자와 내담자가 인간 대 인간으로 만나는 존경스러운 사례 연구다. 저자의 위트와 지혜는 이제 독자 모두가 공유하는 선물이 되었다.

— 데이비드 S. 골드블룸, 중독정신질환센터 수석고문, 토론토대학교 정신분석과 교수

행복하고 온전한 어른으로 성장하는 데 가장 중요한 것이 부모의 무조건

적인 사랑이라는 사실에 의구심을 품은 사람이 있다면 『생존자들』에서 의구심을 완전히 해소할 수 있을 것이다. 이 책은 가장 심한 내상을 입은 사람들에게도 희망이 있다는 메시지를 전달한다.

— 돈 린치, 캐나다 식스네이션스공립도서관

저자는 사랑 대신 학대를 일삼는 사람들에게 짓밟히면서도 하루하루 버텨나간 내담자들의 정신력에 크게 감동했다. 저자의 말처럼, "용감하다는 것은 하나의 행동이 아니라 불가능한 상황을 대면하고 날마다 일어나 똑같은 시련을 반복하는 일이다." 캐나다의 악명 높은 원주민 기숙학교에서 자란 남성, 9살에 오지의 오두막집에 버려졌던 여성 등 인상깊은 내담자 4명의 삶을 이해하고 치유를 도모하는 과정에 동행하면서, 우리 역시 이들의 내면의 힘에 경외감을 느끼게 될 것이다.

— 에이드리언 량, 아마존 이달의 책 북리뷰

연륜 깊은 심리학자가 가장 큰 영감을 준 내담자 4명의 삶을 고통스럽지만 그럼에도 희망적인 이야기로 기록해냈다. —《뉴스위크》

가슴 아픈 이야기다. 끔찍한 학대를 당한 사람들이 회복의 수단을 찾아가는 과정이 경외심을 불러일으킨다. —《퍼블리셔스 위클리》

치유의 여정에 나선 독자들을 위한 통찰력 있는 심리 수업.

— 《커커스리뷰》

이 책은 환자의 치유에 초점을 맞추고 있지만, 작가 자신의 재능과 상담 치료사로서의 성장에 관해서도 다루고 있다. 영웅적인 치료 활동을 하고 그것에 관해 웅변적으로 써준 길디너 박사에게 경의를 표한다.

— 《뉴욕 저널》

상담치료실에서 만난 내담자들과의 놀라운 이야기를 담았다. 열정적이고 통찰력이 돋보인다.

— 《스타》

생존자들

Good Morning,
Monster

캐서린 길더너
지음

이은선
옮김

뿌리 깊은 트라우마를 극복한 치유의 기록

라이프 앤 페이지
Life & Page

여기 소개된 영웅들에게 이 책을 바친다.

차례

들어가며

먼저 이 책에 소개된 나의 내담자들에게 고맙다는 말을 전하고 싶다. 이 4명의 내담자는 저마다 사회적인 배경도 다르고, 각기 다른 문화권 출신이며, 가장 중요하게는 기질이 다르다. 피터에게서는 용서의 능력이, 대니에게서는 금욕적인 천성이 인상적이었다. 경제적인 면에서 양극단에 해당하는 로라와 매들린은 둘다 결단력이 대단했다. 모두 내가 갈구하는 영웅적인 자질을 갖춘 사람들이었다. 나는 그들을 통해 다양한 삶의 대처법을 터득했고, 요즘도 그들에게서 배운 인생과 사람에 대한 교훈을 자주 활용한다. 그들 모두가 내 정신세계에 바람직한 영향을 미쳤다.

인생의 경험담을 공유하는 것보다 더 큰 선물은 없기에 나의 내담자들에게 진심으로 감사할 따름이다. 나는 이에 대한 보답으로 그들의 익명성을 철저하게 보호했고, 그들의 신원이 드러나지 않도록 최선을 다했다.

이 책은 학술서가 아니라 대중서이자 인문서이다. 나는 이 책이 영감의 통로가 되기를 바라지만 동시에 학습 교재로 쓰였으면 하는 마음도 있었기에 각 내담자와의 상담 기록을 토대로 대화를 재구성했다. 하지만 사례를 통해 설명하고자 하는 심리학 지식을 좀 더 분명하게 소개하고 내담자의 신원을 감추기 위해 필요하다고 판단한 경우, 다른 여러 사례의 일부 요소를 첨가하는 식으로 재구성했다. 각 사례를 서사적으로 구성했기에 강조된 부분도 있고, 생략된 부분도 있을 수밖에 없다.

자신의 분투기를 나를 비롯해 다른 사람들과 공유해준 이들 모두에게 다시 한번 고마울 따름이다. 음악가인 피터가 남긴 이 말이 이들 모두의 심정을 대변하지 않을까 싶다. "만약 제 경험담이 고통을 겪고 있는 단 한 사람에게라도 도움이 될 수 있다면 의미가 있을 거예요."

감사를 담아
캐서린 길디너

1부

◆

갇힌 마음

애착장애 · 무성애증

피터 이야기

음악을 들으면 고독이 당장
채워지는 것을 느낄 수 있다.

_로버트 브라우닝, 『브라우닝 시선집』

다락방

여러 면에서 심리학은 고고학을 닮았다. 발굴되어 나오는 유물의 먼지를 조심스럽게 털어가며 한 층, 한 층 파헤치다보면 소설보다 더 신기해 보이는, 묻혀 있던 세상이 통째로 등장한다.

1986년 나는 성기능장애를 전문적으로 다루는 비뇨기과 의사에게서 전화를 받았다. 그는 특이한 사례를 맡았노라고 했다. 34살 중국인으로 발기부전을 앓는 피터 창을 두고 하는 말이었다. 피터는 신체적으로 정상이었고 자위를 하고 오르가슴을 느끼는 데는 아무 문제가 없었지만, 여자 앞에서는 어떤 형태로든 발기한 적이 없었다. 그 비뇨기과 의사는 그에게 성교 1시간 전에 투입하는 강력한 약물을 처방했다가 충격을 받았다. "제 개업의 인생을 통틀어 심각한 혈액순환장애 환자가 아니고서는 이 약이 실패한 적이 없었어요." 피터에게는 그런 장애가 없었다. 이 약물은 가끔 정반대의 합병증을 유발하는 경우도 있었다. 3일 동안 발기 상태가 유지되는 합병증이었다. 하지만 성공률 100퍼센트의 이 약물이 피터 창에게는 아무 효과가 없었다. 비뇨기과 의사는 결론을 내렸다. "그의 머릿속에는 이 방탄주사도 차단할 정도로 막강한 뭔가가 들어 있는 게 분명해요."

동성애자일 수도 있지 않겠느냐고 묻자 비뇨기과 의사는 피터가 자기 입으로 말하기로는 이성애자이며 여자와 섹스하고 싶어 한다고 했다. 그는 피터에게 광범위한 비뇨기과 검사를 시행한 결과, 육체적으로는 성생활을 수행하는 데 아무 문제 없는 것으로 밝혀졌으니 그의 사례를 심리학과로 넘기겠다고 했다. 그는 진료 의뢰서를 전하겠다며 이 건으로 비뇨기과가 한 방 맞았으니 내가 만약 이 사례의 진상을 규명하면 집담회를 열자고 했다. 그러고는 전화를 끊기 직전에 말했다. "이건 책에 소개될 만한 사례예요. 인간사를 다 알겠다는 생각이 들 만하면, 아무것도 모른다는 걸 입증해 보이는 사람이 등장한다니까요?"

비아그라가 개발되기 전에 받은 진료 의뢰였다. 하지만 나는 비아그라 용량을 아무리 늘려도 효과를 보지 못한 내담자를 최근에 여러 명 만난 적이 있었다. (비뇨기과 의사들에게 물어보니 과거의 그 주사에 비하면 비아그라는 약한 편이라고 했다.) 발기보조제는 **육체적인** 문제일 때라야 효과가 있다. 정서적인 문제는 혈류량을 아무리 늘려도 해결되지 않는다. 모든 성적 반응에는 심신이 함께 동원된다.

피터는 상담에 적극적인 태도를 보이며 빈 시간 중 가장 이른 시간을 예약했다. 대기실로 들어가보니 평범한 외모에 목소리가 부드럽고, 청바지에 운동화를 신고 검은색 야마하 티셔츠를 입은 중국계 남자가 기다리고 있었다. 상담실로 자리를 옮겼을 때 그는 시선을 피한 채 자신의 과거를 상세하게 공개했다. 충격적인 부분까지 자기 이야기가 아니라 학술 논문을 낭독하듯 말했다.

피터는 한 밴드에서 키보드 주자로 15년째 활동 중이었다. 낮에는 피아노 조율사로 수입을 충당했다. 아파트에서 혼자 살고, 애인은 없었다. 어떤 도움을 바라느냐는 질문에 그는 이렇게 대답했다. "가장 큰 문제는 제가 외롭다는 거예요. 여자를 사귀고 싶은데 그게 잘 안 되네요."

나는 성관계를 말하는 거냐고 물었다. "네." 그는 바닥을 내려다보며 조용히 말했다. "성관계도 안 되긴 하지만 정서적인 관계도 맺고 싶어요. 대화를 나누고 이런저런 일을 공유할 사람이 있으면 좋겠어요."

전에도 여자를 사귀려고 시도해본 적 있느냐고 물었다. 그는 있었지만 아주 제한적이었다고 했다. 그러고는 살짝 겸연쩍은 듯이 미소를 지으며 말했다. "대개는 저만의 상상 속에 존재하는 관계였어요."

나는 그에게 뭐가 문제건 간에 심리학자들은 항상 내담자의 가족에 대해 정보를 수집한다고, 가족관계가 모든 관계의 기본이기 때문이라고 말했다. 중국계인 피터의 부모님은 1943년에 베트남에서 캐나다로 건너왔고 1952년까지 두 아이를 낳았다. 그보다 4살 많은 누나는 현재 결혼했고 아이가 하나 있었다. 피터는 매부는 중국계가 아니라고 꼼꼼하게 챙겼다.

그가 9살 때 아버지가 돌아가셨다. 내가 자세한 정황을 묻자 그는 인상을 찡그리고 알맞은 단어를 고민하더니 마침내 말했다. "일종의 자살이었어요. 아버지가 당뇨병 환자였는데 당뇨를 위한 식단관리를 하지 않으셨거든요. 날마다 어머니가 간식을 만들어드리고는 이제 죽을 시간이 됐다고 말씀하셨어요. 아버지는 체중이 엄청나게 불었고 통통 부은 발을 더 이상 쓸 수 없게 됐어요. 몇 년 동안 아무래도 우울증 아닌가 싶은 상태로 무슨 고민을 하듯 말없이 앉아서 지내시다가 어느 날 심장마비로 돌아가셨어요."

내가 9살이면 아버지를 여의기에 너무 어린 나이라며 연민을 보이자 그는 말했다. "저는 슬퍼했지만, 어머니는 우리 가족을 위해서 그 길이 최선이라고 했지요."

어머니는 아버지가 죽길 바랐고, 죽음을 앞당기기 위해 당뇨병 환자에게 달달한 간식을 먹였고, 마침내 아버지가 돌아가셨을 때 속 시원해했다는 이야기를 피터는 아무렇지 않게 했다. 나는 어머니의 포악한 심성에 충격을 받았지만 첫 만남에서 걱정하는 마음을 내비치고 싶지는 않았다. 피터와 관계를 형성하고 과거의 정보를 수집해야 했다. 그래서 좋게 에둘러서 어머니가 좀 너무하신 거 아니냐고 말했다. 하지만 피터는 그녀를 변호했다. "어머니는 우리가 잘되기만을 바라셨고 전업으로 세 가지 일을 하셨어요." 내가 어느 시간에 그럴 수 있었냐고 묻자 그는 어머니가 동시에 두 가지 일을 하고 나중에 한 가지 일을 추가로 했다고 말했다. 그들은 온타리오주의 조그만 마을에서 딱 하나뿐인 캐나다식 중국음식점을 운영했다.

예전에는 아버지가 음식을 만들고 어머니가 서빙 겸 운영에 필요한 모든 일을 전담했다고 했다. 남는 시간에는 구슬로 정교한 공예품을 만들어 토론토의 고급 백화점에 팔았다. 여름에는 넓은 텃밭에서 대부분의 음식 재료(중국 채소)를 직접 키웠고 중국 식자재 공급업자들을 상대로 도매 장사를 했다. 피터는 말을 잠깐 멈추었다가 다시 이었다. "한밤중에 창밖을 내다보면 머리에 광부용 전등을 쓰고 몇 시간 동안 채소를 따고 잡초를 솎아내던 어머니가 보였던 기억이 나요."

"일을 세 개나 하면서 아이들까지 건사했다고요?"

그는 머뭇거리다가 처음에는 부엌에 놓인 아기 침대가, 나중에는 식당 안 어린이용 의자가 누나의 자리였다고 침착하게 설명했다. 거기서는 말을 하거나 시끄럽게 소리를 내면 안 됐다. "누나는 항상 말을 잘 들었지만 저는 아니었어요. 제가 2살이 채 안 됐을 때 누나는 칸막이 자리에 말없이 앉아 있었는데, 저는 등받이 없는 의자를 빙글빙글 돌리고 그랬거든요. 한번은 메뉴로 종이비행기를 접어서 날리려고 했던 기억이 나요. 어머니로서는 식당에서 용납할 수 없는 행동이었죠. 어머니는 발바닥에 불이

나도록 뛰어다녀야 했고 그런 장난을 치면 손님들 식사에 방해가 될 테니까요. 제가 참 말을 안 들었어요."

나는 남자아이가 여자아이와 비교해 원래 활동적이라고, 그는 정상적으로 행동했을 뿐이라고 말했다. 그는 깍듯하게 고개를 끄덕이고 후렴구를 반복했다. "어머니는 우리 가족이 잘되기만을 바라셨을 뿐이에요." 그는 또래 남자아이들의 정상적인 행동을 보였을 뿐인데도 어머니의 생각에 동화돼 자신이 '참 말을 듣지 않는 아이'였다고 믿고 있었다. 내가 그의 행동에 대해 어머니가 어떤 조치를 취하셨느냐고 묻자 그는 이렇게 대답했다. "제가 기억하는 아주 먼 옛날부터, 종이비행기를 날린 그때만 빼고요, 저는 식당 다락방에 혼자 갇혀 지냈어요. 어머니가 아침에 하루치 먹을거리를 넣어주셨죠. 어머니가 안아서 집으로 옮길 때쯤이면 잠들어 있었고요." 나는 얼마나 오랫동안 그런 식으로 격리생활을 했냐고 물었다. 그는 5살 때까지였다고 대답했다. 부모님이 새벽 6시부터 자정까지 계속 일해야 했기 때문에 어머니가 그를 가두는 수밖에 없었다고 했다.

나는 의자에 똑바로 앉아서 숨을 멈추었다. 내 앞에 아주 드문 사례가 등장한 순간임을 깨달을 수 있었다. 어렸을 때 가장 중요한 시기 동안 갇혀 지냈던 남자. 아동심리학의 선구자인 에릭 에릭슨(Erik Erikson)과 장 피아제(Jean Piaget)는 아동발달에 중요한 시기가 있고, 각 시기가 그 이전 시기를 토대로 구축된다고 했다. 만약 피터가 2살부터 5살까지 격리생활을 했다면 다른 아이들을 따라잡는 데 어려움이 있었을 것이다. 첫 단계에서 몇 가지만 열거해봐도 애착, 유대감, 언어발달에 구멍이 뚫렸을 테니 말이다. 어렸을 때 우리 모두에게는 '열린 창문'이라는 것이 생기고, 이것을 통해 발달상의 시기가 결정적인 역할을 하는 특정 능력을 개발한다. 이 창문은 시간의 흐름에 따라 서서히 닫힌다. 아동이 순서대로 배열된 한 시기를 놓치면 그 공백을 메우는 데 많은 어려움이 따를 수 있다. 예를 들어 완전한 격리생활을 했던 아이들은 언어결손을 잘 극복하지 못한다.

나는 피터에게 들은 충격적인 정보를 흡수한 뒤 새로운 시각으로 그를 쳐다보았다. 이 내담자에게 발기부전은 빙산의 일각이었다. 내가 경보를 울리거나 그에게 특별한 사례라는 뉘앙스를 풍기면 공포를 조장할 수 있었다. 이 때문에 혼자 지냈던 그 시기에 관해 기억나는 게 있느냐고 물으며 조심스럽게 접근했다.

"음, 겨울에는 춥고 여름에는 더웠어요." 그는 말했다. "저는 아기 침대에 남겨졌거든요. 안전 가드를 타고 넘어 침대에서 탈출하는 법을 터득했던 날이 생각나요. 그래서 기뻤는데, 문이 잠겨 있다는 걸 알았을 때 우울해졌어요."

"그 어린 시절에 얽힌 가장 생생한 기억은 뭐예요?"

"창피한 기억이지만 솔직하게 말씀드릴게요." 피터는 다 먹은 토마토 스튜 깡통에 대고 어떤 식으로 배변을 해결했는지 설명했다. 업소용 크기였는데, 가장자리가 너무 날카로워서 걸터앉을 수는 없었다. "제대로 조준하지 못하면 어머니가 화낼 테고 엉덩

이를 베어도 어머니가 화를 낼 테니 전전긍긍했어요."

나는 말했다. "이러지도 못하고 저러지도 못하는 화장실 시스템이었네요."

그는 희미하게 웃으며 맞장구쳤다. 그러고는 다시 원래대로 가면을 썼다. "저 때문에 일거리가 늘어나면 어머니한테 대나무 회초리로 맞아서 붓고 피가 날 테니 그 깡통이 무서웠던 기억이 나요."

내가 듣기만 해도 아팠을 것 같다고 하자, 그는 살림을 꾸려야 했으니 어머니로서는 선택의 여지가 없었다는 주문을 반복했다. 그 때문에 시간을 허비할 수 없었다는 것이다. 그는 얼굴을 찡그리며 말했다. "장난감을 만들려고 전선 피복을 벗겼을 때 제일 심하게 맞았어요. 손으로 뭘 가지고 놀고 싶었거든요."

나는 어머니가 장난감을 **주었더라면** 좋았을 걸 그랬다고 말참견을 했다. 피터는 그들이 가난했다고, 중국 이민자들은 모두 똑같이 자신을 희생해야 했다고 말했다. 그것이 캐나다에서 살아남을 수 있는 유일한 방법이었다.

두말하면 잔소리지만 그건 아니었다. 중국 이민자라고 해서 아이를 몇 년 동안 1주일에 7일, 하루에 18시간씩 혼자 다락방에 가둘 필요는 없었다. 피터는 자기 부모의 병적인 행동을 일반화하고 있었다. 그에게는 방치나 방임이 정상이었고, 그는 부모를 보호하고 싶어 했다.

상담이 진행될수록 중국 이민자 생활을 향한 피터의 해석에 의구심이 생겼다. 결국 나는 그에게 중국 남자들은 모두 5살 때까지 대부분의 시간 동안 방에 갇혀 지낸다고 생각하느냐고 물었다. 그의 대답은 충격적이었다. "뭐, 제가 잘못했으니까요." 그는 조용히 말했다. "카운터의 의자를 돌리고 뛰어다녔잖아요. 어머니는 남에게 저를 맡길 여력이 안 됐어요. 누나는 얌전히 앉아 있는 법을 배웠어요. 저는 배우지 못했고요." 이건 누가 봐도 아동방임이자 학대인데, 그는 그렇게 해석하길 거부하고 있었다.

사실 그의 머릿속에 가장 또렷하게 남은 기억은 — 그가 유일하게 행복했다고 분류한 기억이다 — 여름에 식당 뒷계단에서 채소를 써는 어머니의 모습을 다락방 창문 너머로 바라본 것이었다. 가끔 어머니가 보관해둔 쌀을 꺼내러 2층으로 올라올 때가 있었다. 발소리가 들리면 그는 다락방 감옥이 있는 3층으로 어머니가 와주길 바랐다. 그는 자신을 데리러오는 것일지 모른다는 희망에 심장이 두근거렸던 것을 기억했다. 그런 적은 거의 없었다. (어머니는 자정이 지난 다음에서야 올라와 잠든 그를 바로 옆 살림집으로 옮겼다. 동이 트면 아직 자고 있는 그를 다시 식당으로 옮겼다.) 그녀가 다시 식당으로 내려가면 그는 낙담했다.

"가장 견디기 힘든 건 외로움이었어요." 그는 그 시절을 회상하며 말했다. "매를 맞거나 추위에 떠는 건 어쩌다 한번씩 있는 일이었지만 외로움은 가실 줄 모르고 끊임없이 저를 갉아먹었거든요." 그는 나무 위에서 다람쥐를 보고 그의 창문 앞으로 와달라고 애원했다. "그걸 뭐라고 하는지 몰랐었는데, 다락방 생활이 끝나고 한참이 지나서 **외로움**이라는 단어를 배운 기억이 나요. 그 때 저는 7살인가 8살이었고 TV로 〈인크레더블 헐크〉를 보고 있었어요. 그가 자신이 헐크라는 걸 아무도 모르게 남들과 떨어져 지내야 해서 외롭다고 말하더라고요. 드라마 끝 무렵 헐크가 살던 곳을 떠나야 했을 때 흐른 음악이 너무 슬펐어요. 다른 사람들도 저처럼 외로움을 느낀다는 데 충격을 받았던 기억이 나요. 그리고 그 끔찍한 기분을 **외로움**이라고 부른다는 것도 알게 됐죠."

나는 상담을 진행하며 피터에게 어머니가 잘해준 적은 없었느냐고 물었다. 그는 조그만 흰색 장난감 피아노를 받은 적이 있다고 했다. 몇 년이 지난 뒤 누나가 알려주길 어린 아들과 함께 왔던 손님이 식당에 두고간 거라고 했다. 그 우중충했던 다락방에서 지내던 시간 동안 그의 곁에 함께한 것은 피아노와 토마토 스튜 깡통뿐이었다. 그는 말했다. "저는 그 피아노를 애지중지했고 친구처럼 대했어요."

나는 어떤 식으로 피아노를 친구처럼 대했느냐고 물었다. "그의 이름은 꼬마 피터였어요. 아버지 말고 다른 남자는 만난 적이 없었기 때문에 아는 이름이 그거 하나였거든요. 꼬마 피터가 저한테 말을 걸어주길 바랐기 때문에 건반을 누르면 나는 소리가 말소리인 척했어요. 저는 꼬마 피터를 슬프게 만들 수도, 행복하게 만들 수도 있었어요." (나는 조지 해리슨의 노래 〈내 기타가 부드럽게 흐느끼는 동안〉을 들을 때마다 꼬마 피터가 생각난다.) 피아노가 생긴 뒤 피터의 삶은 정서적인 면에서 개선됐다. 사랑하는 친구가 생겼기 때문에 계속 화를 내고 그를 버거워하는 어머니에 대한 의존도가 훨씬 낮아졌다.

나는 상담을 진행하는 틈틈이 도서관에 가서 피터에 대해 찾아보았다. (1980년대라 컴퓨터가 곳곳에 비치되기 한참 전이었다.) 알고 보니 그는 입지가 탄탄한 밴드의 유명한 키보드 주자였다. 어느 평론에서는 그를 가리켜 "키보드에게 말을 하거나 좋아서 울거나 펄쩍 뛰게 만들 줄 아는 남자"라고 했다. 피터에게 피아노가 어떤 존재였는지를 감안했을 때 이보다 더 정확할 수 없는 평가였다.

꼬마 피터는 피터의 딱 하나뿐인 절친이었다. 심리학 용어로는 '과도기 애착의 대상'이었다. 아이가 어머니에게 집착하는 것은 심리학적으로 복잡하지만 중요한 과업이다. 정상적인 발달단계상 처음에는 어머니가 아이의 전부다. 그러다가 영아기에서 유아기로 넘어가는 시기에 아이는 자신이 어머니와 개별적인 존재라는 사실을 깨닫고, 어머니가 보이지 않으면 우는 분리불안을 경험한다. 이때 아이는 모자 간의 든든한 애착을 상징하는 사물을 통해 불안을 해소하는 경우가 낳다. 이것이 과도기 애착의 대상이다. 대개는 담요 아니면 인형이다. 아이는 어디든, 특히 잠자리에 들 때면 그걸 들고 다닌다. 이런 과도기의 사물은 의존과 독립의 틈을 메우는 데 도움을 준다.

피터는 어머니와 불안한 애착관계를 형성했다. 그녀는 그에게 애정을 표현한 적이 없었다. 그는 어린 나이부터 혼자 남겨졌고, 손님들이 있는 식당에서 들쑤시고 다니거나 깔깔대거나 시끄럽게 굴거나 심지어 말만 해도 벌을 받았다. 꼬마 피터만이 그에게 표현을 허락했다. 그는 피아노를 통해 모든 걸 해소했고 피터와 꼬마 피터는 떼려야 뗄 수 없는 관계가 되었다.

피터가 아버지에 대해서는 아무 말도 하지 않았기에 나는 그의 입지가 어땠는지 물었다. "아버지는 저나 우리 가족 어느 누구하고도 교류가 없었어요. 나쁜 분은 아니었어요. 저한테 모진 말을 하거나 손을 댄 적이 한 번도 없었거든요. 아버지의 일은 식당에서 음식을 만드는 거였어요. 항상 라디오로 미국 재즈 음악을 들으셨죠. 여름에 주방 창문이 열려 있어서 음악 소리가 다락방으로 흘러들어오면 꼬마 피터로 그걸 따라서 쳐보려고 했어요. 그 여름날의 콘서트가 정말 좋았어요."

나는 어쩌다 부모님의 결혼생활에 금이 갔느냐고 물었다. 그는 대답했다. "어머니는 세 가지 일을 하면서 번 돈을 전부 저금했고 1센트짜리 동전 하나 허투루 쓴 적이 없었어요. 그런데 아버지가 토론토에 갔을 때 옷을 수입한다는 유령 사이공 회사에 투자했다가 돈을 전부 날렸어요. 어머니가 3만 달러를 모았는데 그게 다 사라져버린 거죠."

나는 상담 기록에 가뜩이나 그의 어머니는 영어도 할 줄 몰랐는데 1950년대에 3만 달러라니 엄청난 금액이라고 적었다. 당시 캐나다의 집 한 채가 평균 7,000달러가 조금 넘었다. 그의 아버지가 무슨 일에 연루되었는지 좀 더 알아내고 싶어서 피터를 다그쳤지만, 그때 당시 너무 어려서 아무것도 기억하지 못했다. 그는 아버지가 아편을 피웠는지, 도박을 했는지 아니면 그냥 엉뚱한 데 투자를 했는지도 몰랐다. 어느 누구도 속 시원히 알려주지 않았다. 안 그래도 까칠했던 어머니는 붉으락푸르락했다. 날마다 남편이 죽어버렸으면 좋겠다는 말을 입에 달고 살았다.

그들 가족은 식당을 팔아서 빚을 갚고 처음부터 다시 시작해야 했다. 토론토로 이사하면서 이제 5살이 된 피터의 격리생활은 끝났다. 그의 어머니는 공장에서 일하며 집으로 삯일을 들고와 자정까지 힘들게 매달렸다. 다시 무슨 식료품을 수입하는 사업을 시작했는데, 피터로서는 어떤 사업인지 알 수가 없었다. 식당을 접은 뒤로 아버지는 두 번 다시 일을 하지 않았다. 그들은 마지못해 그들을 거두어준 사촌들과 함께 차이나타운에서도 가장 가난한 동네에서 살았다.

토론토에서 지낸 지 한 달도 되지 않았을 때 피터는 유치원에 다니기 시작했다. 이야기가 이 시점에 이르자 그는 격리당했던 시절에 대해 말했을 때보다 더 괴로워하는 기색을 보였다. 그는 조그맣게 속삭였다. "유치원에서 유급을 당했어요. 그게 제게는 가장 치욕스러운 경험이었어요. 어머니는 저더러 머저리라며 저 때문에 중국인 사회에서 고개를 들고 다닐 수가 없다고 했어요."

여러 번의 상담 시간을 거친 다음에서야 유치원에서 무슨 일이 있었는지 파악할 수 있었다. 피터가 겁에 질린 게 원인이었던 것 같았다. 그는 유치원 생활을 시작하기 몇 주 전부터 누나와 사촌들과 어울린 것 말고는 아이들과 있어본 적이 없었다. 게다가 영어도, 중국어도 할 줄 몰랐다. 태어나서 처음 몇 년 동안 어떤 언어로든 하루에 몇 마디 이상 들어본 적이 없었다. 그도 그렇고 누나도 그렇고 중국어를 배운 적이 없어서 특히 친척 결혼식이나 경조사 때마다 면목이 없었다.

언어학 전문가에게 물으니 아이들이 심하게 학대당한 결과 언어를 차단했거나, 아니면 대화를 거의 들은 적이 없다보니 결정적인 시기에 언어습득이 이루어지지 않았거나 둘 중 하나라고 했다. (그들의 아버지는 전 재산을 날린 뒤로 선택적 함묵 증상을 보였다.) 그들은 커서 중국인 친구를 사귀지도, 중국인과 결혼하지도 않았다. 피터는 중국어를 들으면 조금 불안해졌다. "어떤 여자가 중국어로 말하면 요즘도 소름이 돋아요. 그 여자가 소리를 지르면 무서워서 죽을 것 같고요."

따라서 피터는 구두로 의사소통하는 법을 배우지 못한 채 유치원에 입학했다. 아이들이 중국어로 말을 걸면 그는 이해하지 못했고 영어도 마찬가지였다. 다 같이 게임을 할 때는 동그랗게 손을 잡고 있기가 무서웠다. "한번은 화장실에 갔는데, 토마토 스튜 깡통에 대고 해결하고 이러든 저러든 얻어맞는 데 이골이 나 있었거든요. 어떻게 하면 좋을지 몰라서 바지에 실례하고 말았어요."

그는 눈을 마주치는 것도 무서웠다. 비유하면 사람이 많은 데서 벌거벗고 있는 느낌이었다. 누가 그를 똑바로 쳐다보면 너무 친밀하게 느껴져서 도망치고 싶어졌다. 그런가 하면 그는 공간을 다른 사람들과 공유할 때의 일반적인 기준에 대해서도 배운 적이 없었다. 항상 혼자 있었기 때문에 모든 사람이 너무 가깝게 서 있는 것처럼 느껴졌다. 감당하기가 버거워지면 교실 안에 있던 검은색 큼지막한 업라이트 피아노 아래로 들어가 나무 살을 붙잡았다. 사실 피터에게는 유치원 생활의 몇 안 되는 좋은 점 가운데 하나가 그 피아노였다. 그는 그 피아노를 꼬마 피터의 아버지로 여겼고, 붙잡고 쓰다듬고 끌어안고 싶어 했다. (크기가 커졌을 뿐 마찬가지로 애착의 대상이었다.)

슬프게도 피터는 유치원에서 자신이 유급됐다는 충격적인 소식을 접하기 전까지만 해도 아무 문제 없이 잘 다니고 있는 줄 알았다. 피아노 말고 또 좋았던 것이 다정한 선생님이었다. 어찌나 사근사근한지 믿기지 않을 정도였다. 처음에 그는 선생님을 무서워했고 그녀 앞에 있으면 주눅 들었다. 하지만 선생님은 그를 보며 미소를 지었고 — 처음 겪어보는 일이었다 — 그는 그것이 인정의 표현이라는 것을 본능적으로 알아차렸다. 그녀는 피터가 피아노를 좋아하는 것도 알아차려서 〈앞 못 보는 세 마리 생쥐〉 노래를 칠 때면 자기 옆에 서 있게 했다. 피터는 피아노 옆면에 손을 대고 피아노가 진동하고 숨 쉬는 것을 느꼈다. 아이가 엄마의 손을 잡듯 피아노 옆면을 그렇게 붙잡았다. 피터의 눈에는 하얀 건반이 이빨 같아서 피아노가 함박웃음을 지으며 그를 환영하는 듯이 느껴졌다. 그렇게 차원이 다른 느낌은 처음이었다. 한 음, 한 음이 노래로 변모하는 것을 들으면 눈물이 났다. 그는 피아노가 자신에게 말을 건다고 생각했다. 불협화음과 같았던 유치원에서 그가 처음으로 이해한 일이 그것이었다.

피터는 자신이 유급됐다는 사실을 알았을 때 엄청난 충격을 받았다. 선생님이 자신을 좋아하는 줄 알았는데 인제 보니 싫어 한 모양이었다. 어머니는 다른 아이들은 모두 진급했다고, 이제 그는 아기들과 함께 유치원에 다녀야 한다고 말했다. 피터는 아버지가 그랬듯 자신도 세상살이에 실패했다고 생각했다. "제가 수준 미달이라는 걸 알았을 때 너무 창피했어요."

나는 학습 행동이 수없이 축적돼야 유치원 생활을 잘할 수 있는 거라고, 다락방에 격리된 채로 지내서는 그걸 배울 수가 없다고 설명했다. 피터는 빼먹은 단계가 워낙 많았기 때문에 유치원 생활에 대비가 됐을 리 만무했다. 선생님은 그걸 간파하고 그를 유급시킨 거였다. 나는 이어서 인간이 어떤 단계를 거쳐 독립적인 존재로 점차 발전하는지 설명했다. 피터처럼 이런 단계를 제대로 밟지 못하면 발전이 지연될 수밖에 없다.

우선, 세상 밖으로 건강하게 발을 내딛으려면 어머니의 사랑이 필수다. 내가 이런 말을 하면 피터는 항상 그의 어머니가 가족을 **사랑**했다고 항변했다. 그 모든 고생을 감수한 것도 가족을 위해서였다고 했다. 나는 어머니가 그에게 **직접적**으로 애정을 표현한 적이 없지 않냐고, 온종일 갇혀 지내는 동안 어머니의 사랑을 느낀 적이 있었냐고 반문했다.

어머니는 아이를 품에 안고 애착을 느껴야 하고, 반대로 아이도 그래야 한다. 2살 무렵이 되면 아이들은 자신이 어머니와 별개의 존재라는 사실을 깨닫는다. 아이들은 독립된 개인으로서의 능력을 시험하기 위해 싫다는 말로 주변 사람들에게 어깃장을 놓기 시작한다. (이래서 '미운 2살'이라고 한다.) 어머니와 성공적으로 분리된 아이들은 사실상 이런 말을 할 수 있다. "싫어요. 엄마가 먹으라는 거 먹고, 신으라는 신발 신고, 엄마가 시키는 대로 하지 않을 거예요. 나는 별개의 인간이라고요." 이 시기에 아이들은 '내 것'이라는 개념을 배우지만 그것 역시 자신을 주장하는 과정 일부다. 하지만 피터는 어머니와 별개의 자아를 수립할 기회가 없었다. 사실상 그는 어렸을 때는 물론이고 지금도 그녀에게 뭔가를 요구할 생각을 해본 적이 없다고 했다. 어떤 식으로든 그자신을 구별한 적이 없었던 것이다.

같이 어울려서 노는 방법을 전혀 몰랐기 때문에 다른 아이들도 피터에게는 공포의 대상이었다. 야구나 다른 게임의 규칙은 너무 복잡하거나 불가사의했다. 나는 그가 지적 능력이 부족해서 그랬던 게 아니라고 다시 한번 강조했다. 대부분 아이는 4년쯤의 단체생활을 거쳐 유치원에 입학한다. 보통의 부모들은 아이에게 공을 던져서 치게 하거나 다른 아이들이 놀고 있는 공원에 데려간다. 2~3살 된 아이는 미끄럼틀을 재미있게 타고 있는 친구를 보며 차례대로 기구 타는 법을 배운다. 아이가 맨 처음으로 혼자 미끄럼틀을 타고 내려가면 부모가 밑에서 기다리고 있다. 하지만 피터는 '차례대로'가 무슨 뜻인지 알 길이 없었다. 차를 가지고 뭐 어쩌는 건가 짐작했다. 그는 공 뺏기 놀이를 할 수가 없었다. 너무 정신이 없었다.

나는 인간의 뇌는 조금씩 만들어진다고 설명했다. 완전히 형태를 갖춘 채로 태어나는 게 아니라고 말이다. 생후 4년 동안 아이는 이른바 '실행 기능'을 계발해야 한다. 학습한 모든 것을 서로 연결할 수 있도록 전전두엽 피질이 뇌에 통로를 만들어야 한다. 예컨대 실행 기능은 선택적 주의력을 키우는 데 기여한다. 관계없는 소음은 무시하고, 해야 하는 여러 일 중에서 우선순위를 정할 수 있도록 말이다. 워낙 복잡한 세계라 우리는 한 번에 아주 조금씩 배워나간다.

피터는 유치원을 한 번 더 다니고 많이 좋아졌다. 이번에 만난 선생님도 그가 느끼기에는 어마어마하게 다정했다. 내가 '어마어마하게 다정'하다는 게 무슨 뜻이냐고 묻자, 그는 "소리를 지르거나 대나무 회초리로 때리지 않는 거"라고 했다. 선생님은 젊었고 피아노로 노래를 자주 쳤다. 그는 그중에서도 〈버스 바퀴가 돌아요〉를 아주 좋아했다. 그는 큰 피터와 더불어 즐거운 시간을 보내고 있다고 느꼈다.

그 피아노가 어린 피터의 인생을 바꾸는 일대 사건을 일으켰다. 어느 날 평소에 유치원으로 그를 데리러오던 누나가 보이지 않았다. 그와 선생님은 몰랐지만, 운동장에서 넘어지는 바람에 양호실에서 치료받느라 그런 것이었다. 선생님이 알아보러 간 새 피터는 피아노와 함께 교실에 혼자 남겨졌다.

그는 앞으로 다가가 큰 피터를 끌어안았다. 그 와중에 건반 하나가 눌려서 소리를 냈다. 피터는 연주를 시작했다. 처음에는 선생님이 그랬듯이 명랑한 분위기로 〈버스 바퀴가 돌아요〉를 치다가, 버스가 가다가 기운을 다 쓰고 길을 잃기라도 한 듯 슬픈 분위기로 쳤다. 그는 행복하다거나 슬픈 게 뭔지 잘 몰랐지만, 피아노를 통해 재현할 수 있었다. 선생님을 유심히 관찰한 것밖에 없는데 무슨 수로 그 곡을 연주할 수 있었는지는 피터로서도 알 수 없었다. 그다음에는 달리는 쥐를 재즈 리프 비슷하게 즉흥적으로 묘사해가며 〈앞 못 보는 세 마리 생쥐〉를 쳤다. 키가 작아서 페달은 밟지 못했고 어떤 음을 치려면 피아노 의자 위에서 옆으로 움직였다가 얼른 다시 제자리로 돌아와야 했다. 시간이 얼마나 지났는지 알 수 없었지만, 문득 고개를 들어보니 선생님 몇 분과 그의 누나, 양호교사, 교장선생님, 수위가 문 옆에 서서 그를 쳐다보고 있었다. 수위가 손뼉을 치자 다들 따라서 쳤다.

이로써 피터의 연주 인생이 시작됐다. 그렇게 행복한 순간은 손에 꼽을 정도였다. 집으로 걸어가는데 다른 사람이 된 기분이 들었다. 그의 친구 큰 피터가 그를 대변하자 놀랍게도 사람들이 그를 이해했다. 그때가 가을이었다. 그는 모든 잎사귀가 그를 향해 손을 흔들었던 것을 기억했다. 색깔이 과포화 상태인 것처럼 느껴졌다. 그 순간 그는 자신이 세상을 흑백으로, 그것도 그야말로 눈을 가린 경주마처럼 보아왔다는 것을 깨달았다. 이제껏 그에게는 주변 시야가 없었던 것이다. 그는 심지어 깊이 감각도 달라졌다. 더는 어설프지 않았다. 감정을 제대로 전달한 일은 평생 처음이었고 기분이 짜릿했다.

사랑의
행위

피터의 가족이 어느 조그만 마을에서 토론토로 거처를 옮긴 지 거의 4년이 지났다. 이제 9살이 된 피터는 더 이상 다락방에 갇히지 않았지만, 집 안에서의 생활은 여전히 고역이었다. 그들은 이제 사촌 집에서 나와 서쪽 끝 퀸가에 있는 방 하나짜리 우중충한 아파트에서 살았다. 그와 누나는 학교가 끝나면 어머니가 퇴근할 때까지 조그만 집에서 텔레비전을 보며 기다리곤 했다. 피터는 학교와 TV, 누나와의 대화 덕분에 영어가 늘었다. 어딜 가든 장난감 피아노를 들고 다니며 노래를 듣는 족족 따라서 쳐보았다. "꼬마 피터는 건반이 8개밖에 없었기 때문에 제가 연주한 〈길리건의 섬〉 주제가를 누나가 알아듣고 손뼉 쳤을 때 얼마나 뿌듯했는지 몰라요."

여태껏 피터의 이야기에 거의 등장한 적 없었던 그의 아버지는 이 무렵 인슐린에 관심을 두지 않고 아내가 주는 설탕을 받아

먹는 과체중의 당뇨병 환자가 되었다. 아버지는 식당을 처분한 이래 당뇨, 과체중, 주체할 수 없는 우울증을 방치했고, 다른 데 취직할 수도 없었다. 종일 의자에 앉아서 재즈 음반만 들었다. 어쩌다 한 번씩 정말 좋은 구절이 나오면 그는 보일락말락 음반을 가리켰다. 피터는 전 재산을 날리자마자 거의 곧바로 상대방의 시선을 피하기 시작한 아버지가 그와 음악을 같이 듣고 싶을 때 그런다는 것을 알았다. 피터는 그의 아버지가 어렸을 때 악보를 보고 바로 연주할 수 있을 만큼 음악에 재능이 많았지만 음악 연주를 천박하고 부패한 서구 문화로 여겼기 때문에 전문적인 음악가가 될 수 없었다는 이야기를 나이 많은 사촌들에게서 들은 적이 있었다.

피터의 어머니는 기회가 생길 때마다 '가족의 미래를 망친' 아버지를 구박했다. 아버지가 사랑하는 음반이나 담배를 사는 데 한 푼도 허락하지 않았다. 피터가 나중에 알게 된 사실이지만, 그의 아버지는 어머니의 평가에 따르면 서양음악에 오염됐고 베트남에서 아편에 손을 댔을지 모른다고 의심받은 음악가 집안 출신이었다. 그의 어머니는 모든 서양음악을 아버지라는 허랑방탕한 낙오자와 같은 맥락으로 여겼다.

어느 날 누나는 열심히 구슬 꿰는 삯일을 하고 딱히 할 일이 없던 피터와 아버지는 앉아서 재즈를 듣고 있을 때, 어머니가 예고 없이 일찍 퇴근한 적이 있었다. 어머니는 노발대발했다. "어머니가 화를 내는 이유를 이해할 수 있었어요." 피터는 말했다. "어머니는 밖에서 뼈 빠지게 일하고 있는데, 우리는 빈둥거리고 있었으니까요. 어머니는 아버지와 제가 부전자전이라고, 둘 다 서양식 사고방식과 음악에 오염됐고 타락한 프랑스나 유럽의 쓰레기 같은 종족들과 다를 바 없다고 했어요."(그의 어머니가 어렸을 때 베트남은 프랑스 식민지였다.) 그의 어머니는 점점 광분했고, 목소리가 귀에 익은 위험 수위에 다다른 걸 듣자 피터는 겁에 질렸다. "어머니는 거실로 박차고 들어가 아버지의 음반을 무릎에 대고 한 장씩 부러뜨렸어요. 저는 얼어붙은 채로 그 자리에 서서 어머니가 저를 공격하지 않길 바랐지만 부질없었죠." 그는 당시 기억을 더듬었다. "어머니는 음반을 모조리 박살 내자마자 제 방으로 달려들어 가 꼬마 피터를 집어서 창밖으로 내던졌어요." 어찌나 세게 내동댕이쳤던지 방충망이 같이 떨어져나갈 정도였다.

피터는 9살이었고 명목상으로는 구슬 폐기를 하지 않았다고 벌을 받았다. 하지만 실제로 벌을 받은 이유는 아버지를 닮았기 때문이었다. 나는 그에게 꼬마 피터를 빼앗기고 망연자실했느냐고 물었다. 그는 빼앗기는 데는 단련이 되어 있었다고, 감정의 공허만 느꼈을 뿐이라고 대답했다. "어떤 식으로 설명하면 좋을지 모르겠네요. 창밖을 내다보며 꼬마 피터가 깨진 것을 안타까워하긴 했어요. 하지만 슬프지는 않았어요. 그저 아무 느낌이 없었을 뿐이에요." 그는 머뭇거리며 알맞은 단어를 찾았다. "마치 육체와 정신이 분리된 것 같았어요."

나는 25년 전의 수많은 기억 중에서 그의 머릿속에 남은 것은 꼬마 피터의 죽음이지 않냐고 지적했다. 내가 분석하기에는 너무 충격적인 일이기 때문에 그렇다고 말했다. "당신은 자기 자신과 분리되는 것처럼 느껴지는 이인증(스스로 낯설게 느껴지거나 자기로부터 분리, 소외된 느낌을 경험하는 것으로 자기 자신을 지각하는 데 이상이 생긴 상태 ― 옮긴이)을 겪었어요. 몸의 감각이나 감정이 느껴지지 않는 증상이거든요. 세상이 흐릿하게 느껴지고 자기 자신과의 연결고리가 무너지고요."

"저는 그런 기분이 들 때가 많아요. 원인이 뭔가요?"

"대개 자아가 분리되는 유년기 초기에 정신적인 외상을 입은 데다 불안 수준이 높으면 그래요."

피터는 그 사건을 또렷하게 기억하는 이유가 며칠 뒤에 벌어진 일 때문인 것 같다고 했다. 때는 여름이었고 방학이었다. 그의 누나는 새벽부터 밤이 이슥할 때까지 구슬을 꿰었다. 아버지는 그에게 자기를 따라오라고 신호를 보냈다. 그 무렵 그의 아버지는 30대 후반밖에 안 됐는데도 지팡이를 짚고 절뚝거리며 힘겹게 걸었다. 그들 부자는 쇼핑몰 쪽으로 천천히 걸어갔다. 아버지는 탈진했다. 발목이 부었고 땀을 폭포수처럼 쏟았다. 하지만 쇼핑몰에 도착하자 악기 코너로 가서 신시사이저를 집어들고 밖으로 나왔다. 경비가 그들을 가로막고 경찰에 연락했다. 경찰은 뭘 물어도 대꾸가 없는 아버지를 보고 이상한 낌새를 느꼈다. 피터가 집에 가면 돈이 있다고 하자 그들은 그와 아버지를 신시사이저와 함께 집까지 경찰차로 데려다주었다. "이제 와 생각해보면 경찰은 우리가 절도범이 아니라 정신적으로 문제가 있다는 걸 알아차렸던 것 같아요. 고맙게도 아무 말 없이 그냥 집까지 태워다주었고 저는 신시사이저를 잡고 놓지 않았죠." 다행히 피터의 어머니는 집에 없었다. 누나가 모아놓은 돈을 털어 신시사이저 값을 치렀다. 경찰은 공장이라도 되는 듯 방 안 곳곳에 산더미처럼 쌓여 있는 구슬 공예품을 보고 고개를 갸웃했다. 그의 누나에게 왜 혼자서 미성년 노동을 하고 있느냐고 물었다. 피터는 '중국의 풍습'일지 모른다고 경찰들끼리 수군대는 소리를 들었다. 그들은 영문을 몰라 하는 눈치였고 고발 조치까지 하지는 않았다. 잠시 후에 어머니가 등장했다. 경찰은 상황을 설명하고 떠났다.

바로 그때 그녀는 이성을 상실했다. 어머니는 원래 무서운 여자였지만 피터는 그렇게 무시무시했던 적을 본 기억이 없었다. 어머니는 아버지를 사납게 잡아뜯고 그가 바닥에 쓰러질 때까지 때렸다. 중국어로 소리를 질렀기 때문에 뭐라고 하는지 피터로서는 알 수가 없었다. 아버지는 일어나 비틀거리다 다시 벽에 기대고 쓰러졌고 잠깐 숨을 헐떡이다 심장마비로 죽었다. 피터는 아버지가 그에게 신시사이저를 사주지 않았더라면 지금까지 살아 계셨을 테니 그의 죽음에 항상 책임감을 느꼈다고 했다.

피터는 어린 시절에 얽힌 기억이 몇 개 없었지만, 아버지가 신시사이저를 훔친 일은 그중 하나였다. 그는 도둑질은 용납할 수 없는 일이기 때문에 창피했다고 조심스럽게 설명했다. 그가 그때까지 만난 사람 중에 무언가를 훔친 사람은 없었다. 하지만 어떻게 보면 그 일은 그의 짧은 생애 동안 전무후무하게 받아본 애정의 표현이기도 했다. 그의 아버지는 돈이 없었지만 살날이 얼마 남지 않았음을 감지했고, 아들에게 창밖으로 내동댕이쳐진 피아노를 대신할 악기를 주고 싶었다. 그래서 절뚝거리며 가게로 들어가 신시사이저를 들고나왔다. 그는 심지어 그걸 감추려는 수고조차 하지 않았다. 피터가 보기에 그것은 죽어가던 남자의 절박한 애정의 표현이었다.

그리고 그는 아버지의 죽음이 더딘 자살이었다는 것도 알아차렸다. 나는 어머니가 어떤 반응을 보였느냐고 물었다. "그걸 바라셨겠지만, 막상 벌어졌을 때는 생각이 달라지지 않으셨을까요?"

피터는 한숨을 토했다. "그럴 리가요. 어머니는 그런 타입이 아니었어요. 어머니는 아버지가 죽길 바랐고, 아버지가 돌아가시니까 짐을 하나 덜었다며 다행스러워했어요. 이후로 두 번 다시 아버지 이야기를 꺼내지도 않았지요. 저더러 아버지를 닮아서 게으르고 멍청하다고 하셨을 때 말고는."

"당신은 아버지를 닮았나요?"

피터는 그렇다고 했다. 그들은 둘 다 음악적으로 재능이 있었다. 악보를 보자마자 바로 연주할 수 있었고, 악보 없이 들은 대로 연주할 수도 있었다. 그런가 하면 둘 다 조용하고 음악을 사랑했고 돈을 버는 일이나 경쟁에는 별로 관심이 없었다. 피터는 신시사이저가 그에게 얼마나 중요한지 어머니가 알아차리면 부숴버릴 수도 있기에 방 밖으로 들고 나가지 않았다.

피터의 어머니는 아버지가 돌아가시고 몇 년 만에 아파트 4개짜리 조그만 건물을 샀다. 그로부터 4년 뒤에 4세대용 연립주택을 또 한 채 장만했다. 피터는 어머니가 자신을 짐처럼 여긴다고 생각했다. 그녀는 피터가 '아무짝에도 쓸모없는' 아들이라며 계속 일다운 일을 하라고 다그쳤다. 그는 사실 음악계에서 점점 유명해졌지만 경제적인 면에 무심했고 밴드 투어는 별로 돈이 되지 않았다.

피터의 어머니는 그를 아기 때부터 어른이 될 때까지 말 안 듣고 게으르며 느린 아이로 규정해버렸다. 그렇지 않다는 증거가 보여도 생각을 바꾸지 않았다. 남편에 대한 증오 때문인지, 피터가 남편과 닮았기 때문인지, 서양음악은 유해하다는 신념 때문인지, 남자를 전반적으로 싫어하기 때문인지 알 수는 없다. 내가 아는 한 가지가 있다면, 어머니에게 안 좋은 낙인이 찍힌 아이는 어머니의 평가를 믿게 된다는 것이다. 어머니가 아니면 누가 아이의 자아상을 결정하겠는가. 하지만 시간이 흘러 어머니의 생애를 드러내는 흥미진진한 증거들이 속속 부상하자 그녀의 행동에서 이해할 수 있는 부분도 점점 더 많아졌다. 프로이트학파 학자들도 "빈에 미스터리는 없다"라고 하지 않았던가.

상담치료를 시작한 지 1년이 다 되어가고 있었다. 그 기간 피터의 말투에는 억양이 생겼고, 마지막 몇 달 동안은 눈을 맞추기 시작했다. 피터는 정서적으로 워낙 궁핍했기 때문에 나를 신뢰하는 데 꼬박 1년이 걸렸다. 내가 그에게 관심이 있다는 것, 우리 둘이서 함께 치료법을 찾을 것이라는 점을 깨달아야 했던 것이다.

하지만 나는 피터의 예후가 걱정스러웠다. 그가 건너뛴 발달 단계가 워낙 많았기 때문에 어떤 식으로 자아를 형성하면 좋을지 고민이었다. 재료가 이렇게 없는데 뭘 가지고 만들어낼 수 있을까? 그렇게 불안한 기반에 자아를 구축하는 건 조금 위험한 시도였다. 나는 흔들리는 기둥 위에 집을 세우려는 건축가와 비슷한 두려움을 느꼈다.

한 가지 희망이 있다면 피터의 다정한 마음씨였다. 그는 누가 돈이 없다고 하면 빌려주었다. 한번은 내 상담센터 대기실에서 어떤 여자가 울고 있는 모습을 보더니 왜 그러냐고 묻지도 않고 나가서 커피를 한 잔 사다주며 그녀에게 다 잘될 거라고 했다. 그리고 대상이 잘못되긴 했지만, 어머니를 향한 신의는 감동적이었다. 다정하고 너그러운 마음씨가 있으면 많은 것을 이룰 수 있다.

하지만 피터는 분노 반응을 맞닥뜨리거나 제삼자와 육체적으로 너무 가까워질 때마다 여러 차례 이인증과 심한 불안을 느낀 사례가 있었다. 내가 보기에는 이런 사례도 발기부전의 원인이 아닐까 싶었다. 유체이탈을 경험할 정도로 불안해져서 몸과 분리돼 있는데 무슨 수로 흥분을 느끼고 만족스러운 성생활을 누릴 수 있을까.

치료 목표는 스트레스 상황을 맞닥뜨렸을 때 감정적으로 유체를 이탈하지 않고 거기에 대처할 수 있도록 자아를 구축하는 것이었다. 자아의식은 추상적인 개념이라 구체적으로 정의하기가 어렵다. 벽돌을 하나씩 쌓아서 만든 집에 비유하면 될까. 피신할 수 있는 상징적인 집, 그러니까 안전한 공간을 제공해 외부 세상의 스트레스로부터 보호해주는 곳이다. 피터의 어머니가 좀 더 정신적으로 건강했더라면 그에게 섬세하고 다정하며 직관적이고 똑똑하며 음악적으로 재능이 있다고 했을 것이다. 이런 긍정적인 측면을 칭찬했더라면 피터는 좀 더 든든하게 기반을 쌓을 수 있었을 것이다. 늑대가 와서 문을 두드렸더라도 피터는 동화 속 아기 돼지처럼 튼튼한 벽돌집의 보호를 받았을 것이다.

하지만 그의 어머니는 수십 년 동안 게으르고 멍청하며 세상사에 대처하지 못한다고 그를 구박했다. 그의 기반에 단단한 벽돌은 없었다. 그는 짚으로 만든 집에서 살았다. 피터는 누군가와 관계를 맺거나 섹스하려고 할 때 지푸라기로 만든 집에서는 보호받는 기분을 느낄 수 없었다. 그는 자아가 충분히 튼튼하지 못했다. 그렇기에 유체를 이탈하고 자신과 분리되는 수밖에 없었다.

내가 상담치료를 통해 이루고 싶은 목표는 두 가지였다. 첫째, 어머니가 정신적으로 문제가 있고 왜곡된 시각을 통해 아들을 바라보고 있다는 사실을 피터가 깨달을 수 있기를 바랐다. 둘째, 그가 지푸라기 집에서 나와 벽돌집으로 옮길 수 있도록 거드는 '좋은 어머니' 역할을 하고 싶었다. 늑대가 와도 안전할 수 있게 스스로 자신의 장점을 볼 수 있도록 거드는 일이 나의 임무였다. 나는 그가 늑대에게 이렇게 말할 수 있기를 바랐다. "나는 피터 창이고 여긴 안전한 내 집이야. 나는 여기를 떠나고 싶지 않아. 그러니까 네가 가."

상담치료가 2년째로 접어들자 발기부전 문제에 초점을 맞추어야 할 때가 되었다. 그는 밴드 생활을 했기에 여자를 만날 기회가 무궁무진했다. 사실 여자들이 노골적으로 추파를 던질 때가 많았다. 피터 말로는 매력이 있어서 그런 건 아니라고 했다. 그냥 "밴드 생활을 하다보면 생기는 일"이었다. 나는 그렇다면 심각한 직업병 아니냐고 지적했다.

그는 섹스하고 싶은 마음이 굴뚝 같았지만, 여자들이 옆에 있으면 몹시 불편해했다. 우리는 일단은 친구처럼 지내며 관계를 천천히 발전시키는 방법에 대해 논의했다. 그러면 그가 감당할 수 있는 속도로 진행할 수 있을 거라고 예측했다.

나는 피터에게 발기부전 문제를 해결하려면 그의 정신적인 프로필을 출생 시점에서부터 살펴야 한다고 말했다. 그는 모성 박탈을 당했기 때문에 영국의 저명한 정신분석학자이자 의사인 존 보울비(John Bowlby)가 '애착장애'라고 명명한 증상을 겪었다. 젖먹이에게는 가장 중요한 것이 어머니와의 애착관계다. 이것은 심지어 양분보다 더 중요하다. 아이는 이것을 누릴 수 있다면 무엇이든 포기할 것이다. 이것이 없는 아이는 불안에 시달리고 바깥세상을 정상적인 방식으로 탐험하거나 상대하지 못한다. 애착장애는 어머니와의 관계에만 영향을 미치는 것이 아니다. 모든 사회·정서·인지발달에 영향을 미친다. 애착을 경험하지 못한 아이는 2단계로 넘어갈 수가 없다. 다른 사람들을 신뢰하고 정서적으로 가까워지고 종국에는 육체적으로 가까워지는 단계로 말이다. 그러니까 영아기에 애착을 느끼지 못하면 정서적으로 성장할 수가 없다.

동물학자 콘라트 로렌츠(Konrad Lorenz)도 지적했다시피 ─ 그는 이 연구로 노벨생리학상을 받았다 ─ 애착은 어머니가 이를 통해 젖먹이를 안전하게 보호한다는 진화론적인 맥락에서 이해할 수 있다. 애착은 젖먹이의 생존 확률을 높이는 쪽으로 환경에 따라 변화하며, 그렇기에 뇌에 내장되어 있다. 아이는 어머니가 안아주고 사랑해주고 껴안아주기를 바란다.

하지만 피터는 발기부전은 물론이고, 유치원에서 보인 불안한 태도조차 이른 시기에 경험한 모성 박탈과 연관이 있다는 사실을 잘 받아들이지 못했다. 상담치료사는 장벽에 맞닥뜨리면 내담자가 자신의 패턴을 깨달을 수 있도록 극단적이거나 변칙적인 수법을 통해 판을 뒤흔들어야 한다. 그래서 나는 피터가 어머니와의 애착이라는 개념을 이해할 수 있게 사회심리학자의 실험실에서 제작된 영상 가운데 가장 유명한 〈할로 원숭이 실험〉 영상의 특별상영을 신청했다. 장소는 토론토대학교(내가 가끔 강의를 나가는 곳이었다) 개인 상영실이었고, 짚고 넘어가고 싶은 부분이 있을 때마다 잠깐 멈추어달라고 영사 기사에게 미리 부탁해놓았다. 현대 기준으로는 이 실험을 비윤리적인 시도로 간주하지만 애착장애를 관찰하는 특별한 창문 역할을 한다. 원래는 심리학과 학생들만 볼 수 있었지만, 요즘에는 유튜브에서 누구든지 볼 수 있다.

이 할로 영상이 피터의 상담치료에서 중추적인 역할을 했다. 영상이 시작되자 해리 할로(Harry Harlow) 교수가 등장해 '어머니와의 애착'이라는 개념이 무엇인지 설명했다. 바로 '사랑'이며, 이를 통해 갓난아이는 어머니와 유대감을 쌓는다. 이 실험에서는 갓 태어난 원숭이들을 우리에 넣고 두 종류의 가짜 어미와 함께 키웠다. '철사 원숭이' 어미에게는 젖병이 달려 있다. 새끼 원숭이들은 어미 위로 점프해야 그 젖병을 차지할 수 있었다. '천 원숭이' 어미도 철사로 만들어지기는 했지만, 부드러운 천 수건으로 덮여 있다. 이쪽은 먹이는 없지만 촉감이 좋고 끌어안고 기댈 수 있었다. 포옹이 먹이에 우선하는 것을 보고 할로 교수와 다른 실험자들은 충격을 받았다. 새끼 원숭이들은 하루에 최소 19시간 동안 천 원숭이 어미를 끌어안았다. 철사 원숭이 어미는 우유를 마시는 몇 분 동안만 찾고는 끝이었다. 천 원숭이 어미를 치우자 새끼 원숭이들은 분리불안의 공포로 울고 비명을 질렀다. 양쪽 원숭이 어미 모두를 치우자 새끼 원숭이들은 몸을 앞뒤로 흔들며 자해했다.

아직 말투가 단색조에 가까웠던 피터가 흥분한 목소리로 말하기 시작했다. 그는 몸을 앞뒤로 흔들고 자기 몸을 깨무는 새끼 원숭이에게서 자신의 모습을 보았다. 그는 아기 침대에서 지냈을 때 거기에 계속 머리를 찧곤 했다. 하지만 장난감 피아노가 그를 살렸다. "꼬마 피터가 노래하고 어르고 음악으로 저를 안아주는 천 원숭이 어미였어요." 그는 마음이 편안해지는 피아노 연주곡을 떠올리거나 상상하면서 내면의 고립감을 달랠 수 있었다. 직접 자신이 연주하며 소리를 내고 있다고 생각한 게 아니었다. 피아노를 살아 숨 쉬는 존재로, 위안을 주는 생물로 간주한 것이었다.

영상 상영이 재개되자 실험자들이 이번에는 새끼 원숭이를 처음으로 우리에서 꺼내 천 원숭이 어미가 없는 다른 방에 가두었다. 그 방에는 사다리와 그네 등 원숭이들이 원래 좋아하는 장치가 많았다. 하지만 새끼 원숭이는 그 모든 것을 무서워하며 한쪽 구석에 틀어박혀 바들바들 떨었다. 새끼 원숭이는 천 원숭이 어미를 방에 넣어주자마자 달려들어 끌어안았다. 그 후 천 원숭이 어미를 통해 잠깐 마음을 가라앉히고는 주변 환경을 탐색하기 시작했다.

다시 피터가 잠깐 멈추어달라고 했다. "이럴 수가." 그는 말했다. "저거예요. 유치원. 다들 천으로 된 엄마가 있었는데 저만 아무것도 없었어요. 그래서 한쪽 구석에서 바들바들 떨었어요. 저 새끼 원숭이가 **너무 가여워요**. 인제 보니 다른 아이들은 왜 저처럼 무서워하지 않는지 궁금했던 기억이 나요. 다들 천으로 만든 커다란 애벌레 모양 터널 안에서 뛰어다니고 잡기놀이를 했는데, 저는 그 터널이 무서워서 죽을 것 같았거든요."

이제 거대한 철제 벌레처럼 생긴 괴물이 화면에 등장했다. 원숭이는 무서워하며 천 원숭이 어미에게 달려가 끌어안았다. 충분히 끌어안고 애착을 확인한 다음, 고개를 돌리고 커다란 괴물을 향해 위협하는 소리를 내기 시작했다.

피터는 영상을 다시 멈추어달라고 했다. "저는 친구들한테 괴롭힘을 당했지만 위로받을 데가 없었어요." 그는 말했다. "그래서 그냥 숨었는데 그러면 더 심하게 괴롭힘을 당하는 악순환이 시작됐어요."

우리는 할로의 영상을 몇 번 더 시청했다. 모성에 굶주린 원숭이들은 나중에 자랐을 때 자기방어를 하지 못했다. 가장 도드라지게는 짝짓기에 관심이 없었다. 억지로 짝짓기를 하고 새끼를 낳았더라도 어떤 식으로 행동해야 하는지 전혀 몰랐다. 암컷과 수컷, 양쪽 모두 잔인해졌다. 육체적으로는 폭력을 휘두르고 정서적으로는 외부 자극을 차단했기 때문에 안전을 위해 새끼들을 분리해야 했다.

마지막 영상이 끝나고 조명이 들어온 뒤에도 피터는 그 자리에 가만히 앉아 있었다. 나는 핏기 없는 그의 얼굴을 물끄러미 바라보았다. 그는 놀란 표정으로 나를 쳐다보며 외쳤다. "**그 원숭이들은 짝짓기에 관심이 없었어요! 이럴 수가!**"

그는 이제 퍼뜩 깨달은 것이었다.

"맞아요. 섹스가 최종 단계거든요." 나는 말했다. "맨 처음에는 사랑, 그다음에는 포옹, 그다음에는 친밀감, 그다음에는 보호막이 있어야 세상 밖으로 나가서 모험을 감행할 수 있어요. 어렸을 때 고립생활을 하느라 이런 단계를 놓치면 어른이 됐을 때 섹스가 두렵게 다가오죠."

피터가 말했다. "철사 원숭이 밑에서 자란 새끼 원숭이가 일반적인 원숭이와 짝짓기를 하게 됐을 때 무서워서 얼마나 벌벌 떨었는지 보셨어요? **그게 제 심정이에요.**" 나는 그의 겨드랑이가 땀으로 젖고 눈을 깜빡이는 속도가 느려졌다는 것을 알아차렸다. 그는 너무 심란하고 혼란스러워서 상영실을 나서지 못했다. 어린 시절의 초기로 끔찍한 여행을 다녀온 것이었다.

피터는 그에게 아무짝에도 쓸모없고 무능하며 멍청하다고 한 어머니의 말을 믿었다. 내가 그 이미지를 재구성하려고 해도 꿈쩍하지 않았다. 그는 할로의 영상을 본 다음에서야 자신이 중요한 발달단계를 건너뛰었다는 것을 알게 됐다. 피터가 나중에 말하길 그에게 가장 지대한 영향을 미친 것은 〈할로 원숭이 실험〉이었다고 했다. 상담치료가 본 궤도에 올라섰고, 그때를 기점으로 '할로 이전과 이후'로 나뉘었다.

피터는 자신이 멍청하거나 실패작이라기보다 삶에 대한 준비가 부족했던 사람이라는 것을 깨닫기 시작했다. 하지만 "맞벌이 부모 밑에서 자란 다른 중국 출신 아이들은 왜 자신과 같은 운명에 시달리지 않았는지" 혼란스러워했다. 나는 조심스럽게 접근해야 했다. 피터는 어머니를 향한 충성심이 상당했다. 그녀에 대해 안 좋은 소리를 한 번도 한 적이 없었다. "어머니는 우리 가족을 위해서 그렇게 고생하셨어요"를 후렴구처럼 계속 반복했다.

내가 보기에 그녀는 모성 본능이 심각하게 부족한 사람이었다. 하지만 내가 상담치료사의 관점에서 피터에게 그런 이야기를 한들 아무 도움이 되지 않는다. 그가 받아들일 준비가 됐을 시점에 스스로 깨달아야 했다. 내담자가 아직 귀 기울이거나 시인할 준비가 되지 않았을 때 이른바 '진실'을 폭로하면 그들은 상담치료사에 대한 신뢰를 상실한다. 방어기제가 발동하고 그들의 상태는 겉보기에만 개선된다. 확대해석은 상담치료사가 경험이 부족하거나 자신이 없다는 방증이다. 상담치료사는 내담자를 진실의 문 앞으로 데려갈 수는 있지만, 그 안으로 끌고 들어가면 안 된다. 때가 되면 그들이 알아서 들어갈 것이다.

상담치료는 비개인화에서 개인화로 옮겨가는, 구불구불하고 더딘 여정이다. 피터는 한 인격체로 대우받지 못했기 때문에 자신을 한 인격체로 체화하지 못했다. 그는 유체에서 이탈한 상태로 자기 자신을 바라보았다. 나와의 상담치료를 통해 그는 한 인격체로서, 한 인간으로서 거듭나기 위한 긴 여정에 돌입했다.

화상이라는
문제

피터는 밴드와 함께 미국 남부로 투어를 떠났을 때 아칸소주의 어느 술집에서 웨이트리스로 일하던 여자를 만났다. 그는 거기서 1주일 동안 공연할 예정이었다. 그녀는 그에게 술을 가져다주고 〈조지아〉라는 노래를 신청하며 미국 남부 특유의 느릿한 사투리로 말했다. "당신이 조지아를 얼마나 그리워하는지 들려줘요. 내가 거기 출신이거든요." 피터가 그 곡을 연주하자 온 술집이 고요해졌다. 이후에 그는 마이크에 대고 말했다. "고향 조지아주를 그리워하는 멜라니에게 바친 곡이었습니다." 밴드 멤버들은 놀란 표정으로 그를 돌아보았다. 함께 밴드생활을 한 지 16년 만에 처음으로 그가 무대에서 말을 한 것이었다. 피터는 그들이 얼마나 기뻐하는지 알 수 있었다고 했다. 그들은 상담치료에 관해 전혀 몰랐지만, 이것이 일종의 비약적인 발전이라는 건 깨달았다.

공연이 끝나자 멜라니가 그를 기다리고 있었고 그들은 술을 한잔했다. 피터는 섹스에 대해서 생각하지 않고 그냥 그 순간을 즐기려고 노력했다. 그녀는 어디에서 지내고 있느냐고 물었고, 그가 호텔 이름을 밝히자 의미심장하게 고개를 끄덕이며 그를 쳐다보았다. 그는 우리의 상담치료를 떠올리며 천천히 관계를 발전시키면 될 거라고 생각했다. 그는 2회 공연을 하고 났더니 피곤하다고 말하고 다음 날 점심을 같이 먹자고 했다. 그녀도 좋다고 했다.

그는 섹스에 대해 전전긍긍할 필요 없다고, 그전에 먼저 친해질 생각부터 하자고 스스로 주문을 걸었다. 점심을 먹는 자리에서 멜라니는 자기 아버지가 흘러간 블루스 음반을 수집한다고 말했다. 이렇게 해서 음악이라는 편안한 주제로 이야기꽃을 피울 수 있었다. 그들은 계속 만났지만 섹스는 하지 않았다. 그는 그녀를 그의 숙소로 한 번도 데려가지 않았다.

토론토로 돌아갔을 때 피터는 편지를 자주 보냈다. 편지에서는 감정 표현이 좀 더 자연스러웠고 심지어 살짝 음흉해질 수도 있었다. 그는 주말에 비행기를 타고 그녀를 만나러 다녀오기로 마음먹었다. 디데이가 다가오자 우리는 어떤 식으로 대화를 이어나가면 좋을지 예행연습을 했다. 나는 그에게 섹스하는 데 문제가 있다고 언급할 필요는 없다고 했다. 그냥 친절하고 다정하게 대하기만 하면 된다고, 천성이 부드러운 남자이니 어려울 것 없다고 장담했다.

"멋지고 세심한 애인이 될 수 있는 평범하고 다정하고 친절한 사람이 여기 어딘가에 숨어 있다고 생각해요." 나는 말했다. "당신은 어렸을 때 격리생활과 트라우마를 너무 많이 겪었을 뿐이에요. 그랬는데도 노력하고 관계를 맺고 싶어 하잖아요. 당신의 연주는 감정과 관능미와 표현이 풍부해요. 그러니까 당신 안에 그런 자질이 들어 있는 거예요. 상처를 받았을 뿐 무너지지는 않았다는 걸 기억해요."

우리는 포옹은 어떤 것이고 어떻게 하면 자연스럽게 포옹할 수 있는지 같이 연구했다. 그의 누나에게는 아이가 있었고 그 아이를 자주 끌어안았다. 아무튼 피터의 눈에는 그래 보였다. 그는 똑같이 따라 해보려고 유심히 관찰했다. 그의 입장에서는 그 어떤 것도 자연스럽게 이루어지지 않았다.

그는 멜라니와 밖에서 저녁을 먹었다. 식사가 끝나자 그녀는 3명의 친구와 같이 살고 있으니 그의 호텔 방으로 가고 싶다고 말했다. 그들은 같이 침대로 들어갔지만 안타깝게도 피터의 이인증이 다시 시작됐다. 구멍이 점점 작아지는 카메라 렌즈를 통해 침대에 누워 있는 자기 자신을 바라보는 느낌, 정신과 육체가 분리된 느낌이었다. 결국 그들은 잠이 들고 말았다.

다음 날 그녀를 기다렸지만 일이 끝나자 그녀는 드럼 연주자와 함께 나가버렸다. 피터가 그녀를 기다리고 있다는 것을 알고 있던 바텐더가 말했다. "안됐지만 여기서는 중국 남자가 별로 인기가 없어요." 피터는 바텐더가 그게 얼마나 모욕적인 언사인지 모르고 위로의 뜻에서 한 말이라는 걸 알았다.

나는 안쓰러웠지만 그에게 시험 운전이라고 생각하자고 했다. 섹스는 빙산의 일각이었다. 빙산의 90퍼센트가 수면 아래 무의식 속에 잠겨 있었다. 우리는 거기에 초점을 맞추어야 했다.

무의식에 접근하는 가장 좋은 방법이 꿈이다. 이 때문에 나는 피터에게 꿈을 파헤쳐보자고 했다. 침대 옆에 연필과 종이를 준비해놓고 아침에 눈을 떴을 때 맨 처음 떠오른 생각을 적으라고 했다. 알고보니 그의 꿈은 끈질기게 비슷했다. 항상 그의 능력으로는 어쩔 수 없는 사건이 벌어졌다.

"저는 버스 지붕에 대자로 누워 있고, 버스는 도로를 어마어마한 속도로 달리고 있어요. 붙잡을 만한 걸 찾으려고 하지만 손잡이가 없어요. 버스가 차로를 바꿀 때마다 저는 이쪽에서 저쪽으로 내동댕이쳐졌어요. 기사에게 고함을 지르려고 했지만 목소리가 나오지 않아요. 결국 지붕과 앞 유리창이 만나는 곳까지 기어갔어요. 몸을 굽혀서 앞 유리창 너머를 들여다보았는데 기사가 없는 거예요."

피터는 이 꿈을 꿀 때마다 공포를 느끼며 눈을 떴다. 우리는 그의 삶이 어떤 면에서 이 버스처럼 통제 불능이었는지를 놓고 대화를 나누었다. 그가 자신은 관계를 맺을 수 없는 사람이라고 하자 나는 그건 아니라고 했다. 아직 섹스를 하지 못하는 것은 맞았다. 하지만 그는 나, 누나 그리고 밴드 멤버들과 관계를 맺고 있었고 그들은 그를 좋아하고 존경했다. 밴드 멤버들은 그와 음악을 통해 소통했고 피터는 그런 식으로 소통하는 데 아무 문제가 없었다. 사실 그의 음악은 친밀했고 많은 팬의 심금을 울렸다. 피아노를 칠 때만큼은 몇 명의 관객을 마주하고 있건 이인증을 경험하지 않았다.

하지만 피터는 타인에게 감정다운 감정을 느낀 적이 없다고, 그런데 어떻게 자신이 관계다운 관계를 맺을 수 있겠느냐고 반박했다. 멜라니가 술집에서 다른 남자와 나갔을 때도 그는 슬프지 않았다. 그저 벌어진 일일 뿐이었다. 유명한 음악잡지에서 표지 기사로 다루어졌을 때도 기쁘지 않았다. 그 잡지를 보여주자 어머니는 아편쟁이와 멍청한 북아메리카인이나 음악잡지를 본다고 말했다.

상담치료의 3년 차 후반부에 피터와 그의 누나를 뒤흔드는 사건이 벌어졌다. 나중에 밝혀졌다시피 상담치료에서 또 다른 전환점으로 기록될 사건이었다.

피터의 누나는 식당의 칸막이 자리에 앉아 크레용으로 그림을 그리던 얌전한 아이였다. 어머니가 요구했던 대로 말이 없고 고분고분한 로봇이었다. 하지만 그녀는 피터보다 상처가 훨씬 적었다. 다락방에 갇히지도 않았고, 손님들과 소통하며 예쁨받을 수 있었다. 그녀는 어른이 되어서도 여전히 조용하고 공손했지만, 어머니가 자기 아이를 구박하는 일은 용납하지 않았다. 그럴 때는 어미 곰처럼 대응했다. 피터는 누나네 집에 종종 놀러가 3살된 조카와 즐거운 시간을 보냈다. 누나와 어린 조카가 사랑을 주고받는 광경을 관찰하며 정상적인 행동이 어떤 것인지 배웠다.

그러던 어느 날 피터의 조카가 전기레인지에 놓인 칠리 냄비를 잡아당기는 바람에 심한 화상을 입고 병원에 입원하는 사건이 벌어졌다. 아이의 사고는 모두에게 충격이었다. 피터는 어머니와 누나와 함께 병원의 화상병동으로 갔다. 아파서 몸부림치는 조카를 보고 그는 경악했다.

그런데 그의 어머니가 해괴한 행동을 보이기 시작했다. "복도를 따라 걸어가는데 어머니가 막 웃으면서 '쟤 좀 봐! 쟤 좀 봐!' 하지 뭐예요. 심하게 화상을 당한 어떤 여자아이를 손가락질하면서 깔깔대는 거예요. 간호사가 그런 어머니를 보고 말했어요. '인간답게 행동하지 않을 거면 나가주세요.'" 피터는 간호사가 그의 어머니에게 한 말을 듣고 충격을 받았다. "선생님이 어머니를 두고 한 이야기가 갑자기 물밀듯이 떠올랐어요. 믿기 힘들겠지만, 어머니는 계속 웃었어요. 간호사가 그치지 않으면 경비를 부르겠다고 했고, 이제 다른 간호사들까지 몰려들었어요. 누나는 말없이 지켜보고만 있었고요. 저는 끔찍한 흉터가 생긴 그 아이가 정말 가여웠어요. 그래서 어머니에게 발끈했죠. '도대체 왜 그러세요? 고통스러워하는 애들 앞에서. 입 다무세요, 버스 타고 집에 가고 싶지 않으면.' 어머니는 입을 다물었고 누나는 일종의 응원 차원에서 제 허리에 손을 대고 있었어요."

난생처음으로 피터는 어머니에게 화가 났다는 사실을 의식했다. (그동안 무의식적으로는 얼마나 화가 났을지 상상조차 되지 않는다.)

나는 피터가 어머니가 자신에게 저지른 행동에는 분노를 느끼지 못했을지 몰라도 그녀가 화상 환자들을 대하는 태도에서 분노라는 의미 있는 감정을 느꼈다는 사실에 주목했다.

어머니가 왜 그렇게 이상한 행동을 보였는지 도무지 알 수 없었다. 그래서 피터에게 어머니의 어린 시절에 관해 물었다. 그는 자기도 어머니의 어린 시절에 관해 아는 게 전혀 없다고 했다. 피터는 어머니가 다친 아이들을 그렇게 무정하게 대하는 것을 보았을 때 그녀에게 당해온 것에 대한 분노가 분출됐다고 했다. 이제 그는 어머니의 집에 가서 저녁 먹기를 거부했다.

어머니는 피터의 거리두기에 당황하는 듯했고 저녁을 그의 문밖에 두고 갔다. 며칠 지난 뒤부터는 미친 사람처럼 날뛰며 저녁을 먹으러 오라고 전화기에 대고 소리를 질렀다. 결국 그는 어머니의 집으로 찾아가기로 했다. 내 제안에 따라 화상병동에서 왜 그런 오싹한 반응을 보였는지 알아보기로 했다. 피터가 그 이야기를 꺼내자 그녀는 미친 사람처럼 웃기 시작했다. 어머니의 무신경한 태도에 분노가 치민 피터는 그의 어린 시절이 얼마나 고통스러웠는지 쏟아냈다. 그의 어머니는 다시금 고개를 저으며 웃었고, 그가 고통스러운 어린 시절이 뭔지 알 턱이 없다며 자신이 온갖 나쁜 사람들로부터 그를 보호해주지 않았느냐고 말했다.

피터는 어머니의 과거에 관해 물었다. 그녀는 얼버무리고 넘어가며, 딱 하나 중요한 사실이 있다면 자신은 남편에게 기댈 필요가 없도록 자립한 거라고 말했다. 그리고 자신은 절대 '작은마누라'

가 될 생각이 없다고 말했다.

　어머니의 사연을 듣기까지는 몇 주라는 시간이 걸렸다. 베트남에서 피터의 외할머니는 어떤 중국계 사업가의 '소실'이었다. 이런 경우 소실이라 하면 정부와 첩의 중간쯤에 해당하는 위치였다. 돈이 많은 남자는 여자를 경제적으로 후원하는 대가로 막간에 육체적인 여흥을 받았다. 아이는 이 거래에 포함되지 않았다. 피터의 외할머니는 미인이었고 돈 많은 할아버지의 자랑이었다. 하지만 그는 재산을 날리면서 그녀를 홀대하기 시작했다. 사회적 지위가 추락하자 그의 이름에 먹칠하는 사람과 더는 엮일 수 없었던 것이다. 그는 소실에게 경제적인 지원을 거부했고 뜻하지 않게 태어난 아이(피터의 어머니)에게 어떠한 법적 권리도 허락하지 않았다. 피터는 어머니가 말한 '권리'가 뭔지 알지 못했고 언어장벽이 있다보니 알아낼 수도 없었다. 소실은 정식 부인이 아니었기 때문에 그의 외할머니는 취직할 수 없었고 영업허가증이나 알맞은 서류를 취득할 수도 없었다. 결국 그녀는 '타락한' 외국인을 상대하는 불법 아편굴을 열었다. 그곳은 '뜨끈한 아편을 좋아하는 남자들'을 위한 곳이기도 했다. 피터는 어머니의 표현을 그대로 전하며 그게 무슨 뜻인지 잘 모르겠다고 했다. 가학 성향이 있는 변태 고객이 이용하는 매음굴 겸 아편굴이 아닌가 짐작했다. 피터의 외할머니는 아편을 조달했고, 피터의 어머니를 비롯해 그 매음굴 내지는 아편굴에 속한 여자들은 프랑스제 담배로 지져졌다.

"피터!" 나는 충격을 받고 외쳤다. 나는 그에게 고객들이 프랑스인이었냐고 물었다. 그는 베트남이 아직 프랑스 식민지였던 시기의 사이공에서 있었던 일이니 아마 그럴 거라고 했다. 베트남의 소수민족 중에서 가장 숫자가 많던 중국계는 여러 가지 사업을 했다. 남자들을 만족시키는 일이 피터의 어머니에게 주어진 역할이었다. 그녀는 영어로 이 일을 '변태 섹스'와 '뜨거운 아편 태우기'라고 표현했다. 토론토의 병원에서 화상 환자를 보았을 때 그녀는 고향이 생각났다. 피터는 외할머니도 지져졌느냐고 물었다. 그의 어머니는 무덤덤하게 대답했다. "별로. 젊은 아가씨들이 돈을 더 많이 받거든." 그는 그 당시 어머니와 다른 여자들이 몇 살이었는지 궁금했다. 그녀는 "네 영어 못 알아듣겠다"라며 대답을 피했다. (말을 흐리고 싶을 때 종종 동원하는 수법이었다.)

그의 어머니는 결국 아편굴에서 남편을 만났다. 그들 형제는 같은 동네의 재즈 밴드 멤버였고 가끔 아편을 피우러 왔다. 그가 자기와 결혼하면 캐나다로 데려가주겠다고 하자 그녀는 기회를 놓치지 않았다. 그녀는 피터에게 자신의 관심사는 오로지 돈을 버는 것뿐이었기 때문에 '작은마누라'는 될 생각이 없었다고 말했다. 마침내 피터는 중요한 질문을 했다. "외할머니가 어머니를 가둔 적 있었어요?" 그녀의 대답은 시사하는 바가 컸다.

"아니. 너는 내가 가둬준 게 다행인 줄 알아. 나는 노래를 불러야 저녁을 먹을 수 있었어."

나는 피터를 쳐다보며 천천히 고개를 저었다.

"알아요, 알아요." 그가 말했다. "제가 항상 어머니는 최선을 다했다고 이야기했던 거 말이에요." 그는 잠깐 생각한 끝에 덧붙였다. "어머니가 아버지와 그 사촌들을 싫어했던 이유 중에는 어머니의 과거를 알았기 때문도 있지 않을까 싶어요."

"아버지가 돌아가신 뒤 어머니가 남자들과 관계를 맺은 적이 있었나요?"

"전혀요. 어머니는 결혼식장에도 헌 옷을 입고 가세요. 머리도 직접 자르고. 누가 관심을 보이면 그들이 노리는 건 오로지 어머니의 돈이라고 해요. 어머니가 사랑하는 건 돈이에요."

"돈이 있어야 지져지는 신세를 면할 수 있으니까요." 나는 설명했다. "그분은 외동딸을 가학적인 쾌락의 제물로 바친 어머니 아래에서 컸어요. 당신의 외할머니는 덴 자국을 보며 손님과 함께 웃었겠지요. 당신의 어머니가 병원에서 웃었던 것처럼."

피터의 딱한 어머니는 다정한 부모를 둔 적이 없으니 부모가 되는 법을 전혀 몰랐다. 한참 정적이 흐른 끝에 내가 말했다. "당신 어머니도 가엾다는 생각이 들어요. 인간의 본능 중에서 가장 큰 만족을 주는 모성 본능을 느끼지 못하고 엄마 노릇을 즐기지도 못했으니 말이에요." 모성 본능은 전제 조건 없이 저절로 생겨나는 것이 **아니다**. 어머니가 자신의 애착관계를 기억하는 과정에서, 자기 집안이나 사회 어딘가에서 역할 모델을 보고 따라 하는 과정에서 유발된다.

피터는 한참 동안 아무 말 없었다. 마침내 내가 말했다. "어머니가 화상 환자를 보고 웃었다는 이야기가 계속 머릿속에서 맴돌아요. 당신 어머니도 화상 환자였어요. 손님들이 그녀를 보고 웃었을 테니 어머니로서는 그들을 따라 한 것일 뿐이에요. 결국 고객들은 돈을 주고 사람 몸을 지지는 특권을 산 거니까요. 어머니는 자기 어머니에게 애착을 느낀 적이 없었으니 당신에게도 애착을 갖는 법을 알 턱이 없었죠. 어머니는 태어나자마자 자기 어머니에게 감정적으로 버림받았어요. 사실상 돈을 낸 가학 성향의 남자들에게 제물로 바쳐졌죠. 그랬으니 당신의 의식주를 해결하고 다치지 않게 가둠으로써 당신을 보호했다고 생각할 수밖에요."

"어머니는 자기 어머니의 의식주도 해결해준 셈이지요." 그는 말했다.

"평생 남의 의식주를 해결하며 살고 계시네요."

"어머니는 정말이지 남자를 질색했어요. 누나하고는 아무 문제 없었는데."

"그래요? 꼼짝 말고 조용히 있으라고 시켰는데요?"

"어머니가 아는 게 있었다면 의식주를 해결하는 거였어요. 그러니 우리 아버지가 돈을 다 날렸을 때 증오했을 수밖에요. 그보다 나쁜 짓은 없었으니까요." 피터는 한숨을 쉬고 이렇게 덧붙였다. "어머니가 노상 제게 소리 지르고 실패작이라고 하는 이유는 뭘까요?"

"뭐라고 생각해요?"

"공포를 그런 식으로 표현하는 것 같아요. 음악이라는 게 무서워서요. 아편이 생각나고 그다음은 담뱃불일지 모르죠."

나는 동의한다는 뜻에서 고개를 끄덕였다. 유치원을 유급했던 아이가 이런 해석을 내놓다니 아이러니한 일이었다.

오랫동안 피터는 자신을 무능하게 여긴 어머니의 판단이 맞을 거라고 생각했다. 그렇지 않고서야 어머니가 그를 이런 식으로 대할 까닭이 없지 않은가. 이제 그는 어머니의 행동이 그와는 아무 상관없고, 모든 게 끔찍했던 그녀의 어린 시절에서 비롯됐을지도 모른다는 사실을 깨달았다.

그는 어머니의 어린 시절을 주제로 다시금 대화를 시도했다. 하지만 그녀는 두 번 다시 입을 열지 않았다. 그것을 '죽은 과거'라고 지칭했다. 피터는 어머니가 아버지와 함께 캐나다로 떠났을 때 외할머니가 어떤 심정이었을 것 같으냐고 물었다. 그녀는 이렇게 대답했다. "내 어머니는 신경 쓰지도 않았어. 관심사가 오로지 다음 번에 피울 아편뿐이었거든." 피터는 그제야 외할머니가 아편 중독자였다는 사실을 알아차렸다.

이제 피터는 어머니의 문제점에 대해 좀 더 심층적인 깨달음을 얻었다. 피터가 자신을 바라보는 시각을 재구성하고 있었으니 어머니와 상호작용하는 새로운 방식을 도입할 때가 되었다. 나는 그에게 수전 포워드(Susan Forward)가 쓴 『독이 되는 부모』(푸른육아, 2020)를 선물했다. 피터는 그 책을 읽고 공감이 많이 됐는지,

나를 만난 자리에서 어머니가 집배원을 가리키며 "저기 바보 있다. 그러게 제대로 된 직업이 있어야지"라고 했을 때 비명을 지르고 싶더라고 말했다. 그러고는 처음으로 이런 말을 했다. "실패작 어쩌고저쩌고하면 이제 더는 못 참겠어요."

내 입장에서는 모두 희소식이었다. 그는 이제 어머니에게 계속 실패작이라고 구박받았을 때 정상적인 아들이 보임 직한 반응을 보이고 있었다.

나는 물었다. "어떻게 하면 어머니를 그만하게 만들 수 있을까요? 어머니는 말다툼을 사양하지 않잖아요. 그게 감정적으로 관계를 맺는 유일한 방법이니까요. 어머니는 불안이나 걱정이나 애정을 다르게 표현하는 법을 몰라요. 본 적이 없으니까요."

"어머니는 누나가 갓 태어난 둘째 딸을 수시로 안아주는 걸 보고 진심으로 놀라워해요. 손에서 내려놓지 않으면 걷는 법을 배우지 못한다는 둥, 자꾸 안아주면 계속 안아달라고 울 거라는 둥, 이런 이상한 소리를 하면서요. 누나는 어머니하고 절대 싸우지 않아요. 어머니가 자기 딸들을 건드릴 때는 예외지만. 그때는 불같이 화를 내요. 그 학습효과로 어머니는 더 이상 간섭하지 않아요. 누나가 갓난아이를 안아주면 그냥 고개만 저어요." 나는 어머니가 학습효과로 그에 대한 태도 또한 바꿀 수 있지 않겠느냐고 했다. 그의 누나에게는 그 방법이 효과가 있었으니 말이다.

피터는 자신으로 인해 어머니가 달라질 일은 없을 거라는 운명론적인 입장을 취했다. 하지만 그가 그녀와 상호작용하는 방식은 바꿀 수 있었다. 나는 어머니에게 그녀를 사랑하고 지금까지 해주신 모든 것에 감사하지만 무시하는 언사는 더 이상 참지 않겠다고 이야기하면 어떨지 제안했다. 그는 **그의** 기준에서 무례한 발언이란 어떤 것인지 설명해야 할 것이었다. 어머니가 아버지를 닮은 타락한 음악가라는 식으로 그를 비하하면 그대로 걸어나와 2주 동안 그녀를 만나지 않을 작정이었다. 둘이 워낙 지척에서 살기 때문에 쉽지 않은 일이었다. 피터는 심성이 착해서 어머니에게 상처를 주고 싶지 않아 했지만, 내가 시간이 지나면 그의 어머니도 무슨 말은 해도 되고 무슨 말은 하면 안 되는지 파악할 거라고 장담했다. 그 증거로 누나의 양육 방식에 간섭하지 않기로 마음을 고쳐먹지 않았느냐고 했다. 그리고 어머니는 배운 것 없이 말 한마디 할 줄 모르는 캐나다로 건너왔지만, 대부분의 캐나다 사람들보다 많은 부동산을 소유하고 있었다. 형세를 파악할 줄 아는 사람이었다.

피터는 이런 시도를 내키지 않아 하고, 효과도 없을 것이라고 생각했다. 대서양의 모래를 양동이로 퍼내라면 끈기로 밀어붙이겠지만 어머니와의 관계를 생각하면 바다와 모래는 보이는데 양동이가 없는 기분이라고 했다. 그가 지치고 의욕을 잃은 상태라는 것을 알 수 있었다. 그에게 내가 있지 않으냐고 강조했다. 내가 양동이를 줄 테니 같이 퍼나르자고 했다. 결국 피터는 한번 시도해보겠다고 다짐했다.

피터가 보인 긍정적인 발전이 있다면 음악가로서 거둔 자신의 성공을 누나와 공유했다는 것이었다. 나는 음악잡지에서 그와 그의 밴드를 다룬 새로운 기사가 보이자 그 사진을 액자에 넣어서 누나에게 크리스마스 선물로 주면 어떻겠느냐고 제안했다. 그의 반응은 과거의 범주에서 벗어나지 않았는데, 지금까지 그런 적 없었고, 누나는 그런 선물을 좋아하지 않을 거라고 했다. 그래도 한번 시도해보라고 제안했다. 사진을 액자에 담아서 선물하자 누나 부부는 아주 좋아했다. 심지어 거실에 걸어놓기까지 했다. 얼마 후에는 피터의 공연을 보러 다니기 시작했다.

그 사진은 피터와 어머니의 역학관계를 바꾸는 기폭제 역할을 했다. 매형의 생일파티 때 그의 어머니는 피터의 누나가 타락한 인간의 사진을 벽에 걸어두는 이유를 도무지 모르겠다고 말했다. 피터는 어머니에게 그런 말은 상처가 된다고 반박했다. 그러고는 자리에서 일어나 나와버렸다. 피터가 요구사항을 실질적으로 표현하다니 거의 없는 일이었다. 그는 무서웠다고, 그가 나와버린 이유를 아무도 이해하지 못할 줄 알았다고 했다. 이 때문에 다음 날 누나와 매형이 각각 전화해서 그들이 어머니에게 뭐라고 말했는지 알렸을 때는 깜짝 놀랐다. 그의 어머니에게 아들의 성취를 계속 무시하면 그 집에서도 환영받지 못할 거라고 일렀다는 게 아닌가.

그게 다가 아니었다. 누나는 피터가 아동학대의 피해자였다는 사실을 안다고 고백했다. "그 말을 듣고 어안이 벙벙했고, 어머니를 변호했어요." 피터는 말했다. "그런데 평소에는 온순하던 누나가 저더러 예전에 겪었던 일을 직시하라고 하지 뭐예요. 3살쯤 됐을 때 어머니가 저를 소아과에 데려갔는데 누나가 통역으로 따라나선 적이 있었대요. 의사가 제 납작한 머리모양을 보고 침대에 누워 있기만 하는 건 아니냐고 했는데, 어머니는 웃으면서 그 말을 못 들은 척했대요." 그의 누나는 그러면 안 된다는 것을 알았기 때문에 의사에게 실상을 알리고 싶었다. "하지만 그러면 어머니를 배신하는 게 될 테니까요. 게다가 죽도록 맞을 테고요. 누나는 아무 말도 하지 않았대요. 그때 입을 다물고 있었던 것에 대해 한참 동안 죄책감을 느꼈다고 했어요."

누나의 집에서 그런 일이 있고 난 뒤 피터는 어머니가 맥빠지는 말을 할 때마다 그냥 일어나서 나와버리는 새로운 전략을 구사했다. 아무 설명 없이 그랬다. 나는 이 작전에 찬성했다. "제 말 믿어요, 어머니는 이유를 알아낼 거예요." 나는 말했다. "쥐를 보면 긍정 강화와 부정 강화에 결국 다르게 반응하거든요."

피터의 어머니는 그를 모욕하고 다른 일을 하라고, 중국 여자와 결혼하라고 종용하던 일을 서서히 중단했다. 다정한 어머니로 변모하지는 않았지만, 행동 수정을 통해 아들과의 관계를 유지하고 싶으면 무엇을 하면 안 되는지 터득했다. 그녀는 혼자 지내고 싶지 않았다. 피터의 끼니와 거처를 해결해주고 싶은데 그가 거부하면 상실감에 시달릴 것이 분명했다. 그녀가 생각하는 엄마의 역할은 그런 것이었다.

우리는 피터 어머니의 어린 시절과 그녀가 얼마나 상처가 많은 인물인지에 관해 알아가면서 다사다난하고 유익한 한 해를 보냈다. 피터는 어머니를 생각하면 화를 냈다가 안쓰러워하기를 반복했다. 그런가 하면 어머니가 그에게 보이는 반응이 자신과는 거의 별개의 문제라는 점도 점점 깨닫기 시작했다. 누나의 응원 또한 많은 힘이 됐다. 그는 누나에게 자신이 아동학대 피해자라는 말을 들었을 때는 충격을 받았지만, 지금까지 살아오면서 왜 자신이 그렇게 많은 문제를 겪었는지 이해하는 데 그 직시는 도움이 됐다. 그는 어머니를 상대할 때 교전의 원칙을 끈질기게 고수했고, 어머니의 태도가 개선되는 결과 역시 목격했다. 앞으로 그는 또 어떤 성과를 거둘 수 있을까?

새로운
도약

당연한 노릇이겠지만 피터는 학대가 어떤 것인지 깨닫고 어머니의 행동에 선을 긋기 시작하면서 가족 이외의 사람들에게는 자신이 어떤 대접을 받았는지에 대해서도 파악하기 시작했다. 그는 지금까지 밴드 리더인 도니의 특권의식을 참고 견뎌왔다. 도니는 요구 사항이 많았고 관객들이 자기 하나만을 보러온다고 착각했다. 피터는 다른 밴드에 게스트로 합류했을 때 더욱 존중받았다. 결국 피터는 밴드 리더와 정면으로 부딪쳐서 독단적으로 앙코르를 요구하거나, 무시하고 넘어가지 말라고 요구했다. 앞으로는 다 같이 밴드의 결정을 내리자고 주장했다.

　37살 도니는 자신이 파티광이라는 데 자부심을 느끼는 알코올 중독자였다. 유명한 로큰롤 가수들의 생활방식을 흉내 내고 공연하는 도시마다 여자들과 자고 싶어 했다. 그런데 그가 조심스럽게 창조한 가면에 한 가지 문제점이 있다면 19년 전에 결혼한 부인 어맨다와 어린 남매가 있다는 것이었다. 고등학교 때부터 그들 부부와 아는 사이였던 피터는 도니가 부인을 수없이 속이는 것을 보고 경악했다.

피터는 이제 자신의 정체성을 찾고 자신의 감정을 표현하려고 새롭게 노력 중이었고, 부인이 자신에게 도니가 공연 중에 만난 여자들에 관해서 물어보면 거짓말하지 않겠다고 선포했다. 도니는 그에게 친구 아니냐고 따졌다. 피터는 그건 맞지만 네 부인에게 거짓말하는 것까지 우정에 포함되지는 않는다고 대답했다.

피터처럼 폭력적인 가정이나 3부에 나오는 로라처럼 결손가정에서 자란 사람들은 선을 긋는 것을 잘하지 못한다. 부모가 그들의 욕구에 귀를 기울이지 않았기 때문에 타인과 사회적 관계를 맺을 때 자신이 이 원칙을 정해도 된다는 것을 전혀 모른다. 모든 사람을 위해 자신이 모든 일을 감당할 필요는 없다는 것도 따로 배워야 한다. 나는 피터가 도니와의 사이에 선을 긋는 것을 보고 기뻤다.

어맨다는 피터에게 남편이 자신과 아이들을 얼마나 무시하는지 털어놓았다. 한번은 밴드가 집의 녹음실에서 연습하고 있을 때 그녀가 그곳으로 내려와 도니에게 위에서 아들 생일파티가 열리고 있으니 참석해달라고 한 적이 있었다. 도니는 거부했고 그녀가 계속 조르자 그녀를 때리려고 손을 들었다. 피터는 의자에서 벌떡 일어나 도니와 주먹다짐을 벌였다. 그는 도니에게 '진상짓'이라면 지긋지긋하다고 말했다.

그가 흥분한 이유는 오래전부터 품어왔던 의구심과도 연관이 있었다. 도니는 최첨단 녹음실이 갖추어진 집에서 살고 있는데, 자신은 어째서 간신히 먹고사는 수준인지 의아했다. 발표한 음반은 같은데 어떻게 그럴 수가 있을까? 결국 피터는 정산 자료를 보여달라고 요구했다.

그동안 도니가 그를 속여왔고, 이제껏 피터는 모든 것에 대해 그랬듯이 그 일에 대해서도 아무 감정을 느끼지 않도록 스스로 차단한 것 같다고 생각했다. 나는 감정에 반응하다니 잘했다고 그를 칭찬했다. 피터는 어머니가 하신 말씀 중 하나는 맞았다고, 도니는 도둑놈이었다고 말했다. 그는 16년 동안 피터의 몫을 훔치고 있었던 것이다. 나는 언론에 밴드가 소개될 때마다 계속 챙겨보고 있었기에 도니가 언급된 경우는 거의 없었다고 지적했다. 언론의 초점은 대개 피터였다.

피터는 정서적으로 꾸준히 성장하고 있었고 이제 중대한 결단을 내리기에 이르렀다. 밴드를 탈퇴하고 다른 유명 밴드의 멤버와 함께 새로운 밴드를 결성하기로 한 것이다. 결국 그는 피아노 조율 아르바이트를 할 필요가 없을 만큼 경제적으로 엄청난 성공을 거두었다. 이제는 정규 음악가로 활동할 수 있었다.

피터만 과감하게 도니의 곁을 떠난 게 아니었다. 어맨다도 이혼과 양육권 소송을 제기했다. 그녀는 아이들과 함께 피터 어머니의 건물로 이사했고, 피터의 위층에서 살았다. 경리 사업을 시작해 점점 사업 규모도 확장했다.

피터는 그들 가족을 데리고 〈디즈니 온 아이스〉나 〈호두까기 인형〉 같은 음악 공연을 같이 보러 갔다. 어맨다의 아들과는 길거리 하키를 했다. 남자의 관심을 갈구했던 아이들은 다정하고 한결같은 피터에게 열광적으로 반응했다.

어느 주엔가 피터는 어맨다에게 끌린다고, 실은 그녀가 카리스마는 있지만 얄팍한 도니와 결혼하기 한참 전인 고등학교 때부터 그랬다고 내게 시인했다. 피터의 어머니는 친구처럼 지내는 그들을 보고 기절초풍했다. 어맨다가 노리는 건 오직 그녀의 재산뿐이라고, 피터는 중국 여자를 만나야 한다고 했다. 피터는 자신이 중국어를 할 줄 모르고, 아는 중국 여자는 누나뿐이라고 어머니에게 짚고 넘어갔다.

밴드 롤링스톤스가 이 도시를 찾았을 때 피터는 어맨다에게 같이 공연을 보러 가자고 했다. 그는 내게는 데이트가 아니라고 못 박았다. 하지만 이로 인해 그들의 관계가 바뀌지는 않을지, 어맨다가 섹스를 염두에 두고 있지는 않을지 걱정했다. 그는 그녀가 등장하는 성적인 상상을 하지만 너무 겁이 나서 상상을 실행에 옮기지 못하겠다고 고백했다. "어맨다는 이웃이고 오래전부터 알고 지낸 친구인 데다 저는 아이들이 좋아요." 그는 말했다. "그게 전부 연기처럼 사라질 수 있잖아요."

나는 몸을 사리는 피터의 심정을 이해할 수 있었다. 섹스를 시도했다가 실패하면 정말이지 후퇴할 수 있었다. 하지만 이 문제로 나를 찾아온 지 4년이 지났지 않은가!

　나는 피터에게 좋은 엄마인 누나가 둘째 딸을 어떻게 대하는지 유심히 관찰하라고 했다. 그는 몇 가지 애착 행동을 보고했다. 안아주기, 얼굴을 가까이 대고 어르기, 손잡기, 같이 눕기, 웃기, 말하기, 울면 달래주기. 나는 그에게 어맨다와 연인 사이로 발전하면 누나가 어린 딸에게 하듯 그녀를 대하면 되지 않겠느냐고 말했다. 한 단계씩 천천히 발전시켜야 한다고, 그런 육체적인 감정은 하룻밤 새 생겨나지 않는다고 조언했다.

　그는 관계를 쌓는 법, 육체적으로 가까워지는 법을 배워야 했다. 섹스는 그 이전까지 쌓은 모든 애착 행동의 결정판이었다. 하지만 피터는 애착 행동 가운데 일부는 너무 부담스럽다고 했다. 예컨대 그는 그녀의 눈을 똑바로 쳐다볼 수가 없었다. 그런 상상만 해도 긴장이 됐다.

　그래서 우리는 리스트를 만들었다. 가장 친밀한 행동에서부터 순서대로 나열했다. 섹스가 맨 꼭대기였고 그다음이 손잡기, 그다음이 쉬운 말로 애정 표현하기였다. 나는 피터에게 이제 막 태어난 조카를 상대로 가장 단계가 낮은 행동부터 자연스럽게 느껴질 때까지 연습해보라고 했다. 데이트와 관련해서는 전혀 압박감을 느낄 필요가 없다고 그에게 장담했다.

　나중에 피터는 어맨다와 공연을 재밌게 잘 보고 왔다고 보고했다. 그런데 돌아왔을 때 어맨다의 아들이 방에서 나와 어땠는지 시시콜콜 듣고 싶어 했다. 피터는 안심했다. 그는 데이트를 잘

했으니 거기서 더 이상 무리하지 않았으면 좋겠다고 생각하며 그 집에서 빠져나왔다.

다음 상담 시간에 피터는 기분 좋지 않은 일이 있었다고 설명했다. 어맨다의 딸과 피아노 수업을 마치고 저녁을 차리는 동안 기다리고 있었는데, 어떤 남자 고객이 영수증을 들고 집으로 찾아왔다. 어맨다는 피터를 "집주인의 아들"이라고 소개하고 계속 고객과 수다를 떨었다. 나는 분개하는 피터를 보고 조금 놀랐다. 지금까지 그보다 훨씬 심한 일도 숱하게 겪지 않았던가. 하지만 상담치료사로 일하는 동안 이런 사례를 전에도 본 적 있었다. 한 번 감정의 물꼬가 트이면 워낙 많은 감정이 쏟아져나와 그 물살을 막기 힘들어진다.

피터는 저녁을 먹는 내내 침묵을 지켰다. 어맨다의 딸이 수상한 낌새를 알아차리고 묻자, 피터는 "집주인의 아들"이라고 소개된 게 싫었다고 말했다. 그 말을 듣고 딸은 이렇게 말했다. "엄마가 '우리 피아노 선생님'이라고 해야 했는데 말이죠."

"아니면 집안끼리 아는 친구라고 하든가." 피터가 말했다.

이런 대화가 오가는 동안 어맨다는 아무 말 하지 않았다. 잠시 후에 딸이 덧붙였다. "아니면 '내 친구'라고 하든가요." 피터는 꼬마 아가씨의 공감 능력에 감동해서 눈물이 날 지경이었다. "그랬으면 좋았을 텐데." 그는 말했다. 이번에도 어맨다는 아무 말도 하지 않았다. 저녁을 먹은 뒤 피터는 인제 그만 집에 가서 연습해야겠다고 말했다. 어맨다는 냉랭하게 작별 인사를 했다.

며칠 뒤 어맨다가 밤 11시쯤 그의 집 현관을 두드렸다. 그녀는 아이들을 재우느라 늦었다고 했을 뿐 아무 말도 하지 않고 눈물을 글썽이며 소파에 앉았다. 그들은 서로 기댄 채 한참 동안 앉아 있었다. 이윽고 그녀가 애들이 깰 수도 있으니 그만 집으로 돌아가야겠다고 했다.

"두 분 다 아무 말도 하지 않았어요?" 나는 물었다.

"네."

나는 피터에게 기분이 어땠느냐고 물었다. 그는 평소처럼 무표정한 얼굴로 말했다. "그렇게 행복했던 적은 처음이었어요."

1주일 뒤 피터가 피아노 수업을 하러 가보니 어맨다가 아이들이 1주일 동안 친할머니 집에 놀러갔다고, 이혼한 이래 아이들 없이 지내는 시간이 처음이라고 했다. 두 사람은 나가서 저녁을 먹고 손을 잡고서 집으로 돌아왔다.

그는 몇 번씩 돌려본 영화처럼 그날 저녁의 일을 완벽하게 기억했다. 그들은 좋아하는 밴드가 출연한 〈새터데이 나이트 라이브〉 프로그램을 봤다. 그 후 그녀는 옷을 입은 채로 침대에 누워서 마리화나(대마초)를 피우고 있었다. 그녀는 말했다. "애들 없을 때 해요." 그들은 그녀가 틀어놓은 CD를 같이 들었다. 그녀는 책이나 영화를 보면 사랑을 하고 싶은 생각이 들지만 어렸을 때 겪은 성폭행과 유산, 임신으로 힘들었다고 했다.

"저는 그녀에게 끔찍했겠다고 공감했어요. 어맨다는 그래서 섹스가 좀 겁난다고 했어요. 인제 보니 섹스를 하지 않는 것에 대해 **저한테** 미안해하고 있더라고요." 피터는 그녀에게 자신의 문제를, 지레 겁먹을 정도는 아니고 살짝 공개하기로 마음먹었다. 어렸을 때 격리생활을 한 적이 많아서 서두르지 않는 것을 좋아한다고 그녀에게 말했다. 어맨다는 안심하는 눈치였다. 한참 동안 정적이 흐른 뒤 그녀가 그의 음악이 정말 근사하다고 했다. "그러더니 자기 딸이 저한테 중국인 여자친구가 있느냐고 물은 적 있다는 이야기를 꺼내더라고요." 그가 말했다. 어맨다가 모르겠다고 하자 딸은 여자친구가 있는지 주차장에서 보초를 서야겠다고 했다. 피터는 미소를 언뜻 머금은 표정으로 — 내가 그때까지 한 번도 본 적 없는 표정이었다 — 나를 보더니 말했다. "그래서 이렇게 말했어요. 내 여자친구는 여기 있으니까 보초를 한참 서야겠다고."

나는 정말 기뻤다. 나는 그에게 육체적인 관계는 맺지만 평생 감정적인 친밀감은 경험하지 못하는 사람들도 있다고 말했다. 두 사람은 서로 솔직하게 대했기에 감정적으로 가까워질 수 있었다.

며칠 뒤에 피터가 어맨다와 육체적인 접촉을 했다고 보고했다. 둘이 같이 침대에 누워서 마리화나를 피우고 있었는데, 어맨다가 윗도리를 벗어도 되느냐고 물었다는 것이다. 그녀는 예쁜 레이스 브래지어를 입고 있었다. 그녀가 그의 셔츠 단추를 풀자 피터는 발기가 되는 것을 느낄 수 있었다. 그런데 잠시 후 그녀가 그의 가슴을 보고 털이 별로 없다고 말했다. "부적격자가 된 것 같았고 완전히 기가 꺾여버렸어요." 그는 기억을 더듬었다. "그 말을 듣고 얼떨떨했지만 중국인은 가슴에 털이 별로 없는 편이라고 그럭저럭 대답하긴 했고요." 어맨다는 고개를 끄덕이며 "흠"이라고 했다. 그러자 그는 작아지는 기분이 들었다. 성기뿐 아니라 온몸이 오그라드는 느낌이었다. "제가 제 몸을 조용히 빠져나가고 있었어요. 다락방에 있는데 어머니가 대나무 회초리를 들고 올라왔을 때의 그 느낌이었지요. 정신과 육체가 분리됐어요." 이제 그는 한쪽 구석에서 어맨다와 함께 침대에 앉아 있는, 어른이 된 자신의 모습을 바라보는 외로운 소년이었다. "다시 숨을 쉴 수 있게 됐을 때 핑계를 대고 일어나 집으로 돌아왔어요."

지그문트 프로이트(Sigmund Freud)의 표현을 빌리자면 '거세하는' 어머니 밑에서 자라면 비판에 아주 예민해진다. "흠"처럼 여러 가지로 해석할 수 있는 감탄사에도 소금 맞은 달팽이처럼 쪼그라든다. 나는 피터에게 어맨다와 그의 진심을 논의할 방법을 연구해야겠다고 말했다.

자신의 감정을 표현하는 것은 피터의 입장에서는 엄청난 모험이었다. 하지만 며칠 뒤 그는 그 일을 두고 어맨다와 대화를 나누었다. 너무 불안해서 현기증 날 정도였지만 씩씩하게 밀고나갔다. 알고보니 어맨다는 그가 그녀의 몸매가 마음에 들지 않아서 가버린 줄 알고 있었다. 반면에 그는 그녀가 남자답지 못하다는 뜻에서 가슴에 털이 별로 없다고 말한 줄 알고 있었다. 그들은 둘 다 예민하다는 데 웃음을 터뜨렸다.

4월의 첫날에 어맨다가 긴 겨울 외투를 입고 피터의 집으로 찾아와 자동차 배터리가 방전됐다고 했다. 그가 점프 케이블을 찾아오자 그녀는 받아서 한쪽을 그의 셔츠에 꽂고 입고 온 외투를 벗었다. 실오라기 하나 걸치지 않은 알몸이 드러났다. "오늘은 만우절!" 그들은 깔깔대며 소파 위로 쓰러져 끌어안고 입을 맞추었다. 피터도 어맨다도 재밌는 어린 시절을 보내지 못했지만 이제 가벼운 마음으로 즐거운 시간을 보낼 수 있었다. 분위기가 고조됐고, 마침내 38살의 나이에 그는 처음으로 여자와 섹스를 하게 됐다.

어맨다와의 관계가 발전하는 동안 항상 육체적인 면에서 잘되기만 한 건 아니었다. 그가 터득한 바에 따르면 이상적인 환경이 조성되어야 했다. 둘 사이에 문제가 남아 있으면 잘 안되었다. 아무리 사소한 갈등이라도 해소하고 감정적으로 편안해져야 육체적으로도 편안해질 수 있었다. 그는 최상의 조건이 갖추어져야 꽃을 피우는 귀한 난초 같았다.

피터의 어머니는 계속 어맨다를 두고 열변을 토했다. 피터가 그만하지 않으면 이 집에서 나가겠다고 하자 그녀는 코웃음 쳤다. "누누이 경고했지만 어머니는 제가 다른 데로 이사 갈 만큼 정신이 나갔을 리 없다고 생각하셨어요. 저를 궁지에 몰았다고 생각하는 거지요." 먹을 것을 가져다주러 온 어머니가 어맨다를 보고 인사도 하지 않자 그것이 결정타였다. 그들은 다 같이 그의 어머니의 건물에서 나와 셋집에서 함께 살았다. "경고한 대로 하지 않으면 어머니가 저를 함부로 대할 게 분명했거든요." 그래도 그는 매주 어머니 집으로 찾아가 같이 식사했다. 피터는 어맨다와 함께하는 생활이 행복했고 하키 리그, 음악 수업, 학부모 간담회로 이루어진 아이들 아빠 노릇도 즐거웠다.

피터는 최악의 지옥을 겪었다. 하지만 이제는 꿈속에서 그가 버스 운전대를 잡고 있었다. 가끔은 길이 너무 좁아서 간신히 빠져나올 때도 있었다. 빠져나오지 못하면 한쪽으로 차를 대야 했다. 한번은 내가 꿈속에 등장해 집과 집 사이 좁은 진입로로 들어가라고 수신호를 보냈지만 그는 어디 망가뜨리거나 끼지 않고 무사히 통과했다. 이것은 우리 둘 모두에게 상담치료가 끝났다는 신호였다. 이제 그는 다치지 않고 혼자 버스를 운전할 수 있었다.

피터는 맨 처음 나를 찾아왔을 때 그를 다락방에 가둔 것이 어머니의 잘못은 아니라고 생각했다. 나는 그 경험을 아동학대로 재구성하고, 그 여파로 그가 유치원 유급과 외로움과 발기부전을 겪은 거라고 설득해야 했다. 그는 어머니와의 애착이 얼마나 중요한지를 극적으로 예시한 할로 영상을 보았을 때 모퉁이를 돌았다. 더는 자책하지 않았다. 이인증이 발병하는 횟수도 줄었다. 어머니가 베트남에서 어떤 식으로 학대당했는지 알게 된 다음부터는 그녀를 예전처럼 무섭게 여기지 않았다.

나는 가슴털 사건에서 드러났다시피 자신의 감정을 파악하고 소중하게 여기고 표현하게 된 것이 그가 넘어야 하는 마지막 산이었다고 생각한다. 그는 더는 자기 자신과 분리되지 않고 감정을 느낄 수 있게 되자 이성과 섹스라는 관계를 맺을 수 있었다. 그럼으로써 자신의 몸속으로, 자신이라는 인격체 안으로 들어갈 수 있었다.

나는 상담치료에서 피터가 한 번도 가져보지 못한 어머니 역할을 했고, 그는 그 안에서 성공적으로 전이됐다. 위로하고 공감하는 내 옆에서 어린 시절의 악몽을 대거 떨쳐버릴 수 있었다. 하지만 내게 애착을 느끼게 되자 그는 상담치료를 그만두고 싶어하지 않았다. 나는 얼마든지 계속 상담치료를 받아도 되지만 나는 천 원숭이 어미에 불과하다고 조언했다. 게다가 어른이 되면 어머니 곁을 떠나 혼자서 드넓은 세상으로 나서야 한다. 피터는 한 번도 어깃장 놓은 적 없는 내담자답게 혼자서 용감하게 세상과 대면했다.

인간은 서로 전혀 다른 방식으로 영웅이 될 수 있다. 피터는 누가 봐도 확실한 전사戰士는 아니었다. 그의 고결함은 용서할 줄 안다는 데 있었다. 그를 보면 가톨릭계 학교에서 맨 처음 만난 영웅이 생각났다. 바로 십자가 위에서 "저들을 용서하여 주시옵소서. 저들은 자기들이 하는 일을 모르고 있나이다"라고 한 예수 그리스도 말이다. 피해자의 입장을 취하기는 쉽지만 피터는 그를 부당하게 침해한 사람들을 용서했다. 그는 면류관의 가시를 하나씩 뽑았다. 상담치료를 통해 음악계에서 전보다 입지가 든든해졌다. 새로운 여자친구를 사랑하며 그녀의 아이들에게 즐겁게 아빠 노릇을 하고, 친밀한 성생활을 유지하며, 어머니와 최대한 잘 지내는 남자로 부활했다.

나는 관대한 피터의 천성이 그의 회복에 가장 큰 도움이 되었다고 생각한다. 같은 나이에 같은 기간 동안 감금생활을 한 다른 사람들과 비교했을 때, 피터의 회복은 기적적인 수준이었다. 그는 제 무덤을 막고 있던 돌을 치우고 감정을 느낄 줄 아는 사람으로 새롭게 탄생했다.

예전에 대서양의 모래를 양동이로 퍼내라면 끈기로 밀어붙일 수 있다고 피터가 말한 적 있었다. 그는 정신적인 평화도 그런 식으로 천천히, 체계적으로 쟁취했다. 어머니가 그에게 독이 되었다고 그녀를 설득하는 데는 실패했지만 — 그의 어머니는 너무 상처가 많은 사람이라 그걸 보지 못했다 — 큰 한 방이 아니라 작은 여러 방으로 자식에게 폭언을 퍼붓지 못하도록 길들이는 데는 성공했다.

나는 그녀를 생각하면 안쓰러웠다. 어디가 잘못됐는지는 전혀 모르더라도 그동안 자기가 '나쁜' 엄마였다는 걸 알고나면 얼마나 고통스러울까. 그녀는 자기 어머니와는 다르게 성도착증 환자들에게 피터를 제물로 바치지 않았다. 아들에게 비를 피할 지붕을 마련해주느라 평생 죽도록 일했고, 험한 세상으로부터 아들을 보호한다고 생각했다. 중독자인 어머니 밑에서 힘도 돈도 없이 자란 그녀지만 아들에게는 거액의 유산을 남겼다. 감정의 레퍼토리가 극도로 제한적이기는 했지만 강인했고, 자신의 아이들을 보호했다.

아동학대는 몇 세대 전부터 대물림된 경우가 대부분이다. 자식을 학대하는 부모는 어렸을 때 학대당한 자식이었을 공산이 크다. 따라서 이런 사례에는 적은 없고, 풀어야 할 역기능의 매듭만 있을 뿐이다.

피터가 상담치료를 접은 후 거의 1년이 지난 이듬해 크리스마스 무렵, 대기실로 들어가보니 중국을 상징하는 반짝이는 빨간색 포장지와 자주색 리본으로 예쁘게 포장한 선물이 있었다. 대형 기획사로 옮긴 피터의 신곡 CD였다. CD는 파란색 플라스틱 삽과 함께 빨간색 플라스틱 양동이 안에 담겨 있었다. 아이들이 바닷가에서 모래놀이를 할 때 쓰는 그런 양동이였다.

25년 뒤 피터와 나는 한 베트남식당에서 점심을 먹었다. 기억하는 것보다 훨씬 키가 크고 운동을 해서 탄탄해진 그가 함박웃음을 머금고 성큼성큼 들어왔다. 그는 나와 당장 눈을 맞추고는 덥석 끌어안았다. 이렇게 표현이 풍부해지다니 참 보기 좋았다.

우리는 식사를 마치고 차를 마시며 2시간 동안 편안하게 대화를 나누었다. 어맨다는 그와 8년을 함께 지내다가 알코올 중독에서 벗어난 남편 도니 곁으로 돌아갔다고 했다. 모두에게 충격적인 일이었다.

그녀와 결별하고 얼마 안 있어 피터는 개종했다. 어느 날 "신실한 기운이 충만한 것"이 느껴졌다고 했다. 나는 이 책에서 다정하고 마음씨 넓은 그를 예수에 비유했다며 신기하다고 말했다. 내가 자신을 그렇게 보아주었다는 데 그 역시 벅차 했다. 그는 여러 기독교운동에 적극적으로 참여했고, 교회에서 이 정도로 사랑하는 게 가능할까 싶은 여자도 만났다. 그들은 함께 산 지 4년이 지났고, 교회에서 결혼식을 올리려고 계획하는 중이었다.

밴드, 술집, 순회공연은 지겨워졌지만 피아노에 대한 그의 사랑은 여전했다. 그는 해외까지 종종 찾아가며 세계 곳곳에서 마스터 클래스를 열었다. 전 세계 피아노 제작사의 고문으로 활약했고, 음악업계에서는 '절대 음감 피터'로 통하고 있었다.

그의 어머니는 78살에 뇌졸중으로 유명을 달리했지만, 그 10년 전부터 치매를 앓았다. 그러면서 놀랍게도 성격이 180도 달라졌다. 모두에게 다정하게 대했고 더는 돈이나 아이들의 미래에 집착하지 않았다. 피터가 요양원으로 찾아갈 때마다 고마워하는 눈치였다.

피터가 한 말 중에 가장 놀라웠던 게 있다. 다시 살아도 무엇하나 바꾸지 않겠다고 한 말이었다. 그가 얼마나 엄청난 고통을 겪었는지 알고 있었기에 나는 깜짝 놀랐다. 그는 말했다. "제가 다른 집 아이들과 똑같이 컸다면 어땠을까요? 말을 걸어주는 사람 하나 없는 다락방에 갇히지 않았다면요? 위로와 대화와 감정을 표현하는 친구로서 피아노를 의지하지 않았다면요? 그럼 선생님의 표현을 빌리자면 피아노에 '집착'하지 않았을 거예요."

그는 피아노 연주가 인생의 가장 큰 낙이었는데, 친구도 사귀고 평범하게 자랐더라면 피아노가 필요 없었을지 모른다고 했다. "저는 지금의 제가 좋아요. 그리고 제가 겪은 일은 다 목적이 있었다고 생각합니다. 지금의 나를 만들기 위한 주님의 계획이었다고 생각해요."

2부

◆

상실과 억압의 벽 안에서

자아정체성 박탈·집단 트라우마

대니 이야기

인간의 실존이라는 사회적 정글에서는

자아정체성이 없으면

살아 있는 기분을 느낄 수 없다.

_에릭 에릭슨, 『정체성의 위기』

타니시

대니는 수렵과 덫사냥으로 유명한 북아메리카 원주민인 크리족이었다. 이들은 숲에서 유목민 생활을 하며 허드슨 베이 회사와 해마다 모피 거래를 했다. 그의 가족은 다른 지역과는 단절된 매니토바주의 북쪽 출신이었다. 북아메리카 역사에서 아주 중요한 부분을 차지하는 삶을 실제로 **체험했던** 사람이 내 상담센터를 찾아오다니 깜짝 놀랄 일이었다. 그리고 대니와 나는 동갑이었다. 그의 가족이 숲속에서 덫을 놓는 동안 나는 할리우드판 〈카우보이와 인디언〉을 텔레비전으로 보고 있었다는 뜻이었다.

이 사례는 여러 면에서 내게 전환점이 된 사건이었다. 대니의 심리치료를 진행하기에는 내가 얼마나 무능한 수준에 이를 정도로 문화적 편견으로 가득한지 강제적으로 깨닫는 계기가 됐으니 말이다. 1925년 저명한 스위스 출신 정신과 의사 카를 융(Carl Jung)이 원주민과 만났을 때 어떤 심정이었을지 나는 이제 안다.

본인의 말처럼, 융은 "백인 남자의 문화적인 의식 속에 갇혀 있었음"을 자각하게 됐지 않은가.

프로이트 역시 심리치료의 창시자로 불리는 유럽의 다른 학자들과 더불어 원주민 문화에 대해 아는 게 거의 없었다. 나도 마찬가지였다. 하지만 내 아버지가 입버릇처럼 이야기했다시피 "자신이 뭘 모르는지 아는 사람이 지혜로운 사람이다." 이 때문에 나는 민간요법 전문가들에게 연락해 다양한 북아메리카 원주민 풍습에 관해 배웠다. 그들의 도움이 없었더라면 분명 고전을 면치못했을 것이다.

이 사례는 이 책에 소개된 다른 어떤 사례보다 시대에 민감하다. 때는 여전히 1980년대였고, 훗날 진실과 화해 위원회가 폭로한 기숙학교의 참상을 북아메리카의 백인들은 대부분 모르던 시기였다. 용어도 전근대적이다. 대니는 자신을 지칭할 때 1980년대에 통용되던 '인디언'과 '토착민'이라는 단어를 썼다.

1988년 대니가 내 상담센터를 찾게 된 것은 예전 내담자를 통해서였다. 대형 트럭회사 사장이었던 그는 인사과를 통해 자기회사 직원을 종종 내게 보냈다. 대니는 그 회사의 장거리 운전기사였다. 사장이 직접 연락했으니 특별한 직원이라는 것을 알 수있었다.

사장은 대니 모리슨이 자기 회사에서 가장 훌륭한 기사라는말로 첫마디를 열었다. 그게 정확히 무슨 뜻이냐고 묻자 그는 서

커스장의 호객꾼을 닮은 특유의 짧고 효율적인 말투로 설명했다. "고가의 화물을 캐나다 이쪽 해안에서 저쪽 해안까지 운송하는 건 위험한 일이에요. 그래서 성실하고 용감하고 힘이 센 기사가 필요하죠. 롤렉스 시계가 담긴 컨테이너가 스위스에서 배편으로 도착했다 칩시다. 그럼 하역부들이 그 짐을 부리는데, 그 친구들이 강도 조직과 연결돼 있을 수가 있어요. 그럼 그쪽에 화물이 핼리팩스에서 밴쿠버로 이동 예정이라고 알리겠죠? 그럼 강도들이 우리 회사 트럭 뒤를 쫓다가 다만 몇 분이라도 기사가 운전석을 비우면 가로챌 거예요." 그리고 릴레이식으로 여러 기사에게 맡기면 화물을 도난당했을 때 누구에게도 책임을 물을 수가 없었다. "다들 다른 기사 탓이라고 할 테니까요. 그래서 저는 롤렉스 시계를 통째로 제시간에 배송할 수 있는 **한 사람**을 확보하는 데 공을 들이죠. 그 한 사람이 대니 모리슨이에요. 그 친구는 운전석에서 자야 해요. 아무 데서도 운전석을 비울 수가 없으니까요. 대니의 활약상을 예를 들어서 알려드릴까요? 한번은 산업용 백금을 캐나다 이쪽에서 저쪽으로 배송하는데 중간 도시의 어느 식당에서 강도 셋이 운전석으로 올라탄 적이 있었어요."

그때 대니는 주문한 음식이 나오길 기다리며 창밖을 주시하고 있었다. "대니가 쏜살같이 뛰쳐나가 이 셋을 트럭 밖으로 내동댕이쳤죠. 셋 다 입원했고 그중 한 명은 한 달 넘게 병원 신세를 졌어요. 통조림 속 생선처럼 구급차에 나란히 누워서 실려갔지요." 대니는 손목을 삔 게 끝이었다. 그는 투덜거리거나 도움을 요청하지 않고 그냥 묵묵히 밴쿠버까지 운전을 계속했다. "제가 드릴 말씀은 이게 전부예요." 사장은 결론을 맺었다. "그 친구한테 신세를 많이 지고 있다는 거."

내가 어떤 문제냐고 묻자 그는 대니가 40대이며 어깨가 넓고 190센티미터가 훨씬 넘는 거구라는 말로 운을 뗐다. "제 평생 그렇게 손이 큰 사람은 본 적이 없어요. 부두에서 일하는 하역부들은 그를 지게차라고 불러요, 지게차 같다고." 대니는 말이 없었고 ─ 사실상 단음절로 소통했고 ─ 아무하고도 눈을 맞추지 않았다. 하지만 머리가 좋았다. "지도를 다 외우고 1킬로미터당 드는 비용을 암산으로 계산하는데 한 푼도 틀린 적이 없어요."

그러고는 수화기 너머로 정적이 이어졌다. 잠시 후에 사장이 숨을 크게 마시고 하던 이야기를 계속했다. "두 달쯤 전 대니의 아내와 4살짜리 외동딸이 401번 고속도로에서 사고로 죽었다는 연락을 받았어요."

"그는 어떤 식으로 대응하고 있나요?"

"그게 이상하단 말이지요. 겉보기에 전혀 슬퍼하는 사람 같지 않아요. 하지만 정말 가정적인 친구였거든요. 어느 정도는 분명 가슴이 아플 텐데. 제가 유급휴가가 필요하냐고 물어도 고개를 젓기만 하더라고요. 장례식 다음 날 회사로 복귀했어요."

사장이 비용을 부담할 테니 상담치료를 받는 게 어떻겠느냐고 했지만 대니는 못 미더워하는 표정을 지었다. "그래서 제가 선생님께 상담을 받았는데 도움이 많이 됐다는 이야기를 했어요."

"그 말을 듣고 대니가 놀라던가요?"

"대니는 뭐에 놀랐더라도 티를 내는 일은 절대 없을 거예요."

몇 주 뒤 대니가 상담을 한번 받아보겠다고 했다.

센터로 찾아온 남자는 피부색이 짙었고 길고 까만 머리를 양쪽으로 땋았다. 플란넬 셔츠와 가죽 재킷, 청바지를 입었고 앞이 뾰족한 회색 상어 가죽 부츠를 신고 있었다.

나는 내 소개를 했다. 그는 다른 데를 보며 고개를 끄덕였고 내가 앉으라고 할 때까지 문 앞에 서 있었다. 30대로 보이는 얼굴은 완벽하게 무표정했다. 나는 어색한 분위기를 바꾸려고 사장이 입에 침이 마르도록 칭찬하더라고 말했다. 그는 바닥만 내려다보았다. 그의 얼굴을 유심히 들여다보니 얼마나 잘생겼는지 알 수 있었다. 큰 키, 넓은 어깨, 완벽한 옆모습, 예리한 까만 눈 그리고 잡티 하나 없는 피부. 누가 봐도 인상적인 외모였다.

나는 조의를 전했을 때 그가 나와 좀 더 멀찌감치 떨어져 앉고 싶어 하는 듯한 느낌을 받았다. 그래서 그에게 살아온 이력과 가족관계부터 파악하는 편이 좋겠다고 말했다. 나는 부모님은 어떤 분이냐, 이렇게 힘든 시기에 도움이 되어주시느냐 물었다. 그는 어머니는 돌아가셨고 아버지와 형제들은 매니토바주 북서부의 원주민보호구역에서 사는데 사고에 대해 모른다고 했다. 나는 그런 일을 당한 심정에 관해 이야기하고 싶으냐고 물었다. 그는 고개를 저었다. 그는 첫 번째 상담 시간이 끝날 때까지 한마디도 하지 않았고, 이후 석 달 동안 매시간 마찬가지였다.

우리의 침묵이 기분 나쁘게 끈적거리는 암울한 정적은 아니었다. 그가 그냥 혼자 있고 싶어 하는 것처럼 느껴졌을 뿐이다. 그런데도 그는 매주 찾아왔다. 그에게는 사람을 끄는 어떤 매력이 있었고, 나는 그와 아무 말 없이 앉아 있어도 불편하지 않았다. 나로서는 처음 있는 일이었다.

하지만 이번 사례의 경우 도움이 필요하다는 것을 알 수 있었다. 아무 말 없이 앉아 있으라고 돈을 받는 건 아니었다. 그래서 여러 도서관의 장서 목록에서 원주민 정신과 의사를 찾았지만 헛수고였다. 1988년이었던 그때 당시만 해도 나는 힐링 서클과 원주민의 의례와 의식에 관해 아는 게 전혀 없었다. 여러 퍼스트 네이션스(First Nations, 캐나다 원주민단체 — 옮긴이) 지부와 당시에는 인디언사무국이라고 불렸던 연방정부의 부처는 연락처를 남겨도 회신이 없었다. 토론토에서 원주민 치료를 거의 도맡는 병원의 정신과 병동 소속 사회복지사는 이렇게 말했다. "인디언들은 상담치료에 잘 적응하지 못해요. 대부분 알코올 문제로 상담 의뢰가 들어오니까 알코올 중독자 지원 모임을 몇 군데 알려드릴 수는 있어요. 비정규적으로 모임이 있더군요."

나는 검색 범위를 넓힌 끝에 하버드대학교에서 수학한 원주민 정신과 의사 클레어 브랜트(Clare Brant) 박사를 찾았다. 그는 마침 미국독립전쟁 당시 맞서 싸운 것으로 유명한 조지프 브랜트 추장의 직계 후손이기도 했다. 나는 그에게 장문의 편지를 보내 어떤 사례인지 설명하고 대니와 소통하는 데 따르는 어려움을 나열했다. 그는 내 기대에 부응하는 반응을 보였다. 물 밖으로 나온 물고기 같은 내 심정을 이해한다며 그가 그동안 원주민의 세계를 주제로 쓴 여러 논문을 편지와 같이 보내주었다. 그 논문은 모든 캐나다인이 읽어야 할 만큼 흥미로운 내용을 담고 있었다. 나는 이 남자에게 진 빚을 영원히 갚을 길이 없을 것이다. 그와 한참 동안 주고받은 편지는 지금까지도 소중하게 간직하고 있다.

브랜트 박사의 설명에 따르면, 특히 캐나다 북부처럼 환경이 혹독한 지방의 끈끈한 소규모 공동체에서는 수단과 방법을 가리지 않고 개인 간의 갈등을 피해야 했다. 거리상 가깝게 지내되 프라이버시를 유지하려면 서로 간섭하지 않는 것이 필수였다. 그러니까 사회적인 관습이 어느 정도 확립됐다는 뜻인데, 여기서 '간섭'이라 함은 질문 또는 충고를 하거나 지나치게 살갑게 구는 것을 의미했다.

나는 대니에게 상담치료가 무례하게 느껴졌을 수도 있겠다는 사실을 깨달았다. 나는 집요하게 캐물음으로써 그를 정신적으로 '간섭'하고 있었다. 내가 대화를 유도하려고 할수록 그는 점점 입을 닫았다. 하지만 침묵 작전을 시도하면 그 상태가 영원히 계속될 수도 있겠다는 사실을 알 수 있었다. 그 방면에 있어서는 그의 능력이 나보다 월등했다.

그래서 나는 이러지도 못하고 저러지도 못하는 내 심정을 설명하는 것이 좋겠다고 결론 내렸다. 대니에게 그의 입장에서는 내 역할이 어떻게 느껴질지 알지만, 여기에 엄청난 변화를 주는 건 내 능력 밖의 일이라고 말했다. 내가 나고 자란 문화가 그렇고 백인의 상담치료는 이런 식이라고 설명하며 그에게 도움을 청했다. 내가 어떻게 하면 되는지 알고 싶다고, 내 입장에서는 상담치료를 성공적으로 끝마치는 게 정말로 중요한데, 배워야 할 것이 많다는 걸 나도 안다고 말했다.

대니는 내 말을 듣고 처음으로 질문했지만 여전히 시선을 피했다. "선생님 입장에서는 그게 왜 중요합니까?"

"그게 제 일이고 잘하고 싶으니까요."

"저는 선생님이 거짓말을 하실 줄 알았어요. 저를 걱정한다거나 뭐 그런 식의."

"당신을 걱정할 만큼 잘 알지도 못하는걸요." 나는 잠깐 쉬었다가 말을 이었다. "그런데 왜 그런지 저도 모르겠지만 오랫동안 알고 지낸 사이처럼 느껴져서 괴로운 마음을 해소할 수 있게 돕고 싶어요."

"괴롭지 않습니다." 그는 항상 쓰는 단조로운 어조로 이렇게 말했다.

"좋아요, 당신이 자기 자신에 대해 맨 처음으로 한 이야기네요." 나는 말했다. "그러니까 당신 입장에서는 제게 괴로워하지 않는 사람으로 보이는 게 중요한가 봅니다."

"좋을 대로 생각하세요."

"그렇게 생각하기로 하지요." 나는 그 문제에 관한 한 내 생각대로 밀고 나가기로 했다. "당신에게는 그게 왜 중요한가요? 당신이 고통을 느끼지 않으면 저 때문에 상처받을 일이 없기 때문인가요?"

그는 한 10분, 어쩌면 그보다 더 한참 동안 가만히 앉아 있었다. 그러다가 말했다. "네."

대니는 상담 시간이 끝날 때까지 이후 20분 동안 아무 말도 하지 않았다.

마침내 4개월 만에 진전이 보였다. 대니는 고통에 맞서 자신을 보호하는 중이라고 고백했다. 적어도 내가 해석하기로는 그랬다. 나는 서두르지 않기로 했다. 1주일에 딱 한마디씩 주고받더라도 상관없었다. 내가 그보다 더 강하게 밀어붙이면 그는 입을 닫아버릴 것이었다.

한 주, 두 주 시간이 지날수록 뭔가가 조금씩 흘러나왔다. 나는 그저 참관자가 되려고 했다. 그의 아내나 아이나 슬퍼하지 않는 그의 태도에 관해서 묻지 않기로 했다. 그가 의식적인 수준에서는 고통을 느끼지 못한다면 당연히 슬프지 않을 수밖에 없었다.

하지만 중간에 그가 이런 말을 한 적은 있었다. "고통을 느끼지 않는 사람은 기쁨도 느끼지 못해요."

그는 그때 처음으로 나와 눈을 맞췄다. "기쁨은 못 느껴도 사는 데 아무 지장 없습니다."

"아무런 고통을 느끼지 못한다는 말이에요, 아니면 고통을 멀찌감치 가두어놓는다는 말이에요?" 나는 다시 물었다.

그는 더 이상 아무 말도 하지 않았다. 하지만 1주일 뒤에 다시 왔을 때 그는 우리가 좀 전까지 그 이야기를 하고 있기라도 했던 것처럼 이렇게 말했다. "가두어놓는 거예요."

나는 물었다. "만약 상담치료로 고통을 조금씩 흘려보내 그걸 없앨 수 있다면 어떻게 할 건가요? 그럼 고통이 있었던 자리에 기쁨이 들어갈 수 있을 텐데요."

"기쁨이요?" 그는 내가 무슨 구역질 나는 성령 체험을 제안하기라도 한 듯 비웃는 투로 되물었다.

나는 다르게 표현했다. "뭐, 기쁨이 싫으면 만족감이라고 하지요."

"나는 아무 문제 없습니다." 그는 딱 잘라 말했다.

나는 그에게 어떤 어린 시절을 보냈느냐고 물었다. 거기에 얽힌 고통과 기쁨은 생략해도 된다고 했다. 함께 보낸 첫 1년 동안 조금씩 다음과 같은 이야기의 얼개가 갖추어졌다. 나는 공감이나 위로의 말을 건네지 않으려고 각고의 노력을 기울였다. 그랬다가는 그가 입을 다물어버릴 것이었다. 나는 그저 참관자였다.

대니는 수목한계선에서도 한참을 더 올라가야 하는 매니토바주의 북서쪽 끝에 사는 덫사냥꾼 집안 출신이었다. 그들은 1년 중 대부분을 숲속에서 단독으로 지내다가 허드슨 베이 회사에 모피를 넘기는 매 시즌 말미에만 조그만 교역소 역할을 하는 정착지로 이동했다.

대니에게는 3살 많은 누나 로즈가 있었다. 그들은 어렸을 때 아버지를 도와서 뒤엉킨 트랩라인(모피 사냥꾼들이 자기 사냥터에 덫을 설치하는 루트. 이 트랩라인을 따라 이동함으로써 넓은 지역을 커버할 수 있다. ─ 옮긴이)을 풀곤 했다. 로즈는 가죽을 무두질하는 어머니도 거들었고 대니는 개들에게 먹이를 주었다.

그의 가장 오래된 기억은 트랩라인을 중심으로 전개됐다. 언젠가 아버지가 대니와 로즈에게 트랩라인 근처에 얼씬하지 말라고 한 날이 있었지만 ─ 바람에 날려서 쌓인 눈더미 때문에 지형이 바뀌어서 위험했다 ─ 그래도 그들은 숲속까지 따라 들어갔다. 아버지는 경고했으니 알아서 조심해야 한다고 생각했다. 표지물이 눈에 묻혀버렸기 때문에 덫의 위치를 파악할 수가 없었다. 대니의 누나는 앞으로 달려가다가 대형 덫에 발이 걸려 뼈가 드러날 정도로 발목을 다쳤다. 개썰매에 태워 가장 가까운 정착지까지 옮기는 데 며칠이 걸렸다. 상처는 제대로 아물지 않았고 이후 대니의 누나는 한쪽 다리를 끌고 다녔다. 그날 대니는 덫을 놓을 때는 조심해야 한다는 것을 배웠다.

흥미롭게도 아버지는 아이들이 그의 경고를 한 귀로 듣고 한 귀로 흘렸음에도 잔소리를 하거나 개입하지 않았다. 백인과 원주민의 육아 방식이 어떻게 다른지 보여주는 대목이었다. 브랜트 박사에 따르면 원주민들의 양육 방식은 개입이 아니라 행동으로 보여주기인 반면, 백인들은 적극적인 교육과 규제를 강조한다. 육아 방식의 차이는 나중에 대니를 끊임없이 괴롭히는 원흉이 될 것이었다.

보일락말락 미소를 짓고 있는 대니의 얼굴을 보면 그가 트랩라인 시절을 얼마나 그리워하는지 알 수 있었다. 그는 숲속에서 보낸 세월을 좀 더 상세하게 묘사하기 시작했다. 한번은 고개를 저으며 이렇게 말한 적도 있었다. "와, 이 기억을 떠올린 건 정말 오랜만이네요." 그가 늘어놓는 추억은 흥미 만점이었다. 그는 내가 덫사냥의 소소한 부분을 아주 재밌게 듣는 것을 보고 놀라워했다. 나는 가끔 그의 말허리를 자르고 왜 그걸 그런 식으로 하느냐고 물었다. 예를 들면 그의 아버지는 왜 스노모빌이 아니라 개썰매를 썼을까? 대니는 스노모빌이 깊은 숲속에서 망가지면 죽은 목숨이라고 했다. 하지만 개썰매의 경우에는 최악의 시나리오라고 해봐야 개 한 마리를 잃거나 썰매와 개를 연결하는 벨트가 찢어지는 정도였다. 게다가 스노모빌의 기름 값을 대느라 안 그래도 몇 푼 안 되는 이익을 다 날릴 수 있었다.

대니는 개들에게 냉동 생선을 챙겨 먹이는 것이 그의 일이었다고 말했다. 그는 네댓 살 때부터 당당하게 도끼를 들고 다니며 아버지가 덫에 걸린 비버를 수습하는 동안 얼음을 잘랐다. 그의 아버지는 말수가 없었지만 대니는 그 어린 나이부터 기름칠 잘 된 기계처럼 아버지와 호흡이 척척 맞았다. 그리고 그는 춥다고 징징거릴 만큼 어리석지 않았다. 사냥 시즌은 짧고 거기에 그들의 생계가 달렸다는 것을 모르는 사람이 없었다.

대니는 아버지와 함께 몇 달씩 나가 있는 것을 좋아했다. 아버지는 아직 20대였고 그들은 시즌이 끝나면 몇백 킬로미터를 이동해 인구가 300명이 채 안 되는 교역소에 생가죽을 내놓으러 갔다. 대니는 같이 노는 남자아이들을 보며 누나 대신 친구가 있으면 어떨까, 생각했다.

그들의 집에는 TV도 노래도 전기도 수세식 변기도 없었다. 하지만 대니가 4살이었을 때 그의 눈에는 으리으리해 보이는 사무실과 책상을 소유했던 허드슨 베이의 한 상인이 그에게 책을 준 적이 있었다. 그는 아직 글을 읽을 수 없었기 때문에 책장을 넘기며 이야기를 지어냈다. (주인공은 항상 장난꾸러기 비버였다.) 대니는 그 책을 사랑했다. 매일 저녁 '읽었고', 종종 로즈에게 '읽어주면' 그녀는 넋을 잃고 귀를 기울이곤 했다. 그는 평생 독서를 좋아하게 된 것이 그 책 덕분이라고 했다. 난생처음 갖게 된 그의 소유물이었다. 그는 어머니가 크리족이 쓰는 말로 그 책에 소유격을 붙여서 **대니의** 책이라고 불렀던 것을 지금까지 기억하고 있었다.

가죽
구두

그들 가족이 덫을 놓고 가죽을 수거하기 전까지 몇 주 동안 따뜻한 통나무집에서 지내고 있을 때였다. 대니와 그의 아버지가 식탁에서 나무를 깎고 있는데, 어머니가 "코요테에게 에워싸인 짐승"처럼 고함을 지르는 소리가 들렸다. 그는 그전까지 어머니가 중얼거리는 것 이상으로 언성을 높이는 것을 한 번도 들어본 적이 없었다.

그녀는 문 앞에서 사냥꾼은 아니지만 "왠지 모르게 위험해 보이는" 두 백인 남자와 옥신각신하고 있었다. 대니는 그들이 신고 있었던 희한한 가죽 구두를 기억했다. 눈이 많이 쌓인 그곳에서 가죽 구두라니 특이한 선택이었다. 자고로 물개 가죽으로 만들어서 안에 털을 댄, 목이 길고 부드러운 부츠를 신지 않으면 발이 동상에 걸릴 수 있었다. 남자들은 집 안으로 들어와 1,000킬로미터나 떨어진 멀리 있는 기숙학교로 대니와 로즈를 데려가겠다고 선언했다. 법으로 정해진 것이니 아이들을 당장 내놓지 않으면 부모가 철창신세를 질 수 있다고 했다.

남자들은 영어를 썼다. 가족 중 누구도 그들이 뭐라는지 알아들을 수가 없었다. 한참 만에 그들은 요지를 파악했다. 정부에서 파견된 두 백인 남자가 아이들을 훔쳐가겠다는 것이었다. "그게 영구적인 조치였다는 것을 우리 부모님이 과연 아셨을까 싶어요." 대니는 말했다.

"어머니는 방으로 들어가 우리 소지품을 챙겼고 남자들은 부모님의 뒤통수에 대고 아무것도 필요 없다고 외쳤어요. 우리 부모님은 심장에 화살을 맞은 듯한 표정을 지었지만 그래도 쓰러지지는 않으셨어요."

1988년에 나는 원주민 기숙학교가 어떤 것인지 전혀 알지 못했다. 숲속 깊숙이 살아서 학교에 다닐 수 없는 원주민들을 위해 마련된 학교인가보다 짐작했을 따름이다. 그런데 아니었다. 그 학교는 캐나다 원주민 문화를 말살하기 위해 계획적으로 추진된 정책이었다. 캐나다의 초대 총리 존 A. 맥도널드는 캐나다 원주민을 '미개인'이라고 불렀다. 1920년이 되자 연방정부는 그들의 목표를 만천하에 공개했다. 그들의 목표는 문화적인 집단학살이었다. 그해 하원에서 인디언사무국 부국장은 "국가에 흡수되지 않은 인디언이 캐나다에 한 명도 남지 않을 때까지, 인디언 문제도 인디언 부서도 사라질 때까지" 기숙학교를 계속 운용하는 것이 그의 목표라고 선언했다.

대니와 그의 누나는 차에 실렸다. 그들은 수백 킬로미터에 달하는 툰드라 지대가 뒤로 멀어지는 것을 지켜보았다. 한참을 달린 끝에 그들은 겁에 질린 다른 원주민 아이들로 득시글거리는 열차에 탑승했다. 어떤 아이에게도 짐이 없었다. 며칠을 달리는 동안 섬뜩한 정적이 열차를 감쌌다. 대니는 소 떼가 거니는 넓은 목초지를 보고 혼란을 느꼈다. 사냥할 필요가 없는 가축이 풀을 뜯어 먹는 광경은 처음이었다. 목장이나 농장이 뭔지도 전혀 알 수 없었다. 미루나무숲과 험준한 산도 남매에게는 놀랍게 다가왔다. 그는 요란한 색상으로 이글거리는 두려운 세상을 향해 가는 심정이었다. 마침내 그들은 어느 작은 마을에서 자동차로 옮겨 태워져 교외로 향했다. "평평한 땅을 한참 달렸을 때" 창문에 철창이 딸린 커다란 빨간색 벽돌 건물이 등장했다.

거기 도착했을 때 대니에게 맨 처음 벌어진 사건은 누나와 강제로 분리되는 일이었다. 그가 지켜보는 가운데 그녀는 그의 이름을 부르짖으며 제복을 입은 "시커먼 곰처럼 생긴" 두 신부에게 끌려갔다.

두 번째로 벌어진 사건은 충격적이게도 긴 머리카락을 잘린 일이었다. 예나 지금이나 원주민 대다수가 머리카락을 그들의 영혼이 육체적으로 연장된 것으로 생각한다. 사망한 가족이 있을 때 머리카락을 자르는 부족이 많다. 그런가 하면 머리카락이 신경계와 연결돼 고양이의 수염처럼 사회의 정보를 처리하는 데 필요하다고 생각하는 사람들도 있다. 대니의 부족은 잘못을 저질렀을 때 스스로 머리카락을 자르는 굴욕을 감수하거나, 잘못을 저지른 것으로 간주될 때 공개적으로 망신을 당하는 차원에서 머리카락을 잘렸다. 대니는 자신이 무슨 범죄를 저질렀는지 도무지 알 수가 없었다.

모든 아이에게 교복과 번호가 지급됐다. 대니는 18살이 될 때까지 '78번'으로 불렸다. 그는 또래보다 키가 커서 아직 대여섯 살밖에 안 됐다는 것을 아무도 믿지 않았기 때문에 여덟아홉 살짜리들과 한 반에 편성됐다. 그는 며칠 있으면 부모님이 데리러 오겠거니 생각하며 계속 창밖을 훔쳐보았다. "저는 파이프 담배를 입에 문 아버지를 여러 번 보았다고 믿었어요." 그는 말했다. "하지만 제 착각이었나 봐요."

입학 첫날 선생님들은 '인디언' 또는 '미개인'(두 단어가 혼용됐다)으로 지내는 것은 나쁜 짓이며, 일단 학교를 졸업하면 그들이 더는 인디언이 아니라고 했다. 영어를 쓰는 캐나다인이 되는 것이라고 했다. 대니는 영어를 할 줄 몰랐지만 '원주민은 나쁜 것'이라는 요지를 파악했다. 크리족 말을 두 번 다시 쓸 수 없다는 부분은 알아듣지 못했다.

학교생활을 시작한 지 2주째로 접어들었다. 쉬는 시간에 신부가 주관하는 킥볼 경기를 하고 있었을 때 대니는 기다란 벌판을 내다보았다가 펜스 너머로 누나를 발견했다. 대니는 이 말을 하면서 상담치료를 시작한 이래 처음으로 감정을 드러냈다. "너무 기뻐서 온몸이 떨렸고 '타니시'라고 외치면서 누나를 향해 달려

갔어요. '타니시'가 크리족 말로 반갑다는 인사말이거든요. 신부가 내 팔을 잡고 멈춰 세웠지만 저는 몸부림쳤어요. 그는 다른 아이들 앞에서 말고삐를 금속으로 연결해 만든 채찍으로 저를 때렸어요. 인디언 말은 앞으로 절대 쓰지 말라면서요."

그러는 동안 대니의 누나는 울면서 입구 앞에 속수무책으로 서 있었다. "저는 그래도 '누나'라는 뜻의 '니미스'를 외쳤어요." (크리족이 쓰는 언어에서는 일가친척의 호칭이 서열에 따라 달라진다.) 대니는 공개적으로 자신에게 반항했다고 생각한 신부에게 호되게 구타를 당하고 며칠 동안 양호실 신세를 졌다. "제가 피가 튀도록 채찍질을 당하는 광경을 누나가 펜스 저편에서 보고 있을 수밖에 없었다는 게 마음이 아팠어요. 누나가 얼마나 속상했겠어요." 그는 말을 잠깐 멈추었다. "저는 거기서 지내는 12년 동안 크리족 말을 다시는 한마디도 내뱉지 않았어요. 결국에는 그 말을 잊어버렸죠. 부모님과 더는 대화를 할 수 없게 된 거예요."

나는 당시 7살이었던 내 쌍둥이 아들을 떠올렸다. 그 아이들이 다른 데로 끌려가 영어는 미개한 언어이며 그들은 나쁜 종족이니 그들의 문화를 버리고 다른 종족으로 개조되어야 한다는 말을 듣는 광경을 상상해보았다. 9살짜리 형에게 영어로 인사를 건네려고 했다가 피투성이가 되도록 맞는다면 어떤 심정일까? 생각만 해도 섬뜩하고 가슴이 찢어지도록 아팠다.

대니와 나 사이에 눈곱만큼이나마 신뢰가 구축되기까지 꼬박

1년이 걸렸다. 이제 와 돌이켜보면 대니가 백인 사이에서 겪은 일을 감안했을 때 이 정도나마 신뢰가 구축됐다는 것이 놀라울 따름이다.

그의 정서적인 생존에 도움이 된 일이 있다면 5살까지 훌륭한 부모 밑에서 성장했다는 것이었다. 이후로 온갖 일이 벌어지더라도 그에게는 굳건한 토대가 있었다. 하지만 그는 납치를 당했고 이후 이어진 잔혹한 사건 — 부모님과 언어와 문화를 잃은 일 — 에 엄청난 충격을 받았기 때문에 감정적으로 냉동인간이 되었다. 자구책이었지만 그 때문에 그는 아내와 아이의 죽음을 제대로 애도할 수 없었다.

상담치료의 처음 1년 동안 대니가 한 말 중에서 가장 중요했던 말은 "기쁨은 못 느껴도 사는 데 아무 지장 없습니다"였다. 기쁨은 슬픔을 동반한다는 것을 알지만 그런데도 기뻐할 줄 아는 능력을 복원하는 것이 내게 주어진 임무였다. 그는 슬픔을 이미 워낙 많이 경험했기 때문에 그가 감당할 수 있는 속도로 복원을 진행해야 했다. 대니에게 있어 상담치료는 깊은 냉동 상태에서 서서히 해동되는 과정이 될 것이었다.

심리적
방아쇠

상담치료가 2년째로 접어들자 나는 대니와 좀 더 수월하게 소통하는 방법을 터득했다. 매니툴린섬의 인상적인 원주민 민간요법 전문가가 한 말을 기억한 것이었다. "그를 십자가에 못 박지 말고 그냥 대화를 나누어요." 대니와 상담을 진행할 때 가장 좋은 방법은 그가 내킬 때 심리적으로 좀 더 심오하게 고민할 수 있는 악의 없는 질문을 하는 것이었다. 내가 대놓고 심리학적인 질문을 하면 그는 얼어붙었고, 어떨 때는 상담이 끝날 때까지 그 상태가 계속 이어졌다. 대니도 나중에 이야기했다시피 "인디언들에게는 나름의 방식과 나름의 시간이" 있었다.

한 번은 내가 학교생활이 어땠느냐고 물은 적이 있었다. 그는 "백인처럼" 학교생활을 했다고, 백인이 되려고 최선을 다했다고 했다. 그는 학교에서 가르치는 이데올로기를 받아들였다. 인디언은 나쁜 종족이었다. 그는 말했다. "그렇지 않으면 수녀님, 신부님, 다른 모든 백인이 우리한테 이런 짓을 저지를 이유가 없잖아요? 우리는 가톨릭 집안이었어요. 저는 수녀님과 신부님을 믿었어요." 그러고는 이렇게 덧붙였다. "학교에서 중요한 위치에 있는 사람들은 모두 인디언은 나쁜 종족이라고 믿었지요."

5살이었으니 거기서 막내였지만 아무도 그를 돕거나 달래주지 않았다. "고개를 숙이고 다니라니까 다들 그렇게 했죠. 하루는 자다가 일어나보니 제 옆자리 친구가 죽어 있었어요. 저는 제가 죽였다는 오해를 살까봐 무서워서 보고도 하지 못했어요. 그 친구가 아침 먹는 시간에 보이지 않으니까 — 번호가 122번이었던 게 아직도 기억이 나요 — 그제서야 죽었다는 사실이 밝혀졌죠. 그 친구는 1시간 만에 사라졌어요. 그리고 아무도 거기에 대해 한마디도 하지 않았고요."

기숙학교에 대해 자료조사를 해보니 1907년 《몬트리올 스타》에 전국적으로 24퍼센트의 원주민 아이들이 학교에서 사망했다는 통계가 인용돼 있었다. (중증 질병으로 귀가 조치가 내려지자마자 집에서 사망한 아이들까지 합하면 42퍼센트였다). 사망 원인은 결핵, 기근 또는 단순 방치였다. 대다수는 그냥 증발했다. 부모에게 통보되지도 않았다. 2015년 진실과 화해 위원회가 보도한 바에 따르면, 4,000명에서 6,000명의 아이들이 사망했다. 대부분 신고가 되지 않았으니 어쩌면 실질적으로는 훨씬 많았을지 모른다. 150년이라는 기간 동안 15만 명 넘는 아이들이 사라졌다. 사망률이 워낙 높다보니 기숙학교에서는 셈을 중단했다.

대니는 학교생활을 잘했고 한 번도 문제를 일으킨 적이 없었다. "백인처럼 못하는 애들을 보면 딱하더라고요. 사는 게 지옥 같았을 테니 말이지요." 구구단을 외우지 못하면 엄동설한에 외투도 없이, 팔 구멍을 뚫은 쓰레기봉투 차림으로 밖으로 내쫓겼다. 대니는 여러 분야에서 독보적인 성적을 거두었지만 부끄러웠고 심지어 굴욕적이었다.

경쟁하거나 자신의 성공을 과시하지 않는 것이 원주민 정신이다. 능력이 떨어지는 사람들의 마음이 상할 수 있기 때문이다. 하키팀에서 뛸 수는 있지만 자기 팀을 응원하는 것은 무신경한 처사다. 상대 팀이 기분 상할 수 있지 않은가. 브랜트 박사는 그의 논문 「원주민의 윤리와 행동 원칙」에서 이렇게 말했다. "이런 식의 비경쟁적인 문화는 심지어 일에까지 적용돼 원주민이 아닌 고용주의 눈에는 추진력과 의욕이 부족한 것으로 비치는 경우가 비일비재하다." 대니는 학업적인 성취에 기뻐하기는커녕 아무 감흥도 느끼지 못했다. 그의 '성적'을 칭찬하는 바로 그 사람들이 그를 굶기고(학교를 졸업하는 해에 그는 키가 컸지만 체중은 반으로 줄었다), 괴롭히고, 부모에게서 떼어내 이런 감옥에 가둔 사람들이었다.

이야기가 이 지점에 다다랐을 때 대니가 말했다. "그게 영광스러운 일이 아니었다는 걸 이해할 수 있겠어요?" 1년여 시간을 함께 보낸 끝에 그가 내게 말을 걸어주다니, 이해하는지 챙길 만큼 관심을 보여주다니 나로서는 반가울 따름이었다. 그리고 이 무렵 나는 대니가 빈말을 감지하는 능력이 엄청나다는 것을 알고 있었다. 따라서 100퍼센트 솔직해야 했기 때문에 나는 이렇게 말했다. "이해하지만 그들의 칭찬에서 자부심을 느낄 만한 부분이 **전혀** 없었나요?"

그가 실망한 표정을 짓는 것을 보고 나는 이렇게 덧붙였다. "제 말은, 시간이 지났으니 백인의 보상 시스템을 조금이나마 수긍하게 되지 않았느냐는 거예요. 당신이 누릴 수 있는 건 그게 전부였으니까요."

대니는 학교생활을 즐긴 적이 없었다고 했다. "저는 제가 포로라는 걸 알았고 그 상태를 유지하고 싶었어요. 그들의 대열에 합류하고 싶지 않았어요." 그는 약 15분 동안 침묵을 지키다가 다시 말문을 열었다. "꼭 그런 것만은 아니었네요. 가축을 기르고 사료를 먹이고 이종 교배하는 일은 재밌었어요. 제가 키운 돼지를 4H 대회에 출품해 리본을 받았을 때는 뿌듯했고요. 가뜩이나 학교하고는 상관없는 상이라." 대니는 가축을 다루는 데 재주가 있었고 아직 10대였을 때 학교 축산과 대표를 맡았다. "저는 농사를 짓고 작물을 재배하는 것도 좋아했어요. 저만의 농사 비법이 몇 가지 있었지요."

"예를 들면 어떤 거요?"

"봄이면 쓰레기통에 물을 받아서 데운 후 그 따뜻한 물을 온실에서 키우는 토마토에 뿌렸어요. 그러면 항상 남들보다 먼저 수확할 수 있었죠."

나는 무슨 수로 그런 기술을 배웠느냐고 물었다. 그러자 그는 머뭇거렸다. "어떤 신부가 전부 가르쳐줬어요." 이후 대니는 30분 동안 아무 말도 하지 않았다. 그는 꼼짝하지 않고 앉아서 창밖만 내다보았다. 심지어 눈을 깜빡이는 속도조차 느려진 듯했다.

다음 주에 다시 상담실을 찾았을 때 그는 자리에 앉자마자 말했다. "이것저것 많이 가르쳐준 그 신부가 저를 괴롭혔어요."

"어떤 식으로요?"

"성적으로요. 헛간에서 몇 번이고 몇 번이고. 제가 너무 좋다면서 말이죠. 그 말을 들으면 속이 뒤집혔어요. 정신적으로뿐만 아니라 육체적으로도." 한번은 헛간 청소부에게 들킨 적도 있었는데, 그는 고개를 젓고 끝이었다. "그때 수치심으로 얼굴이 화끈거렸던 기억이 아직 생생해요." 대니는 말했다. "그러고 얼마 안 있어서 저는 농사에 전혀 소질이 없다는 걸 알게 됐어요. 그가 저와 같이 그 짓을 하고 싶어 했을 뿐이라는 걸요. 그 일이 몇 년 동안 계속됐어요."

그는 표정을 보고 내가 충격받았다는 것을 알았을 것이다. 그 당시에는 성직자가 일반인을 상대로 자행한 성폭행이 아직 폭로되기 전이었고, 기숙학교에서 벌어진 여러 가지 학대도 널리 알려지지 않았다. 대니는 정부에서 원주민에게 공개적으로 사과하고 진실과 화해 위원회를 설립하기 30년 전에 내게 이 끔찍한 이야기를 들려준 것이었다.

대니가 10대 초반이 됐을 무렵에는 변태적인 성적 학대로 악명이 자자했던 크리스천형제회 소속의 또 다른 성직자가 학교의 전반적인 관리를 맡았다. 봄에 남학생들이 밖에서 야구를 하고 있으면 그가 창문을 열고 한 번호를 지목해 그 아이와 잔인한 성관계를 맺었다. "무슨 일이 벌어질지 같이 야구를 하던 친구들이 다 알기 때문에 얼마나 굴욕적인지 몰라요. 30분이 지나면 그가 다른 아이의 번호를 불러요. 그러고 나면 우리는 아무 일도 없었다는 듯이 다시 야구를 시작해야 했어요. 하지만 다들 알죠. 대부분이 겪은 일이니까요." 그는 말했다.

대니는 잠깐 말을 멈추었다가 이렇게 덧붙였다. "8살인가 9살 때부터 사춘기가 돼서 그들에게 반항할 수 있었을 때까지 저는 그 일을 겪었어요. 한번은 12살 때 고열이 나서 양호실에 누워 있는데 의사인지 뭔지 모를 인간이 건드린 적도 있었어요. 정신이 혼미한 상태로 눈을 떠보니 그 인간이 제 위에 있더라고요. 왜 이런 일이 제게 계속되는지 그걸 이해할 수가 없었어요."

그는 대답을 바라는 표정으로 나를 쳐다보았다. 나는 말했다. "그 인간들이 환자였군요. 애초에 거기로 파견된 이유도 그 때문이었을 테고요. 가톨릭교회에서도 이상한 낌새를 알아차렸지만, 성직을 박탈하지 않고 수목한계선 저 너머로 보낸 게 아닌가 싶어요. 거기로 보내면 그들이 무슨 짓을 저질렀는지 아무도 고발하지 않을 거라는 판단 아래에서요."

"하지만 왜 저만 그랬을까요? 그런 일을 겪지 않은 아이들도 많았는데요."(그 당시 우리는 기숙학교에서 성폭행을 당한 어린이의 비율이 얼마나 높은지 전혀 몰랐다.)

"당신이 키가 크고 외모가 준수해서 그랬을 거예요. 당신이 똑똑하다는 건 상관하지 않았을 것 같고요. 어차피 한 명 골라야 하는데 외모가 준수하면 좋잖아요? 이러니저러니 해도 그들은 포식자니까요."

그러자 충격적인 사태가 벌어졌다. 대니가 자리에서 일어나 상담 도중에 나가버린 것이다. 나는 이유를 알 수 없었다. 그는 다음 시간에 오지 않았고 그다음 시간에도 마찬가지였다. 그가 상담치료를 중단할 것 같다는 예감이 들었다. 나는 그에게 '개입'하고 싶지 않았기 때문에 전화하지 않았다. 아주 드문 일이기는 하지만 내담자가 갑자기 상담치료를 종료하면 나는 대개 편지를 보내거나 전화를 걸어 상담치료를 잘 마무리할 수 있게 마지막 면담을 청한다. 갈등은 해소하는 것이 중요하다고 설명한다. 하지만 그때까지 상담 도중에 나간 내담자는 한 명도 없었다.

내가 엄청난 실수를 저지른 게 분명했다. 백인들만 저질러놓고 전혀 모르는 그런 실수를 저지른 게 아닌가 싶었다. 대니가 영영 돌아오지 않을 것 같은 예감이 들었다. 그때 나는 이 상담치료가 내게 얼마나 소중해졌는지 깨달을 수 있었다. 서로 다른 양측의 문화와 문화말살이라는 정부의 비극적인 시도가 일으킨 비극은 내 마음을 사로잡았다. 가장 중요하게는 대니에게 인간적으로 강렬하고 존경스러운 면모가 있었다는 점이었다. 나는 내가 그를 얼마나 우러러보는지 뒤늦게 깨달았다. 그는 남들보다 많은 고초를 견뎌낸 사람이었다.

내담자의 마음의 문을 여는 데 실패한 것만큼 참담한 일도 없다. 나는 원주민 사회의 더 많은 민간요법 전문가와 치료사에게 자문했다. 더욱 열심히 귀를 기울이고 훈증 의식(정화나 축복에 쓰이는 약초를 태우는 의식 — 옮긴이)을 찾아다녔다. 훈증 의식이 내게 낯설었던 것만큼 대니에게는 심리치료가 낯설었을 것이다. 하지만 나는 이런 시간을 통해 원주민 사회의 세계관과 정신적인 우선순위는 유럽 중심의 백인 사회와 전혀 다르다는 것을 깨달을 수 있었다.

대부분 백인이 상담치료를 시작하는 이유는 인생을 좀 더 제대로 통제하기 위해서다. 어느 민간요법 전문가의 표현을 빌리자면 "인생의 이 끝에서 저 끝으로 하키 퍽을 날리기 위해서"다. 하지만 원주민 사회에서는 치유의 목적이 영적인 세계와 의미 있는 관계를 맺고 조화를 추구하는 것이다. 전통적인 심리치유는 인간 대 자연의 패러다임에 근간을 두고 있지만, 원주민식 치유는 인간과 자연의 조화에 초점을 맞춘다.

대니는 몇 주 뒤에 돌아왔다. 그는 아무 일도 없었다는 듯이 이야기를 시작했지만 나는 말허리를 자르고 그가 상담 도중에 나가버린 이유를 짚고 넘어갈 필요성이 있다고 말했다. 그는 "인디언들은 옥신각신하지 않아요" 하고 말하고는 그만이었다.

이윽고 이어진 침묵을 깬 사람은 나였다. "대니, 당신은 저와 상담을 진행하던 도중에 나가버렸고 저는 이유를 알고 싶어요. 그게 원주민의 전통에는 어긋나는 것일지 몰라도 저는 백인 상담치료사라 어느 정도 제 전통 안에서 움직일 수밖에 없어요." 그는 묵묵부답이었다. 나는 분통을 터뜨리고 말았다. "대니, 원주민의 전통이 전부 좋은 게 아니듯 백인의 전통이 전부 나쁜 건 아니라는 생각은 안 해봤어요? 우리는 어쩌면 서로에게 배울 수 있을지 몰라요. 당신만 동의하면 저도 도전해볼 용의가 있어요."

"선생님이 무슨 짓을 했는지 아시잖아요." 그는 웅얼거렸다.

나는 어안이 벙벙했다. 그는 자리에서 일어나 우리에 갇힌 호랑이처럼 상담실 안을 왔다 갔다 하다가 급기야 그 거대한 체구로 문을 쿵 들이받으며 말했다. "선생님은 그 신부랑 비슷했어요. 외모가 준수하다면서 환심을 사려고 했지요. 그다음 단계가 뭔지 저는 알아요."

이제 나는 말문이 막혔다. 나는 그를 빤히 쳐다보다가 이렇게 말했다. "제가 선을 넘었다고, 그래서 불편했다고 이야기해줘서 고마워요. 거기에 대해서는 미안하게 생각해요." 나는 여우가 닭장 안에 들어가면 가장 덩치 크고 토실토실한 닭을 고르지 않겠느냐는 뜻에서 그에게 키가 크고 외모가 준수해서 다른 아이들에 비해 눈에 띄지 않았겠느냐고 말한 것이라고 설명했다. "당신이 어떤 행동을 함으로써 그들을 유혹한 게 아니라는 점을 제 나름대로 그런 식으로 이야기한 거예요. 당신으로서는 어쩔 수 없는 외모 때문이었다고요." 나는 번드르르한 칭찬과 함께 성폭행이 시작됐으니 그가 내 말을 어떤 식으로 오해했을지 이제 알겠다고 말했다. "저는 사실 칭찬하는 뜻에서 **외모가 준수하다**는 단어를 쓴 게 아니었어요. 그냥 있는 그대로 서술한 거였지요. 당신에게는 추파처럼 느껴졌을 수도 있겠지만 절대 그런 게 아니에요."

대니는 이때 처음으로 나를 비난했다. "저라면 선생님한테 절대로 예쁘다고 하지 않을 거예요." 나는 웃음을 터뜨렸다. 참을 도리가 없었다. 그에게 이로써 나를 보고 예쁘다고 하지 않을 남자가 한 명 더 늘어났다고 말했다. 그도 그 농담에는 미소를 지었다.

대니에게는 외모가 준수하다는 말이 트리거, 즉 심리적 방아쇠였다. 반복적으로 성폭행을 당한 내 다른 내담자들도 다들 강력한 트리거가 있었다. 나는 그에게 성폭행 피해자들은 대개 트리거 때문에 애를 먹는다고, 내가 그것을 건드린 거라고 말했다.

그는 조용히 되물었다. "성폭행 피해자요?" 그는 그 단어를 들어본 적이 없었거나 자신도 거기에 해당하는 줄 몰랐거나 둘 중 하나였다. 그 당시만 해도 성폭행 관련 논의가 흔하지 않았다. 피해자들은 사회로부터 그 일을 감추어야만 할 것 같은 수치심과 더불어 살았다. 나는 대니에게 성폭행 피해자들은 정서마비를 비롯해 여러 가지 증상에 시달린다고, 그가 아내와 아이의 죽음으로 그것을 경험한 것 같다고 말했다.

그는 이제 막 뭔가 깨달은 사람처럼 고개를 끄덕였다. 내가 대니의 패턴에 대해 알게 된 게 있다면 어떤 사실을 인정하더라도 나중이 되어서야, 자기 나름의 페이스로 거기에 관해 이야기하거나 정면으로 부딪친다는 것이었다. 그는 몇 달의 시간이 흐른 뒤 지난 시간에 그 이야기를 꺼냈던 것처럼 어떤 주제로 돌아오곤 했다. 이번 경우에는 그가 마음의 준비가 됐을 때 성폭행에 관해서 이야기하겠다고 말했다. 나로서는 쇠뿔도 단김에 빼고 싶었고 정면으로 돌파하고 싶었기 때문에 받아들이기 힘든 제안이었다. 하지만 그건 대니의 방식이 아니었다. 그리고 나는 그의 방식을 존중해야 할 것 같았다.

젖소
메달

대니는 기숙학교에서 겪은 성폭행을 직면할 마음의 준비가 아직 되어 있지 않았다. 그래서 나는 두고 떠나온 그의 일가친척에 관해 묻기로 했다. 한번은 그가 아버지에게 배운 발자국 추적을 운운하길래 말년의 아버지에 대해서는 희한하게 지금까지 어떻게 한마디도 한 적이 없느냐고 짚고 넘어간 적이 있었다. "정부 관리들 손에 끌려가기 전까지는 어떤 이상적인 가정에서 자랐는지 세세하게 설명했잖아요. 그다음부터는 아무것도 없네요? 어머니는 돌아가셨고 아버지는 아직 살아 계신다는 건 알아요. 하지만 제가 아는 건 그게 전부예요."

"그럼 핵심은 알고 계신 겁니다. 아버지는 계속 저 북쪽에 살고 계시지요." 대니는 침묵을 고수하는 시간이 짧아졌다. 나는 2년이라는 시간을 함께 보낸 끝에 대개는 밋밋한 그의 말투에서 미묘한 감정적인 변화를 알아차리기 시작했다.

나는 그에게 여름방학이 돼서 집으로 돌아가면 어땠는지 이야기해달라고 했다. 대니는 집으로 돌아간 첫해에 그가 로즈에게 영어로 말하는 것을 보고 부모님이 충격을 받았다고 했다. 그는 크리족이 쓰는 말을 많이 잊어버렸다. 구타의 여파였다. 아마도 너무 불안해서 기억하지 못하게 된 것 같았다. 언어 자체가 감정적인 방아쇠가 되어버린 것이었다.

그의 부모님은 이것을 그가 자신이 물려받은 유산을 부끄럽게 여기는 증거라고 생각했다. "제가 점점 부모님에게서 멀어질수록 부모님도 제게서 점점 멀어졌어요." 그는 말했다. "그분들은 인생의 모든 고난을 그런 식으로 극복하셨거든요. 누나는 인디언의 기질을 저보다 쉽게 회복했어요." 그는 아마 그녀가 끌려갔을 때 그보다 몇 살 더 많았고 천성적으로 좀 더 말수가 많은 데다 어떤 집단에 속하는 걸 좋아했기 때문일 거라고 했다. "누나가 제가 신부님한테 맞는 걸 펜스 앞에서 보았다고 부모님께 말씀드린 기억이 나요. 가톨릭 신자였던 어머니는 누나에게 신부님을 욕하면 안 된다고 하더라고요. 저는 그때 기숙학교에서 있었던 일에 대해 떠벌리면 절대 안 되겠다는 걸 깨달았어요."

나는 세월의 흐름에 따라 관계가 어떤 식으로 변모됐느냐고 물었다. 대니는 그의 밑으로 남동생이 두 명 태어났고, 새로운 정부 시책으로 그들의 삶이 180도 달라졌다고 말했다.

"우리 부모님은 거의 1년 내내 숲속에서 지냈어요. 덫을 놓으려면 시간이 걸리고 잡힌 짐승을 수거하러 가기 전까지 그보다 더 많은 시간 동안 기다려야 하거든요. 인구가 몇십 명쯤 되는 교역소 근처의 조그만 정착지에 거처가 있긴 했어요. 허드슨 베이회사에 모피를 넘기는 동안 머무는 곳이요." 그는 부모님과 보낸어린 시절을 이런 식으로 설명했다. 하지만 그와 로즈는 기숙학교 시스템의 마지막 세대였다. 대니가 학교생활을 하는 동안 정부에서는 원주민들에게 학교가 있는 정착지로 거처를 옮기라는명령을 내렸다. "그 말은 곧 우리 부모님이 사냥을 포기해야 한다는 뜻이었어요. 게다가 정부와 맺은 허위 조약 때문에 사냥지를대거 빼앗겼죠. 정부에서는 덫사냥꾼들에게 조그맣고 엉성한 집을 지어주었고 생활보조금을 지급했어요. 그들은 아이들의 학교근처에 옹기종기 모여서 살았죠. 그 일대를 보호구역이라고 부르면서요."

"부모님은 무슨 일을 하셨어요?"

"할 수 있는 일이 없었어요. 숲에서 너무 멀리 떨어져 있으니덫을 놓을 수도 없었고 너무 추워서 뭘 재배하거나 가축을 키울수도 없었지요." 그는 말했다. "누나하고 제가 해마다 집으로 돌아가보면 점점 더 엉망진창이었어요. 아버지는 술을 많이 드셨어요. 어머니가 이가 빠졌길래 가죽을 씹느라 그렇게 된 거냐고누나한테 물었더니 아버지한테 맞아서 그렇게 됐다고 하더라고요." 부모님은 집으로 돌아온 대니와 로즈를 점점 덜 반기는 눈치였고 어머니마저 술을 마시기 시작했다. "술에 취해 있으면 맞아도 덜 아프거든요." 대니는 말했다. "어머니가 교회에 갈 준비를 하라고 했다고 아버지가 어머니를 때리는 것을 처음 보았을 때, 저는 그 자리에서 제 평생 술은 입에도 대지 않겠다고 다짐했어요. 예전에는 아버지가 교회 가는 걸 좋아했거든요. 제가 그 순간 아버지를 보고 느낀 감정을 제 아들에게 대물림하고 싶지 않았어요."

그러고 나서 대니는 보기 드물게 감정을 담아 그가 어렸을 때는 부모님이 부지런했다고 말했다. 그들의 야영지는 더할 나위 없이 깔끔했다. 그들은 군더더기 없이 살림을 꾸렸다. 설거지는 쌓인 적이 없었고 크리스마스 선물은 모두 자투리 시간에 만든 공예품이었다. "잠자는 시간이 아닌 이상 두 분이 쉬는 걸 본 적이 없었어요. 해가 뜨면 같이 일어나셨고요." 그런데 이제는 술과 말다툼과 늦잠이 그들의 공허한 삶을 채우고 있었다.

대니는 이런 타락상을 묘사하며 나쁜 기억을 갈아서 없애려는 듯 두 손을 마주 비볐고 태양을 똑바로 쳐다보기라도 하듯 실눈을 떴다. 마치 머릿속에 떠오른 광경을 차단하려는 것 같았다.

그는 한참 동안 침묵을 지키다가 다시 말을 이었다. "제가 한번은 백인 문화를 인디언 문화로 착각하는 실수를 저지른 적이 있어요. 백인 사회에서 너무 오랫동안 지내다보니 벌어진 일이었죠." 그가 13살쯤 됐을 때 주 정부가 주관한 4H 대회에서 받은 메달을 아버지에게 보여준 일이었다. 대니는 목소리를 낮추었다. "아버지는 그걸 비웃었어요." 그는 거의 속삭이듯이 말했다. "술에 취해서 저를 놀리고 소처럼 음메음메 울더니 옥수숫대를 줄 맞춰서 잘 세웠느냐고 물으시더라고요. 어머니도 깔깔대고 웃었고 누나는 그냥 당황한 표정을 지었어요. 우리 가족과 뭔가를 공유한 건 그때가 마지막이었어요."

여기서 짚고 넘어가자면 분노를 억제하는 원주민의 풍습은 그 자신도 캐나다 원주민 출신인 브랜트 박사가 유일하게 공개적으로 비판한 문화다. 그의 설명에 따르면 원주민들은 아이들을 가르칠 때 분노를 동원하지 않는다. 그 대신 놀리기, 망신 주기, 비웃기 같은 간접적인 방식으로 분노를 표출한다. 그는 어느 학술 논문에서 이렇게 말했다. "부모로서 체통을 잃거나 화를 내는 대신 망신을 주고 놀리다보면 아이의 자존감이 떨어지고 나중에 자라서 그런 상황을 맞닥뜨렸을 때 엄청난 굴욕감을 느낄 수 있다." 그의 주장에 따르면, 무시당한 아이는 규칙을 이해하거나 놀림과 조롱을 당하는 상황에 대처하는 법을 터득하기 어렵기 때문에 부끄러움과 수치심, 심지어 공포를 느끼며 내성적으로 변할 수 있다고 한다.

나는 대니에게 말했다. "당신은 수학상, 과학상, 최우수 학생상, 주 정부가 주관한 4H 대회에서 출품한 가축으로 상을 받은 아이예요. 그런데도 무시를 당했어요. 그러니 아무 감정도 느끼지 못하고 드러내지 못했을 수밖에요. 온 사방에서 공격이 쏟아지니 신경을 끊을 수밖에 없지 않겠어요? 그런 적응반응을 보일 수밖에 없었지요."

그는 이야기를 계속하라는 뜻에서 내 앞에 대고 팔을 이쪽에서 저쪽으로 움직였다. 나는 아무 말도 하지 않았다. 이윽고 그가 말했다. "그냥 말씀하세요." 우리는 같이 미소를 지었다. 그에게 하고 싶은 말이 있으면 내가 감지하게 된 것처럼, 그도 내가 조바심이 나면 감지하게 된 것이었다.

나는 그에게 아버지가 술에 취하지 않았다면, 놀리고 무안을 주는 방법을 동원하지 않았다면, 그러니까 진심을 이야기할 수 있었다면 뭐라고 하셨을 것 같으냐고 물었다. "아버지의 입장이 돼서 이야기해줘요." 나는 부탁했다. "아버지가 왜 그런 반응을 보이셨는지 진심으로 궁금하거든요."

놀랍게도 대니는 내 부탁을 들어주었다. 그는 저음으로 좀 더 천천히 말하며 아버지 흉내를 냈다. "닌고지스, 너는 우리에게서 강제로 분리되어 우리는 미개인이고 '훌륭한 인디언은 죽은 인디언밖에 없다'라는 교육을 받았다. 그런데도 그들이 준 허섭스레기를 '상'이라며 좋아하고 있어. 우리에게 이 많은 고통을 안긴 적을 신처럼 떠받드는 거냐? 우리에게서 너를 빼앗아간 저들을?" 대니는 말을 멈추었고 나는 고개를 끄덕였다. 그는 말을 계속 이었다. "농사라고? 가축을 헛간에서 키우고 채소를 줄 맞춰 심으면서? 그건 기술이 아니야, 장사지. 덫으로 사냥을 하려면 한 인간이 동원되어야 한다. 매 순간 머리를 써야 하지. 그리고 잡은 짐승과 교감을 나누어야 해. 녀석들을 가두고 사료를 먹여서 잡아먹는 게 아니라. 그런데 너는 사냥에는 전혀 관심을 보이지 않는구나. 그건 미개인들이나 하는 거라고 생각하고, 먼지 바닥에서 수

돗물 없이 사는 우리는 너보다 수준 이하라고 생각하는구나."

나는 한 번 더 고개를 끄덕였다. 마침내 이해할 수 있었다. 잠시 후에 대니는 감정이 실린 목소리로 다시 말하기 시작했다. "너는 내가 술을 마시는 걸 안 좋게 보고 있지. 나는 할 일이 없다. 쥐한 마리 잡을 수가 없지 않니. 네 동생들은 정착지의 어느 누구보다 가죽을 많이 들고왔던 당당한 사냥꾼을 본 적이 없어. 식탁에서 혼자 카드놀이를 하는 술꾼이라면 모를까. 착한 아내를 때리는 신세로 전락한 남자라면 모를까. 백인들에게 내 생계수단과 아이들과 존엄성을 빼앗겼는데, 너는 그들에게 받은 젖소 메달이 자랑스럽단 말이냐?"

나는 눈물이 날 것 같아서 눈을 깜빡였다. 그의 아버지와 가족의 무감각해진 괴로움을 완벽하게 대변한 독백이었다. 아버지가 술김에 모진 말로 그의 심장을 찔렀던 어린 시절에는 그걸 이해하지 못했다는 것이 안타까울 따름이었다.

그날 대니가 상담을 마치고 갔을 때, 나는 우리의 상담치료가 서로를 신뢰하는 단계에 다다랐음을 감지했다. 대니는 이제 모든 감정을 차단하지 않고, 아버지의 고통을 상상하고 공감하고 나와 공유할 수 있었다.

엄습하는
상심

상담이 3년째로 접어들자 대니는 밝아진 분위기를 풍겼다. 여전히 줄담배를 피우며 상담실 앞에서 30분 동안 왔다 갔다 했지만 내가 대기실로 호출하러 가보면 그의 걸음걸이가 전보다 가벼워진 느낌이었다.

독백으로 아버지의 심정을 대변하고 다음 주가 됐을 때 그가 지나가는 투로 말했다. "이번 주에 아버지께 전화를 드렸어요."

나는 깜짝 놀랐다. 늘 그렇듯 대니는 자기만의 방식으로 자기만의 일정에 따라 움직이고 있었다.

"아버지와 마지막으로 대화를 나눈 게 언제였어요?" 나는 충격으로 어지러운 머릿속을 달래며 이렇게 물었다.

"18년 전, 어머니 장례를 치렀을 때요."

"전화해서 뭐라고 했어요?"

"아내와 딸이 죽었다고 말씀드렸어요. 아버지는 '견디기가 쉽지 않지?' 그러시더라고요. 그러고는 누나 소식 들은 거 있느냐고 하셨어요."

대니는 위니펙에서 살던 누나가 실종된 지 10년이 넘었다고 했다.

엄청나게 많은 원주민 여성이 실종되고 살해당했다는 보도가 여러 신문에 대서특필되기 40년 전이었다. 이제 우리는 경찰에서 그들의 실종 사건을 수사하지 않았다는 사실을 안다. (2017년 캐나다통계청이 발표한 자료에 따르면 강력 범죄에 희생당한 원주민 여성의 숫자가 다른 여성 집단의 거의 3배에 달했다.)

"성심을 다해 당신을 보살피고 그 누구보다 명랑했던 그 귀여운 아가씨가 어떻게 됐길래요?"

"누나는 계속 집으로 돌아가 두 술꾼에게 사랑을 갈구했어요." 그의 부모님을 두고 하는 말이었다. "학교를 졸업하고 훨씬 이후까지요. 저는 일찌감치 포기했는데 말이죠. 부모님은 누나를 당신들과 비슷해질 때까지 짓밟았어요. 누나와 두 남동생은 부모님의 술주정 대열에 합류했죠. 어머니가 돌아가시자 누나는 아버지와 함께 지내다 집을 나와서 위니펙으로 갔어요. 그 뒤로 영영 소식이 끊겼고요."

"당신은 토론토로 가서 다행이었네요."

"글쎄요. 그래도 누나는 끝까지 인디언이었으니까요."

"당신은 아니고요?" 나는 머리를 길게 땋은 이 남자를 향해 물었다.

"저는 백인은 아니에요. 그건 알아요." 그는 한참 동안 침묵을 지키다가 말했다. "아내는 백인이었어요."

상담치료를 시작한 지 3년 만에 마침내 대니가 죽은 아내를 거론했다. 나는 당장 달려들고 싶었다. 하지만 대신에 속으로 100까지 셌다.

"노르웨이 출신이었고요."

노르웨이라니. **실화인가?** 어떻게 만났는지 궁금해졌다.

"집중치료실 간호사였어요. 제가 위니펙의 술집에서 싸움을 벌였다가 가게 된 병원에서 일했지요. 누나를 찾으려고 술집마다 뒤지고 다녔거든요. 어떤 남자가 누나를 모욕하길래 한 판 붙었는데 남자가 칼로 제 배를 그었어요." 대니는 말했다. "붕대를 감고 온타리오로 돌아가서 다음 날 출근했는데 감염되는 바람에 여기 토론토의 집중치료실에 한동안 입원했어요." 그 간호사는 이름이 베리트였다. 대니와 비슷한 30대 중반이었고 대니처럼 추리소설을 좋아했다. "말이 많은 남자를 좋아하지 않는다길래 제가 그랬어요. 이제 임자를 만난 줄 알라고. 아이가 생겼는데 결혼하고 싶다길래 그러자고 했고요. 얼마 후에 우리 딸 릴리언이 태어났죠."

"베리트를 사랑했나요?"

"모르겠어요." 15분 동안 정적이 이어졌다. "아내는 착했어요. 거짓말을 하거나 다른 데 한눈판 적 없었고 열심히 일했고요." 다시 정적이 흘렀다. "우리는 점점 멀어졌어요. 아내는 제가 줄 수 없는 걸 원했거든요."

"예를 들면 친밀감 같은 거요?"

그는 고개를 끄덕였다. "입원했을 때보다 더 가깝게 지낸 적이 없었어요. 아내는 우리 사이에 벽이 있다고 했어요. 저는 그 말이 맞는다는 걸 알았고요. 아무것도 느낄 수가 없었거든요. 그러다 아내와 한 방에 있기만 해도 불편해지기 시작했어요."

"왜요?"

"죄책감이 드는 동시에 짜증이 나서요. 저는 아내가 뭘 원하는지 알았고 아내는 그걸 누릴 자격이 있었어요. 하지만 제가 줄 수 없는 것이었기 때문에 아내를 피하기 시작했죠."

"릴리언은 어떤 아이였나요?"

"저를 좀 더 많이 닮았어요. 생김새도 그랬고 말수가 없고 낯을 가렸어요. 관찰자였고요. 유치원에서는 아이가 다른 친구들과 어울리지 않는다며 걱정했지만 저는 아무 문제 없다고 생각했어요. 자기 방에서 인형과 장난감을 가지고 놀면 행복한 아이였거든요. 가끔 제가 바닥에 같이 앉을 때도 있었는데 그럴 때면……." 대니는 머뭇거렸다. "편안한 공간을 공유하는 느낌이었다고밖에 표현할 방법이 없네요." 그는 다시 눈부신 태양을 피하려는 사람 같은 표정을 지었다. 이윽고 그가 다시 말했다. "아내는 릴리언을 제 무릎에 앉히고 싶어 했지만 저는 불편했어요. 거의 그 나이 때 제가 겪은 일이 있고 하다보니."

"당신은 성폭행을 당했고 부모님과 같이 지낸 기간이 거의 없었는데 아이를 어떻게 키우면 되는지 알아야 하는 처지였네요."

"길이 없는 숲속에 있는데 사람들은 제가 길을 알고 있기를 바랐지요."

"베리트는 좋은 엄마였나요?"

대니는 고개를 끄덕였다. "백인의 기준에서는요. 릴리언에게 항상 뭘 가르쳤어요. 쉬는 시간 없이. 저로서는 애를 그냥 내버려 두라고 하고 싶었죠. 포크를 어떤 식으로 잡아야 하는지 계속 가르쳐주려고 하지 말라고요. 릴리언하고 저는 차를 타고 몇 시간 동안 달리면서 서로 아무 말도 하지 않을 수 있었는데 그때가 제일 행복한 시간이었어요. 베리트가 같이 타면 소라느니 말이라느니 자동차니 하면서 릴리언한테 단어를 가르치려 들었어요. 인디언의 관점에서는 그게 간섭이었는데."

"당신은 어렸을 때 아버지와 어머니를 보고 배운 대로 따라 하려고 했군요. 아이가 자기만의 속도로 살아갈 수 있게 지켜보는 식으로요."

"아이가 넘어져서 다쳤을 때도 저는 그냥 일어나겠거니 하면서 모르는 척했는데, 베리트는 세상이 끝난 것처럼 굴었고 그러다보면 통곡이 시작됐어요."

나는 원주민들은 세상을 다른 방식으로 본다는 것을 베리트는 알았느냐고 물었다. 그들은 분노 조절, 갈등 해소, 감정 통제 면에서 백인들과 생각이 달라서 심지어 자기 아이일지라도 간섭하지 않는다는 것을 알았느냐고 말이다.

"아뇨."

"왜 이야기해주지 않았어요?"

"저조차도 몰랐으니까요. 저는 제 자신이 짜증을 내는 것도 용납하지 않았어요. 꼭 나무토막 같았죠. 지금 이야기하니까 이제서야 알겠어요."

"베리트는 당신 부모님을 만났나요?"

그는 고개를 저었다. 친구들에 관해서 묻자 그는 "저는 혼자가 좋은 사람이에요"라고 말했다.

나는 이번에는 베리트의 부모님에 관해서 물었다. 대니는 그들이 노르웨이에서 가족 농장을 운영하는 아들과 이웃한 농가에서 살고 있다고 말했다. 그들을 만난 건 한 번뿐이지만 "다들 아내와 비슷해요. 착하고 친절하고 이 세상의 소금처럼 아주 열심히 일하는 사람들이에요. 두 부모님은 영어를 거의 못했어요. 아니면 영어로 뭐라 뭐라 했지만 제가 이해하지 못한 것일 수도 있고요"라고 했다.

나는 딸이 허리까지 머리를 땋은 원주민 남자를 데려와서 그분들이 놀라지는 않았느냐고 물었다. 대니는 이렇게 대답했다. "캐나다 사람들은 다 그렇게 생겼나보다 생각하지 않았을까 싶어요." 듣고보니 배꼽 잡는 상황이라 우리는 같이 웃음을 터뜨렸다. (2년 넘게 상담치료를 진행하는 동안 두 번째로 들은 농담이었다.)

이후 우리는 잠시 아무 말 없이 앉아 있었다. 이윽고 그가 말했다. "만약 제가 이 상담치료를 받았고 베리트가 우리 곁을 떠났다면, 릴리언하고 제가 어찌어찌 잘살아볼 수도 있었을 것 같아요. 그 아이는 저처럼 말 없고 진지한 성격이었거든요. 베리트는 저를 나쁜 아빠라고 생각했을 거예요. 심지어 저한테 애를 맡기려고도 하지 않았어요. 저를 무관심하다고 생각했거든요."

"의식적인 수준에서는 당신이 아무 감정도 느끼지 않았다는 걸 알아요. 하지만 무의식적으로는 무관심한 부모 취급을 당해서 분명 속이 상하고 화가 났을 거예요. 모욕이나 다름없잖아요, 당신은 스타일이 달랐을 뿐인데요." 대니가 아무 말도 하지 않자 나는 덧붙였다. "그러니 두 분 사이가 점점 멀어졌을 수밖에요."

"제가 줄 수 없는 걸 원하는 사람 없이 트럭을 몰고 몇 주 동안 출장을 다니면 그냥 안심이 됐어요."

"아내하고 싸운 적은 있었나요?"

"아뇨. 그냥 집 밖으로 자리를 피했다가 아내의 화인지 욕구불만인지가 가라앉으면 다시 들어갔어요."

"아내는 기숙학교에 대해서 알았나요?"

"네. 하지만 제가 그냥 정부에서 운영한 기숙학교였다고만 했어요."

"그러니까 당신이 어떤 일을 겪었는지 전혀 몰랐겠네요?"

"네. 하지만 저도 몰랐는걸요."

"이제는 알게 되었나요?"

"얼어 있던 게 조금씩 녹고 있어요. 가끔 릴리언을 생각하면 슬프고, 아이 사진조차 보고 싶지 않을 때가 있어요. 저를 닮아서 눈빛이 슬프거든요."

"그 슬픈 눈빛을 하고 있었던 당신이라는 아이도 이제 보이나요?"

"외로웠던 아이."

"버림받았던 아이." 나는 덧붙였다.

"우리 부모님이 버리려고 했던 건 아니었어요."

나는 그의 무의식 선상에서는 그러거나 말거나 상관없다고, 버림받은 느낌은 계속 그 자리에 있을 거라고 알려주었다. "무의식은 논리를 부여하지 않거든요. 당신이 5살짜리 외돌토리였다는 것만 알지요. 릴리언의 나이였던 거죠."

"그때는 제가 그렇게 어린 줄 몰랐어요." 대니는 말했다. "거기로 다시 돌아가 16살부터 18살까지 자발적으로 고등학교 수업을 받았다니 제가 미쳤죠. '모르는 악마보다는 아는 악마가 낫겠지'라고 생각했거든요."

그는 돈이 없었기 때문에 대학은 생각해본 적도 없었다고 했다. "그뿐 아니라 대학은 백인들이 다니는 곳이었으니까요. 백인들 세상이라면 지긋지긋했어요."

가족들과의 관계가 껄끄러웠기 때문에 보호구역으로 돌아가지도 않았다. 게다가 그는 술을 입에 대지도 않았는데, 보호구역에서는 그걸 이상하다고 여기는 사람들도 있었다.

"그 원칙을 고수했다니 재밌네요." 나는 말했다.

"제가 융통성이 없거든요." 그는 대답했다. "어렸을 때 어머니가 저를 두고 그 말씀을 하셨던 기억이 나요."

나는 '융통성이 없다'라는 단어는 살짝 부정적인 뉘앙스를 풍긴다는 점을 지적했다. "'나는 끈기와 용기가 있고 풍파에 많이 시달리기는 했어도 계속 꿋꿋하게 버티고 있다'라고 하면 어때요? 그런 기분 느껴본 적 있어요?"

"아뇨."

"아무것도 느끼질 못해서 그래요. 뜨거운 용암이 머릿속을 가르며 펄떡이지 못하게 화산을 막아버려서요. 그러지 않으면 미쳐버리거나 당신 아버지처럼 술기운을 빌려 분노를 표출하는 알코올 중독자가 되거나 둘 중 하나였으니까요. 당신에게 벌어진 일, 기숙학교라는 집단학살의 현장에서 원주민 대부분에게 벌어진 일을 감안했을 때 당신은 버틸 방법을 찾아야 했어요. 그런데 당신은 정신력이 어마어마하게 강한 사람이기 때문에 가장 파괴적이지 않은 길을 선택했죠. 감정의 수도꼭지를 잠가버린 거예요."

"맞아요. 그런데 거기서 물이 뚝뚝 떨어지기 시작했어요. 조임 나사가 헐거워졌나봐요."

내가 좀 더 자세한 설명을 요구하자 그는 저녁에 릴리언의 사진을 들여다보면 어떤 기분이 드는지 설명했다. "정확히 뭔지는 모르겠지만 뭔가가 느껴지고 그 때문에 마음이 무거워져요. 그 아이와 소파에 나란히 앉고 싶다는 생각이 들어요."

우리는 딸의 죽음을 두고 슬퍼하는 것은 정상적인 반응이며,

아이를 잃은 것이야말로 가장 가슴 아픈 일이라는 이야기를 한참 동안 나누었다. 그러던 어느 날 그가 말했다. "슬프다는 게 제 머릿속을 침입한 유일한 감정은 아니에요. 다른 감정들도 숲속에 숨어 있어요." 그는 허리를 똑바로 펴고 의자에 앉아서 무릎 위에 손을 얹고 몸을 앞으로 숙였다. 그 보디랭귀지를 보았을 때 분노라는 감정도 그의 머릿속에 스며들기 시작했다는 것을 알 수 있었다. 그가 다시 실눈을 떴다. "이걸 쏟아버리고 싶어요. 같이 일하는 사람 중에 저를 톤토(미국 서부극 시리즈 〈론 레인저〉에 론 레인저의 파트너로 등장하는 아메리카 원주민의 이름. 바보를 지칭하는 속어로 쓰이기도 한다. ― 옮긴이)라고 부르는 하역장 관리인이 있거든요. 그런데 그게 싫어요."

그는 다들 별명이 있으니 '지게차'라고 불리는 건 상관없지만 톤토는 "인디언을 비하하는" 단어라고 했다.

"맞아요, 모욕적인 단어죠." 나는 말했다. "그에게 그런 식으로 부르지 말라고 이야기할 생각을 해본 적은 있어요?"

"아뇨. 그 친구는 그냥 자기가 재밌는 줄 아는 백인이라서요."

"분노는 억울한 누명을 쓰고 있는 거 알아요?" 나는 말했다. "사실 분노는 상처와 고통이라는 감정을 무의식 속에서 끌어낼 때 쓰이는 연료예요. 어떤 사람들이 불쾌한 행동을 할 때 그걸 빌려서 자제를 요구하죠. 당신을 톤토라고 부르는 남자는 당신에게 결례를 저지르고 있고 자기가 그러는 걸 모를 수도 있어요. 다음 번에 그 사람이 당신을 또 톤토라고 부르면 그냥 '나를 그렇게 부르지 마시오' 하면 어떨까요? 시시콜콜 설명할 필요도 없어요."

"그 사람이 이유를 물으면요?"

"'듣기 싫어서요'라고 하세요." 대니는 그렇게 황당한 소리는 처음 듣는다는 듯이 나를 쳐다보았다. 그래서 나는 덧붙여 설명했다. "당신이 뭔가를 싫다고 하면 세상 사람들은 대부분 관심을 기울이거든요."

"진짜요?" 그는 의심스러워하는 눈치였다.

"당신은 감정을 무시하고 심지어 말살해야 하는 환경에서 어린 시절을 보냈어요. 그건 문화적인 집단학살이었죠. 정부와 신부님과 수녀님은 원주민을 백인으로 둔갑시키려고 했어요. 당신의 감정에 귀를 기울여가며 그 목적을 달성할 수 있었겠어요? 당신의 감정을 짓밟는 게 그들에게 주어진 임무였죠."

그는 고개를 끄덕였다.

"대니, 우리 둘이 만난 지도 이제 3년이 넘었고 저는 당신의 과거뿐 아니라 현재를 위해서도 상황을 개선하고 싶어요."

"우와, 예감이 안 좋은데요." 그는 살짝 미소를 지으며 말했다. "괜히 말을 꺼냈네."

그는 내 생각을 읽는 데 재주가 있었다. "아주 작은 일이에요. 하역장 관리인한테 당신을 톤토라고 부르지 말라고 이야기했으면 좋겠어요. 좋게 이야기하고, 필요하면 짜증 난 기미를 아주 살짝만 섞어서요."

그는 탐탁지 않아 하는 눈빛으로 나를 쳐다보았다. 나는 우리

끼리 한번 연습해보자고 하고, 그에게 반대할 겨를도 주지 않고서 살짝 거만한 투로 "어서 와, 톤토"라고 했다.

그는 당장 쏘아붙였다. "그렇게 부르지 말아요."

"완벽해요."

"그 사람이 왜 그러느냐고 하면요?" 대니는 자신에게 감정적인 권리가 없다고 보고 이 부분에 집착했다.

"그냥 듣기 싫어서 그런다고 해요. 원주민과 백인의 관계를 주제로 무슨 논문을 쓰는 것도 아니잖아요."

"그 사람이 또 그렇게 부르면요?" 그는 따지고 들었다.

"아마 안 그럴 거예요. 당신은 키가 2미터에 육박하고 어깨가 넓잖아요. 지게차라고 불릴 정도로 힘이 세고요. 5살 때부터 그렇게 힘이 세지 않았어요? 제 짐작이 틀리면 그때 가서 다시 방법을 생각해보기로 해요."

대니는 다음 주에 결과를 보고했다. "창고로 출근했더니 아니나 다를까, 관리인이 마이크에 대고 '어서 와, 톤토'라고 했어요. 그러고는 하역장에 있는 조그만 유리 부스에 앉은 채 클럽보드 쪽으로 다시 시선을 돌리더라고요. 제가 창문 앞으로 다가가서 '다시는 그렇게 부르지 말아요'라고 했어요. 그는 조금 놀란 표정으로 고개를 들고 담배를 한 모금 빨더니 '알았어. 미안하네. 자네는 31번 트럭이야'라고 했어요. 그걸로 끝이었어요. 1주일 내내 다시는 그렇게 부르지 않더라고요. 몇 년 동안 날마다 그가 그렇게 인사할 때마다 듣기 싫어서 괴로웠는데 말이죠."

나는 정말 기뻤다. 그는 5살 때 크리족 말로 '타니시(안녕)'라고 했다가 구타당한 이래 처음으로 주변 환경에 직접적인 영향을 미쳤다. 나는 이렇게 외치고 싶었다. "대니 모리슨이 나가신다, 다들 비켜라!"

해동

내담자가 무의식의 작동기제를 이해하고 자신에게 선을 정할 권리가 있다는 사실을 깨닫는 경우, 상담치료가 가끔 급물살을 탈 때가 있다. 나는 이 사실을 염두에 두고 대니에게 상담치료를 시작한 첫해에 벌어졌던 사건을 재현해보자고 했다. 그는 의심스럽다는 표정을 지었다. 나는 그의 허락이 필요하다고 했다. 그는 마지못해 응하며 이렇게 중얼거렸다. "아, 이래서 여길 오기가 싫다니까." 나는 과거의 한순간을 재연할 테니 새로워진 대니, 자신의 세상을 통제하고 대응할 권리가 있는 남자가 되어달라고 요청했다. 그는 옅게 미소를 지으며 말했다. "흐음, 뭘 어쩌려는 건지 알 것 같은데요."

위험 부담이 따랐지만 그래도 나는 강행했다. "대니, 제가 보기에는 당신이 성폭행 상대로 자주 선택된 이유가 키가 크고 외모가 준수했기 때문인 것 같아요." 나는 숨을 참았다.

의자 가장자리에 걸터앉아 있던 그의 머리 선을 타고 땀방울이 맺혔다. "선생님, 저더러 외모가 준수하다고 하지 마세요. 그런 평가는 선생님께서 하는 일과 무관하고 그런 말을 들으면 불편해요."

"대니, 그런 말을 해서 미안해요. 상담을 받으면서 당신에게 그런 기분을 느끼게 하려는 의도는 없었어요. 다시는 그런 말을 하지 않을게요."

그는 미소를 지으며 말했다. "개그 소재로 써도 되겠어요. 제가 그런 말을 들었다고 상담실을 박차고 나갔다니 믿기지 않네요. 제가 몸서리쳤던 이유가 학대당한 기억 때문이었다는 걸 이제는 알겠어요." (대니가 **학대**라는 단어를 입 밖에 내고 그걸 인정한 것은 그때가 처음이었다.)

"뭐가 됐건 당신은 요청할 권리가 있어요." 나는 말했다. "당신이 이야기한 그 '몸서리'를 참을 필요가 없어요."

내가 이 재연극을 '준수한 데탕트(긴장완화, 화해라는 의미 — 옮긴이)'라고 표현하자 그는 어이없는 척 고개를 내저었다. "선생님은 모든 사건마다 이름을 지어 붙이시네요."

그때까지 대니는 성폭행을 구체적으로 언급한 적이 없었지만 톤토와 외모가 준수하다는 단어를 둘러싼 문제를 해결하자 전보다 더 단단해진 분위기를 풍겼다. 그는 자신의 감정을 정의하고 어떤 것은 그의 잘못이고 어떤 것은 아닌지 파악하기 시작했다.

이제 성폭행의 역사를 자세히 논할 마음의 준비가 끝났다.

나중에 장기간 반복된 성폭행의 소름 끼치는 진상을 낱낱이 공개한 이후에 대니는 그때 기억을 떠올려도 예전만큼 괴로워하지 않는 것 같았다. 그 기억에서 가장 괴로웠던 부분은 그를 진심으로 아끼고 응원했던 신부가 저지른 짓이라는 것이었다. 이 신부가 그를 4H 클럽에 데리고 다녔고 아버지 같은 역할을 했다. 그에게 애정 어린 말을 건넸고, 외모가 준수하다며 그를 무릎에 앉히고 끌어안았다. 외로웠던 7살짜리로서는 이보다 더 고마울 수가 없었다. 하지만 그러고는 육체적인 폭행 없이 그를 성적으로 학대했다. (릴리언과의 관계에서는 무릎이, 나와의 관계에서는 **외모가 준수하다**는 단어가 방아쇠 역할을 한 이유가 그 때문이었다.)

대니는 크리스천형제회 소속 신부에게 잔인하게 성폭행을 당했을 때보다 다정한 신부에게서 더 많은 상처를 받았다. 잔인하게 성폭행을 당하면 상대가 포식자이고 적이라는 것을 인식할 수 있다. 헷갈릴 일이 없다. 하지만 다정하게 잘해주면서 성적으로 학대하면 대니 입장에서는 정서적으로 혼란스러울 수밖에 없었다. 외로웠던 그는 신부와의 친밀한 관계와 보살핌을 즐거워했지만, 나중에 사태를 파악한 이후에는 그가 그 일에 동조했다는 데 죄책감을 느꼈다. 그는 순결을 잃었을 뿐 아니라 친한 친구에게 배신당한 셈이었다. 정서적인 측면에서는 적이 누군지 아는 편이 낫다.

대니는 성폭행에 대해 털어놓고 난 뒤 이제는 자신의 감정을 일부분이나마 정리했으니 딸이 있다면 무릎에 앉힐 수 있었을 것 같다고 말했다. 그에게는 품에 안고 어르는 것이 원치 않는 육체적인 접근과 한 묶음이었다. 그는 거기서 너무 큰 혼란을 느꼈기 때문에 딸의 몸에 손을 대는 것 자체를 피해버렸다.

그는 예전과 다르게 지금은 육체적인 관계에서 정신적인 충격을 느끼지 않았다. 아내가 죽은 이후에 가끔 하룻밤 상대를 만나기도 했다. 하지만 진정으로 친밀한 관계는 여전히 두려워했다.

아내와 감정을 공유할 수 있었다면 그의 결혼생활은 어땠을까? 예전에는 아내의 어깨에 무심코 팔을 두르기만 해도 기분이 어색했다. 가끔 숨을 쉬기가 힘들 정도로 심해질 때도 있었다. 그가 가장으로서 제일 좋아했던 일은 운전이었다. 아내와 딸이 곁에 있으면 운전대에 두 손을 올려놓아야 마음이 놓였다. 딱 그 정도의 거리가 알맞게 느껴졌다. 그는 출장을 가면 어디에 있건 매일 저녁 집으로 전화했다. 그 시간을 귀하게 여겼다. 역시 딱 그만큼의 거리가 편안하게 느껴졌다.

다음 주에 상담을 받으러 왔을 때 대니는 아내와 딸의 묘지에 다녀왔다고 했다. 가서는 진작 했으면 좋았을 이야기를 해보려고 했다. "제가 너무 나약해서 아내와 딸이 살아 있었을 때는 그 말을 하지 못했어요."

나는 그 착각을 없애주고 싶은 유혹을 느꼈다. 그는 아주 강인한 남자였다. 술은 입에 대지도 않겠다고 맹세했고 그 맹세를 지켰다. 5살 때 기숙학교에서 누나에게 크리족이 쓰는 말로 인사를 건네는 '실수'를 저질렀다가 구타를 당한 이후로 다시는 '실수'를 저지르지 않았다.

내가 보기에 대니는 영웅이었다. 심지어 기숙학교에서도 그는 환경을 바꾸려고 했다. 가축과 토마토를 키웠다. 그는 근면하고 성실했다. 트럭회사 사장이 인정할 정도였다. 그 많은 일을 겪었음에도 기계적으로 살아가는 것이 아니라 최선을 다하고자 했다. 그런 자세는 누구도 꺾을 수 없었다.

시간이 흐를수록 대니는 자기 자신을 좀 더 객관적으로 바라보기 시작했다. 이제 그는 거액의 크리스마스 보너스를 받아도 당황스러워하지 않았다. "뭐, 제가 회사에 기여한 게 워낙 많으니까요. 그래도 고맙긴 하네요"라고 말했다.

내가 다른 직원들도 그 정도 보너스를 받느냐고 물었더니, 물어본 적도 없고 그가 얼마나 받는지 남들에게 이야기한 적도 없다고 했다. "그건 제 스타일이 아니거든요."

나는 짓궂게 물었다. "아, 이제 스타일이 생긴 건가요?" (3년 만에 세 번째로 등장한 농담이었다.)

대니는 자기 직업에 만족했다. 초원을 달리는 일과 비슷하다고 했다. 혼자라서 좋았고 지도를 보아가며 북아메리카 구석구석을 구경할 수 있었다. 그는 혼자 알아서 일하며 마음대로 상상의 나래를 펼치고 식사 때마다 책을 읽을 수 있는 현대의 유목민이었다. (그는 가죽 재킷 주머니에 항상 너덜너덜한 보급판 책을 한 권씩 넣고 다녔다.) 그리고 그는 주변 분위기를 파악하는 데 남다른 재주가 있었다. 지금까지 수백만 달러 상당의 수화물을 한 번도 도난당한 적이 없었다. 천부적인 재능과 어린 시절에 습득한 경험 덕분도 있지만 외상후스트레스장애(PTSD) 때문이기도 했다. PTSD가 있는 사람들은 초긴장 상태를 유지한다. 위험한 상황을 워낙 많이 목격했기 때문에 주변 환경을 끊임없이 살피느라 면역체계가 쉴 틈이 없다. PTSD가 있는 사람들과 같이 살기 힘든 이유 중 하나가 이 때문이기도 하다.

상담치료 3년째가 거의 끝나가고 있었을 때 대니는 정서적으로 엄청난 시도를 했다. 그를 끊임없이 괴롭히는 고독과 후회를 차단하지 않고 느끼기 시작한 것이다. 그는 아내를 향한 감정, 특히 딸을 향한 감정을 건드려보았다. 대니는 자신을 둘러싼 환경에 관여하는 방법을 배우며 자아존중감을 키워나가고 있었다.

이제 대니가 자칭 '해동'이 됐으니 치료의 다음 단계로 넘어가야 했다. 우리는 백인식 상담치료라고 할 수밖에 없는 과정에 3년을 할애했다. 대니가 자신의 감정을 인식하고 그 감정을 다른 사람들에게 표현하며 최종적으로는 선을 그을 수 있도록 도모하는 데 공을 들였다. 대니는 선을 긋는 것을 가리켜 "신성하게 모시고 싶은 것 주변에 전기 철조망을 치는 일"과 같다고 표현했다. 우리는 목표를 달성했다.

하지만 나는 그의 성공을 백인 관점의 심리학적인 잣대로 평가하고 완치를 선포하고 싶지 않았다. 그에게는 해야 할 일이 남았고, 나는 그를 도울 수 있도록 좀 더 많은 자문을 구해야 했다.

상담 첫해에 자문한 어느 원주민 민간요법 전문가가 이렇게 말한 적이 있었다. "인디언은 인디언이라야 해요. 안 그러면 공허해집니다." 그로부터 30년이 지난 2018년에 아메리카 원주민 작가 토미 오렌지는 그의 소설 『데어 데어』(문학동네, 2021)에서 이렇게 썼다. "인디언은 그것이 연기이더라도, 시종일관 사기꾼이 된 것처럼 느껴지더라도 인디언처럼 옷을 입고 인디언처럼 춤을 추어야 한다. 이 세상에서 인디언으로 지내려면 인디언처럼 보이고 인디언처럼 행동하는 수밖에 없으니 말이다."

내가 보기에 대니는 자신의 문화적인 뿌리를 되찾고, 프로이트에 근간을 둔 심리치료에는 없는 영적인 치유를 경험해야 했다. (나는 프로이트가 빈에서 대개 유대인 내담자를 상대한 지적인 유대인이 아니었다면 그의 이론이 과연 얼마나 널리 적용됐을까 하는 생각이 들 때가 많다. 프로이트가 상담실에서 원주민을 만났더라면 심리분석의 과정이 얼마나 달라졌을까?)

나는 4년 넘게 대니와 상담을 진행하는 동안 북부의 원주민 민간요법 전문가와 정신과 의사를 여러 차례 만나 조언을 구했다. 원주민 민간요법 전문가들은 시간을 아낌없이 내주었고 나는 그들에게서 엄청나게 많은 것을 배울 수 있었다. 백인들은 원주민 문화를 말살하기 위해 온갖 만행을 서슴지 않았는데도 그들은 협조를 아끼지 않았다. 합동 작전을 구사하지 않았다면 대니를 성공적으로 치료하지 못했을 것이다.

함께 떠난 여정의 마지막 구간으로 접어들었을 때 내가 조심스럽게 성공을 낙관한 데는 한 가지 이유가 있었다. 백인들은 원주민 문화를 말살하기 위해 수백 년 동안 갖은 노력을 기울였지만 실패로 돌아갔다. 대니가 그 증거였다. 그는 길게 땋은 머리를 유지함으로써 원주민이라는 정체성을 만천하에 공표했다. 그리고 백인 학교와 백인 회사에 다녔음에도 여전히 그의 꿈속에서는 동물들이 그에게 말을 거는 원주민의 삶이 등장했다. 그 초자연적인 세상에서는 늑대들이 대니를 도왔고 숲속에서 만난 하얀 아비새(북아메리카산 큰 새 — 옮긴이)가 그에게 거대한 알을 준 적도 있었다. (이후 20년 동안 만난 다른 원주민 내담자들도 이와 비슷하게 동물의 정령이 등장하는 꿈을 꾼다고 내게 토로했다. 백인들이 꾸는 꿈과는 확연하게 달랐다.)

누가 봐도 대니는 그가 '인디언의 기질'이라고 표현한 뿌리를 되찾아야 했다. 하지만 과거의 상처를 들쑤시는 데 조심스러워하는 자칭 외톨이다보니 어려울 수밖에 없었다. 그 길은 탄탄대로가 아니었다.

동결선
위쪽으로

내가 생각하기에는 대니가 가족을 통해 그가 물려받은 유산과 교감하고, 그들의 도움 아래 문화적인 접점을 좀 더 확대하는 것도 한 방법일 수 있었다. 대니가 잔업을 얼마나 하려고 계획 중인지 이야기를 꺼냈을 때 거기에 대해 논의할 기회가 찾아왔다. 나는 초과근무 수당과 보너스로 모은 돈이 그렇게 많은데 왜 잔업을 하려고 하느냐고 물었다. "달리 할 게 없어서요." 그는 말했다. "그리고 해도 상관없으니까요."

"친구들하고 놀러나가거나 그런 적은 없어요?"

"어쩌다 한 번씩 다른 기사들이랑 놀러나가기는 해요. 하지만 다들 바에 앉아서 술만 마셔요."

"그 사람들 중에 원주민은 없고요?"

"네."

"원주민하고 관련이 있는 부분은 아무것도 없어요?"

"제가 위니펙에서 살았다면 누나를 찾으러 술집을 뒤지고 다녔겠지만 솔직히 제 스타일은 아니에요."

"뭐가요? 원주민으로 지내는 게요?"

그는 내 의도를 간파하고 조용히 말했다. "아무래도 기숙학교의 여파인 것 같아요. 학교에서 고해성사 시간이 됐는데 생각나는 죄가 없으면 저는 인디언이라고 고해했던 거 아세요?"

크리스마스를 앞둔 어느 날, 대니가 두 배의 보수를 받는 조건으로 수화물을 싣고 로키산맥을 넘게 됐다고 말했다.

"이왕 거기까지 간 김에 인디언보호구역에 들를 생각 없어요?" 나는 물었다.

"거길 들른다고요?" 그는 경멸하는 눈빛으로 나를 쳐다보았다. "거기는 차로는 못 가요. 비행기를 타고 북부로 가서 경비행기로 갈아탄 다음 ATV(전 지형 만능차 — 옮긴이)로 반나절 동안 빙판을 가로질러야 해요."

"당신 회사 사장님에게 이야기하면 비용을 대주겠다고 할 거예요."

"돈이 없어서 그러는 게 아니에요. 가고 싶지 않으니까 그렇지."

나는 그에게 아버지가 형제들에 대해 자세히 듣고 싶다고 말했다. 대니는 아버지가 60대라고 했지만 두 남동생은 그가 학교에 다니는 동안에 태어났기 때문에 잘 모른다고 했다.

"누나는요?"

"요즘도 위니펙에 가면 누나를 본 사람이 없는지 묻고 다녀요. 올해로 45살일 텐데. 죽었을지도 몰라요, 살해당해서요. 지금까지 경찰서에 세 번 다녀왔어요."

"경찰들이 관심을 보이던가요?" 나는 물었다.

"아무도 관심 없죠."

"당신 말고는요."

그는 고개를 끄덕였다. 나는 그의 눈에 눈물이 고이는 것을 처음으로 보았다. 우리는 한참 동안 가만히 앉아 있었다.

크리스마스 휴가 직전에 나는 가족을 만나러 가보는 게 어떻겠느냐는 이야기를 다시 꺼냈다. 하지만 대니는 계속 거부했다. "점점 좋아지고 있는 것 같은데, 다시 자아를 잃고 냉동인간으로 돌아가고 싶지 않아요." 그는 말했다. "그 일대가 추운 데는 다 이유가 있다고요." 그의 말이 맞았다. 그는 아슬아슬한 상태였기에 좀 더 기반을 다진 뒤에 보호구역을 다시 찾는 게 좋을지도 몰랐다. 보호구역에 대해서라면 나보다 그가 더 아는 게 많았으니까.

1월 첫 주에 대니가 상담실로 들어와 자리에 앉으며 말했다. "음, 아버지랑 남동생들을 만나러 다녀왔어요."

대니다웠다. 내가 제안했을 때는 어깃장을 놓더니 자신의 타이밍에 맞춰 내 조언을 실천에 옮긴 것이었다. 그는 헬리콥터를 타고 갔고 병원에 비치할 약을 받으러 온 순경의 차를 얻어 탔다고 했다. "그 순경도 인디언이라 나더러 보호구역에 사는 가족이 누구냐고 묻더라고요. 저한테 아버지와 동생들 이름을 듣고도 '아, 예전에 덫으로 사냥하던 분이요. 이제는 원로가 되셔서 언어 보존에 힘쓰고 계시죠.' 이러지 않았어요. 전혀." 그는 말을 하다 말고 잠깐 멈추었다. "불길한 징조였지요." 집이 점점 가까워지는 동안 42살의 대니는 어머니의 장례를 치른 이후 거의 20년 동안 아버지를 만난 적이 없다는 것에 대해 생각했다. "제 기억 속의 아버지는 종일 덫을 놓고 다닐 수도 있는 20대 청년인데 이제는 노인이 되셨더라고요."

보호구역은 황량했고 현대식 벽돌 건물인 학교를 중심으로 엉성한 판잣집들이 동그랗게 모여 있었다. 순경은 그의 집으로 직행했다. 집은 칠이 떨어져나갔고 문 손잡이도 없었다. 구멍이 뚫린 곳에는 신문지를 쑤셔넣어 한기를 막았다. "노크를 해야 할지, 아들이니까 그냥 들어가도 될지 모르겠더군요." 그는 말했다.

그는 노크했지만 찾아온 게 과연 잘한 일일까 싶어서 망설였다. 안으로 들어가보니 아버지가 낡아빠진 소파에 누워 있었다.

"아버지는 원래 나이보다 더 늙어 보였어요. 퉁퉁 부은 얼굴은 누르스름했고 웬일로 여기저기 여드름 자국이 있었어요. 전에는 피부에 무슨 문제가 생긴 걸 본 적이 없었는데 말이죠." 대니는 말했다. "아버지가 예전에는 기골이 장대하고 군살이 없어서 저랑 많이 닮았었는데 이제는 키가 줄어든 것처럼 보이고 배가 어마어마하게 나왔더라고요. 꼭 옆으로 늘린 가죽 같았어요." 대니의 아버지는 처음에 그를 알아보지 못했다가 뒤늦게 알아보고는 말했다. "누가 보내서 왔냐? 내가 생각보다 아주 아픈 모양이네."

대니는 위니펙에 갔다가 맘먹고 한번 찾아온 길이라고 말했다. "아버지는 묘한 눈빛으로 저를 빤히 쳐다보더니 이렇게 말씀하시더라고요. '땋은 머리를 계속 고수하고 있을 줄은 몰랐네.' 저는 그 말을 못 들은 체했어요. 사실 아버지는 저더러 '사과' 같다는 뜻에서 그런 말씀을 하신 거였거든요. 겉은 빨갛지만 안은 하얗다고요." 그건 부당한 비난이었다. 그 당시에 길게 땋은 머리를 하고서 백인 사회에서 살아가려면 얼마나 힘이 들었는지 대니의 아버지도 알아야 했다. 한참 동안 정적이 흘렀다. 그동안 대니는 지저분한 집의 상태와 바닥에 나뒹구는 위스키 병을 눈에 담았다. 이윽고 아버지가 말했다. "네가 위니펙에서 로즈를 찾으러 다녔다는 이야기를 들었다."

"오래전 일이에요. 찾지도 못했고요."

"아무도 못 찾았지."

그의 아버지는 영어가 서툴렀지만, 그들은 어찌어찌 대화를 나눌 수 있었다. 대니가 남동생들에 관해서 묻자 그의 아버지는 손을 이리저리 흔들며 주변에 널브러진 맥주 캔을 가리켰다. "그 아이들은 여기서 할 일이 아무것도 없어." 그는 말했다. "의회에 연줄이 있어서 학교에 수위로 취직하면 모를까, 그게 아닌 이상 할 일이 아무것도 없어. 그래도 여기 남았지." 대니의 입장에서는 아버지가 동생들은 의리는 지켰지만, 대니는 그렇지 않았다고 비난하는 것처럼 느껴졌다. 그의 아버지는 대니가 어지러운 집 안을 두리번거리는 것을 보고 이렇게 말했다. "네 엄마의 손길이 필요한데 말이다." 그러고는 TV를 켰다.

"우리는 한 시간 정도 같이 앉아 있었어요." 대니는 말했다. "아버지는 술을 마시고 싶어서 제가 얼른 가주길 바라는 눈치였지만 갈 데가 있어야 말이죠. 그 일대에 아는 사람이 한 명도 없었거든요. 결국에는 담배를 사러나갔다가 들어와보니 아버지가 술을 마시고 계시더라고요." 잠시 후 들어온 대니의 동생들도 술냄새를 풍겼다. "동생들은 스노모빌을 타고 보호구역을 돌아다니면서 빈 병을 수거해 반납하는 일을 하는 것 같았어요. 거긴 금주 보호구역이라야 했는데도 말입니다."

"동생들은 당신을 보고 어떤 반응을 보이던가요? 당신을 닮았던가요?" 나는 물었다.

"머리를 밀었고 눈이 어머니를 닮았더라고요. 생김새는 이누이트족과 살짝 비슷한데, 덩치는 크리족이었고요. 누나하고 저는 아버지를 닮았거든요. 동생들은 저와 악수하고는 맥주를 마시며 TV를 보기 시작했어요. 저를 보고 전혀 놀라워하지 않았고, 별다른 관심도 보이지 않았어요."

"진짜로요? 거의 만난 적 없는 친형이 찾아왔는데도요?"

"상관없었어요. 왜냐하면 호들갑을 떨거나 남의 일에 간섭하지 않는 게 원주민의 스타일이니까요."

대니는 일어나서 살짝 왔다 갔다 걸었다. 평소에는 보이지 않던 행동이었다. 이윽고 그가 말했다. "집 안에서 분노가 느껴졌고 동생들이 술을 마실수록 점점 그게 심해졌어요. 취하니까 놀러온 친구들을 앞에 두고 제 험담을 늘어놓기 시작하더라고요. 자기들 끼리는 '놀린'답시고 외톨이 신세라 여자하고 자본 적도 없을 거 라는 둥, 아버지 임종을 지키러온 건데 백인답게 너무 일찍 왔다 는 둥, 그 우스갯소리를 듣고 다들 웃음을 터뜨리더군요."

"아버지가 편찮으신가요?"

"네, 경비행장에서 태워준 순경에게 대충 들었어요. 아버지가 췌장염, 간경변, 간암, 뭐 그런 거에 걸렸다고요. 한마디로 말해서 술병으로 죽어가고 있었어요, 시간문제일 뿐."

"그런데 가족 중에 아무도 거기에 대해서 짚고 넘어가지 않았 어요?"

"제가 너무 일찍 왔다는 우스갯소리 말고는요."

나는 이 처참한 여행을 제안한 사람이 나였다는 사실을 간과 할 수 없었다.

"제가 동생들에게 놀림을 당하는데 아버지는 소파에 앉아서 술을 마시며 웃기만 했어요. 동생들이 강도를 높이려고 아버지의 허락을 기다리고 있다는 걸 알 수 있었어요. 예감이 안 좋더라고 요." 대니는 음울하게 말했다. 그는 마침내 자리에서 일어나기로 마음먹고 현지 경찰에 연락해 그의 차를 타고 조그만 공항으로 가서 거기서 그날 밤을 보냈다.

"동생들은 그냥 일어나다니 제가 백인답다고 생각했을 거예 요. 남아서 깨진 맥주병을 휘둘렀다면 그 녀석들 눈에는 제가 진정한 인디언처럼 보였겠죠. 그리고 그 녀석들은 마약 밀매 비슷한 걸 하는 눈치였어요. 사람들이 계속 찾아와서 동생들과 방 안에서 이야기하다가 불쑥 가더라고요. 안타까운 건 뭔가 하면……." 대니는 말을 하다 말고 멈추었다. "안타까운 게 많겠지만," 그는 한참 동안 침묵하다가 덧붙였다. "동생들은 그게 인디언다운 행동이라고 생각한다는 점이에요. 술에 취해서 싸우는 게요. 민머리를 보니까 자잘한 흉터투성이더라고요. 꼭 여기저기 긁힌 바다코끼리 같았어요."

"아버지는 그게 아니라는 걸 아신다는 게 더 안타깝네요. 그분은 원주민다운 게 그게 아니라는 걸 아실 텐데요. 아버지는 당신이 찾아간 것에 대해서 어떻게 생각하실 것 같아요? 알코올과 통증으로 몽롱했던 정신이 맑아지면 말이에요."

"아버지는 저와 누나와 어머니와 숲속에서 행복하게 지냈던 시절을 기억하고 계실까요? 잘 모르겠어요. 지금 아버지가 사는 곳은 지저분한 쓰레기통이에요. 우리가 야영하던 시절에는 뭐 하나라도 흐트러지는 걸 용납하지 않던 분이었는데요. 칼은 잘 갈아서 크기에 따라 일렬로 정리하고. 가죽 벗기는 곳, 가죽 늘리는 곳, 개 사료와 벨트 보관하는 곳, 이렇게 자질구레한 것까지 모두 지정된 공간이 있었어요. 아버지는 밤낮으로 일을 하셨어요. 1년에 한두 번, 정착지에서 가죽을 파는 날 술을 드셨지만 일회성 행사였고요."

"지금의 그런 모습을 당신에게 보이게 돼서 부끄러워하시던가요?" 나는 물었다.

"너무 맛이 가서 아무 감정도 못 느끼셨을 것 같은데요." 그는 머뭇거렸다. "흠, 어쩌면 마음속 깊은 곳에서는 그러셨을 수도 있어요. 아무튼 제가 그렇게 찾아와서 당신을 '평가'하는 건 못마땅하시겠죠. 아버지는 당신이 산전수전을 겪었다고 생각하세요." 대니는 하던 이야기를 잠깐 멈추고 창밖을 내다보았다. "그리고 맞는 말이긴 해요. 땅과 생계수단과 아내를 잃었고, 두 아이는 영영 떠나버렸고, 위신은 땅에 떨어졌으니까요. 인제 와서 그걸 바꾸기엔 너무 늦었다고 생각하세요. 제가 보기에는 술 때문에 너무 맛이 가서 뭘 제대로 생각하지도 못하실 것 같고요."

대니는 부츠 속에 큼지막한 쇳덩이라도 넣은 듯 뻣뻣하게 다리를 질질 끌며 상담실 문 앞으로 걸어갔다. 그는 문 손잡이에 손을 얹고는 이렇게 말했다. "정부에서는 아버지를 백인으로 둔갑시키려고 했지만 실패했어요. 하지만 아버지에게서 인디언 기질을 앗아가긴 했죠. 아버지는 이제 머리는 물컹해지고 누렇고 투실투실한 껍데기만 남았어요. 저들 손에 망가졌어요." 대니가 천천히 계단을 내려가자 부츠가 바닥을 긁는 소리가 들렸다. 걷는 소리만 들으면 꼭 노인의 발자국 소리 같았다.

대니가 언급한 것은 세대 간 트라우마였다. 몇십 년 뒤 기숙학교 생존자들이 자기의 사연을 공개하기 시작하면서 익숙해질 용어였다. 모리슨 가족보다 더 분명한 사례는 없었다. 대니와 로즈는 가족과 문화로부터 분리돼 기숙학교에서 정신적, 육체적으로 트라우마를 경험하고 성폭행을 당했다. 윗세대인 부모님은 아이들을 납치당한 충격으로 더는 훌륭한 부모 노릇을 하지 못하고 알코올에 의지해 지내야 했다. 결과적으로 대니의 남동생들은 땅과 생계수단을 잃은 폭력적인 알코올 중독자 밑에서 자랐다. 이미 알코올 중독자로 전락한 그들은 나중에 아이를 낳더라도 어떻게 하면 훌륭하게 키울 수 있을지 전혀 모를 것이다.

다음번 상담 시간 때 대니는 처음으로 우울증을 호소했다. "하도 오랫동안 상담을 받아가며 감정을 느끼는 데 초점을 맞추다 보니 애초에 제가 감정을 차단한 이유를 하마터면 잊어버릴 뻔했어요." 그가 말했다. "너무 괴로웠기 때문이었는데 지난 1주일 동안 지난 기억들로부터 융단 폭격을 당했어요." 그는 지게차 같은 손으로 조그맣게 맺힌 눈물을 닦았다. "저는 나라도 없고 정체성도 없는 남자예요. 저는 인디언도 아니고 백인도 아니에요. 아버지도 아니고 남편도 아니고요. 적어도 남동생들에게는 서로가 있고, 껍데기만 남았을지언정 아버지도 있잖아요. 그들은 자기들이 원주민이라는 걸 알고요. 가끔 이렇게 사는 게 무슨 의미인가 싶을 때가 있어요." 이것은 극적인 진술이었다. 평소에는 감정 표현을 전혀 하지 않던 대니 모리슨의 구조 요청이었다. 그가 자살을 고민하는 건 아닌가 싶어 불안했다.

캐나다 백과사전에 따르면 대니가 내게 상담을 받았을 당시 원주민의 자살률은 전국 평균보다 6배 높았다. (현재 북부의 특정

지역에서는 25배로 치솟았고 젊은 세대 이누이트족은 40배가 높다.) 나는 그의 말이 공연한 협박이 아니라는 것을 알았다.

자아정체성을 상실하는 이인증 치료에서 조심해야 할 것이 있다면 자의식이 돌아왔을 때 벌어지는 사태다. 환자는 감정다운 감정이 되살아나더라도 애초에 극심한 고통을 유발했던 바로 그 상황에 다시금 갇히는 기분을 느낄 수 있다. 대니에게는 '냉동인간' 상태가 성공적인 방어기제였다. 슬픔이나 행복을 느끼지 못한 건 맞지만 일상생활을 하는 데는 별문제 없었다. 그는 아내와 아이를 잃었어도 쓰러지지 않았다. 트럭회사에 수십 년 근무하는 동안 결근이 단 한 번도 없었고, 최우수 사원이었으며, 알뜰하게 돈을 모았고, 어떤 것에도 중독되지 않았고, 의식적인 선상에서는 우울증을 앓지 않았다. 잠자는 사자를 건드리지 말았어야 했을까?

나는 상담치료사로서 많은 실수를 저질렀지만 대니에게 집에 다녀오는 것이 어떻겠느냐고 제안한 것은, 비록 안타까운 결과를 낳았을지 몰라도 실수가 아니었다고 생각했다. 대니는 자기 자신의 문제를 직시하듯 가족의 현주소도 직시해야 했다. 그는 아버지를 피해왔지만 회피는 누구에게도 도움이 되지 않는다. 이로써 대니에게는 비극적일지언정 개인적인 역사가 생겼다.

이후로 험난한 여정이 그를 기다리고 있기는 했다. 그는 침대에서 일어날 수도 없고, 회사에 연락해 병가를 내지도 못할 만큼 우울증이 심해졌다. 나와의 상담도 건너뛰었다. 그의 회사 사장은 내게 전화해 대니가 출근을 했다 말았다 하고 항상 꼼꼼했던 사람이 산만해 보인다고 알렸다. 내게 상담을 받는 일이 도움이 되고 있느냐고 대니에게 물었더니 음울하게 웃음을 터뜨리더라고 했다. 걱정스러운 상황이었다. 나는 그의 주치의에게 연락해 항우울제 처방을 부탁했다. (심리학자는 의사가 아니라 약을 처방할 수 없다.) 트럭회사 사장이 집으로 대니를 찾아가 자기가 보는 앞에서 약을 먹으라고 했다. 2주가 지나자 불안해진 나는 사장에게 필요하겠다 싶으면 직접 대니를 데리고 방문해달라고 했다.

대니는 제 발로 나를 찾아왔다. 항우울제가 효과를 발휘해 이제는 적어도 몸을 움직일 수는 있었다. 그는 의자에 쭈그리고 앉아 딱 한마디 했다. "저는 지금까지 아무것과도 맞서 싸운 적이 없어요."

"그렇게 생각해요? 당신은 복합성 외상후스트레스장애를 앓고 있어요." 나는 주디스 허먼(Judith Herman)이 쓴 『트라우마: 가정폭력에서 정치적 테러까지』(열린책들, 2012)를 보여주고 손가락으로 꼽아가며 거기 나열된 트라우마의 특징을 하나씩 읊었다.

1. 방치와 결핍 속에서 성장했다.

"당신은 아무도 당신을 사랑하거나 보살펴주지 않는 기숙학교에서 자랐잖아요. 굶주림과 추위에 시달렸고 주변에서 아이들이 정기적으로 죽어나갔지요."

2. 무기력과 무력감에 시달렸다.

"당신은 도움을 받을 사람도, 의지할 사람도 없었어요. 집으로 돌아가면 어머니가 당신에게 성폭행을 가한 신부님들을 좋은 분이라고 했고요."

3. 사회적, 정신적, 법적으로 복종을 경험했다.

"당신은 법적으로 부모와 분리돼 어린 시절 내내 기관에 갇혀 지냈어요. 부모님에게 도움을 청하려고 하면 당신더러 적과 한편이라고 했지요."

4. 인종차별을 당했다.

"당신은 누나를 '타니시'라는 크리족 말로 불렀다고 구타를 당했어요. 그 구타로 인한 육체적, 정신적 상처가 아직 남아 있고요. 기숙학교에서는 원주민이 나쁜 사람들이라고 가르쳤어요. 당신에게 이름이 아닌 숫자를 부여했지요. 당신은 고해성사 시간에 원주민으로 태어나는 죄를 저질렀다고 고해할 정도로 자아가 분열됐어요."

5. 거처도 없이 극심한 가난에 시달렸다.

"당신은 학교에서 일해야 간신히 입에 풀칠할 수 있었어요. 집으로 돌아가면 부모님은 북쪽 끝자락 오지에서 생활보조금으로 연명하면서 그 돈으로 술을 사서 드셨고요."

6. 아동학대와 기타 육체적 폭력을 비롯한 괴롭힘에 반복적으로 노출됐다.

"당신은 후견인을 자처한 사람에게 어린 시절 내내 성적으로 괴롭힘을 당했어요. 그리고 그만큼 친절하지 않았던 다른 사람들에게도 과격한 성폭행을 당했고요. 그리고 알코올 중독자였던 아버지와 어머니는 당신을 백인 사회로 넘어간 변질자로 간주했고, 4H 메달을 비웃었어요."

나는 책상 위로 책을 던졌다. "이 목록에는 심지어 아내와 딸의 죽음은 들어 있지도 않아요. **그런데 지금까지 당신이 아무것과도 맞서 싸운 적 없다고요?** 당신은 용감하게 악마와 맞서 싸웠고 이겼어요. 당신이 일부 감정을 차단했기 때문에 우리가 빙산을 조금씩 쪼아내고 당신의 마음속을 해동시킨 건 맞아요. 하지만 당신이 무엇을 자제했는지 생각해봅시다. 이런 장애를 겪는 사람들이 주로 선택하는 약물은 알코올이에요. 술을 마시면 고통이 사라지고, 평생 경험한 학대와 폭행에 수반되는 이글거리는 분노를 술김에 표출할 수 있거든요. 하지만 당신은 평생 술을 입에 대지도 않았어요."

나는 말을 이었다. "당신은 술에 취한 아버지를 보며 느꼈던 감정을 아이에게 절대 대물림하고 싶지 않았다고 했지요. 안타깝게도 기숙학교에서 성폭행을 당한 피해자들은 성적인 학대와 폭행을 반복하는 성향이 있어요. 아는 게 그것뿐이니까요. 기관에서 배운 '양육'이 그거였으니까요. 하지만 당신은 이 중에서 어떤 것도 하지 않았어요. 오히려 뭐 하나라도 잘못할까 전전긍긍하며 딸을 무릎에 앉히지도 못했지요."

그런 다음 나는 누나 이야기를 꺼냈다. "당신은 남들과 다르게 누나를 찾는 일을 포기하지 않았어요. 트럭을 훔치려는 강도 말고 유일하게 당신이 싸움을 벌인 상대는 누나를 모욕한 남자였고요. 당신은 취직했고 회사에서 손꼽는 직원이 됐어요. 당신은 돈을 모았어요. 훌륭한 여자와 결혼해 잘살아보려고 했어요. 아내에게 당신이 당한 짓을 저지르지 않았어요. 다음 세대에 공포를 대물림하지 않겠다고 그런 일을 거부했어요. 문화적인 집단학살을 버텨냈어요. 당신은 강인하고, 용감해요. 어떤 운명의 장난 앞에서도 쓰러지지 않았어요. 전쟁 영웅도 이보다 더 많은 고난을 감당하지는 않을 거예요. 그들은 하루에 한 번만 용맹을 떨쳐도 훈장을 받잖아요. 그런데 당신은 지금까지 살아오는 내내 전면전을 펼쳤고 승전고를 울렸어요! 그러니까 **지금까지 아무것과도 맞서 싸운 적이 없다**는 말은 하지 말아요!"

나는 아일랜드계 가톨릭 신자라 그런지 다혈질이다. 이런 통렬한 비난을 마친 다음에서야 내가 언성을 높였고, 정해진 상담 시간이 지나도록 열변을 토하고 있다는 것을 알아차렸다. 그때까지 한 번도 없던 일이었다. 하지만 대니가 정신적인 영웅임에도 자신은 그것을 **모른다**는 사실에 엄청난 분노를 느꼈다.

그는 놀란 표정이었다. "네, 알겠어요." 그는 그저 이렇게 말하고 상담실을 빠져나가 조용히 문을 닫았다.

내가 이렇듯 부적절하게 폭발한 이유는 뭐였을까? 그가 자살을 고민하는지 걱정돼서 그랬을까? 알 수 없었다. 나는 대니가 그를 걱정하는 내 마음을 관심으로 해석했기를 바랐다. 나는 그때까지 맞닥뜨린 적 없던 도전 과제에 좌절을 느꼈다. 가장 예민한 시기에 자신의 뿌리가 문화적으로 미개하고 잘못됐다는 교육을 받고 자란 사람에게 뿌리를 되찾아주려면 어떻게 해야 할까? 심지어 크리족의 언어마저 대니에게는 방아쇠가 되어버렸다.

대니와 나는 5년짜리가 될 여정의 절반을 훌쩍 지나고 있었다. 우리는 함께 많은 시간을 항해했다. 대니는 평생 자기 이야기를 나만큼 많이 들은 사람이 없다고 했다.

그런데 내가 그를 도운 건 맞지만 그도 어떤 면에서는 나를 돕고 있었다.

3부에서 로라의 사례를 소개하면서 다시 역전이에 관해 설명하겠지만, 역전이는 상담치료사가 내담자에 대해 품게 되는 감정이다. 사실 처음에는 원주민의 얼굴에 땋은 머리를 한 대니의 외모가 내게는 심리적 방아쇠였다. 예전에 정신병원에서 근무하다가 머리를 땋은 크리족 환자에게 폭행당해 입원한 전적이 내게 있기 때문이었다. 이후로 나는 나를 공격한 환자와 비슷하게 생긴 사람과 맞닥뜨릴 때마다 겁이 나서 맥박이 빨라지고 호흡이 가빠지는 증상에 시달려야 했다.

대니와 상담을 시작한 지도 4년이 지나 진눈깨비가 내리던 어느 어두컴컴한 겨울 저녁, 퇴근하느라 토론토 도심에 있는 우리 집 앞 보도로 접어들었을 때였다. 머리를 땋은 원주민 남자가 희미하게 불을 밝힌 현관 앞 계단에 앉아 있었다. (나는 캐나다원주민센터에서 몇 블록 가면 나오는 동네에서 살았다.) 그는 눈삽을 빌릴 수 있겠느냐고 했다. "눈 치우는 일로 돈을 좀 벌고 싶은데 삽이 없어서요." 그는 말했다. "이게 이 집 현관 앞에 있는 걸 보았는데 벨을 눌러도 집 안에 아무도 없더라고요. 쓰고 내일 아침에 돌려드릴게요." 나는 알았다고 하고 잊어버렸는데, 그는 정말로 다음 날 우리 집 현관 앞에 삽을 다시 가져다놓았다.

　　나는 집 안으로 들어갔을 때 생리적으로나 정신적으로나 공포 반응이 나타나지 않았다는 사실을 깨달았다. 머리를 땋은 원주민 남자가 더는 방아쇠가 아니었던 것이다. 대니에게 점점 긍정적인 전이를 느끼면서 내 외상후스트레스장애 역시 사라졌다.

사냥꾼의
귀환

대니는 아이, 아내, 누나, 부모님 그리고 잃어버린 그의 어린 시절을 뒤늦게 애도하다가 생긴 심각한 우울증을 무사히 극복했다. 우울증은 느닷없이 그를 덮쳤다. 이제 감정다운 감정을 느낄 수 있게 된 시점에서 그가 깨달은 것에 따르면, 어린 시절에 가장 끔찍했던 부분은 성폭행도, 신체적인 폭행도, 배고픔도, 추위도 아니었다. 단연코 절절한 외로움이었다.

그는 재발하지 않도록 항우울제를 2년 더 복용했다. 한번은 내가 푹 쉬고 약 잘 챙겨먹고 오라고, 다음 시간에 새로운 방향의 여행을 떠날 거라고 이야기한 적이 있었다. "좋아요." 그는 여느 때처럼 아무 감정 없는 말투로 대답했다. 그의 딴에는 그게 유머라는 것을 나도 알아차리기 시작한 참이었다.

표정과 말투는 문화마다 다르다. 맨 처음 대니를 만났을 때는 그의 목소리가 밋밋하게 들렸지만 거의 200시간 동안 대화를 나누고보니 그의 말투에도 강세가 있고 장난, 고통, 좌절, 기타 등등의 감정에 따라 어조가 달라진다는 것을 알 수 있게 됐다. 그를 좀 더 잘 이해하게 되고보니 상담 첫해에는 미묘한 어조의 변화를 내가 얼마나 많이 놓쳤는지 알 수 있었다.

내 눈에 비친 그가 조용했다면 그의 눈에 비친 나는 시끄럽고 단호했다. 한번은 상담을 받으러온 대니가 CBS라디오에 내가 출연한 걸 들었는데 좋더라고 한 적이 있었다. 그에게 칭찬을 들은 것이 처음이었기 때문에 어떤 점에서 좋았느냐고 물었다. 그는 말했다. "끌 수 있어서요."

다음 시간에 대니는 내가 이야기한 "새로운 방향"에 대해 선수를 쳤다. "선생님이 뭐라고 하실지 알겠는데, 저는 아직 마음의 준비가 되지 않았습니다." 그는 이렇게 선언했다.

"아니, 인제 보니 트럭 기사 겸 독심술사였어요? 어느 시간에 양쪽 일을 다 해요? 궁금하네."

"제가 새로운 여자를 만나길 바랍니까?"

"예? 제가 하려던 이야기는 그게 아니었는데 그렇게 예상했다니 재밌네요. 시사하는 바가 커요."

"윽, 망했다." 그는 평소답지 않게 속내를 드러내버렸다는 사실을 알아차리고는 더는 이야기하지 않겠다는 뜻에서 고개를 저었다. 내가 보기에는 그가 누굴 만나고 있거나 만나고 싶어 하는 게 아닐까 싶었지만 일단 그냥 넘어가기로 했다.

내가 그와 의논하려고 했던 것은 원주민 민간요법이었다. 나는 원주민 민간요법을 몇 년 동안 독학했다고 밝히고, 그에게 그것이 필요할 것 같다고 말했다. "한 가지 분명하게 배운 게 있다면 제가 당신을 끌고올 수 있는 건 여기까지라는 거예요." 그는 살짝 실눈을 떴다. 공포 아니면 불안을 느꼈을 때 나오는 반응이었다. "우리 상담치료가 끝났다는 건 아니에요. 당신이 필요로 하는 한 저는 이 자리를 지키고 있을 거예요." 그러고는 슬쩍 미묘한 감정을 담아 말했다. "당신을 무감정의 상태에서 심각한 우울증으로 옮긴 사람이 저니까요."

"네, 거기에 대해서는 감사하게 생각해요." 그는 아무 감정 없는 투로 말했다.

"저는 진심으로 당신이 원주민 민간요법의 도움을 받아야 한다고 생각해요. 당신의 꿈에는 항상 덫에 갇혔거나 반인반수로 변신하는 동물이 등장하잖아요. 당신의 영혼이 그걸 간구하고 있다고요." 그의 치료에 영적인 측면이 좀 더 추가되어야 한다고 보는 것이 내 판단이라고 설명했다. 서유럽에서는 전통적으로 심신과 감정을 다루지만, 원주민의 관점은 좀 더 전체론적이다. 원주민 민간요법 전문가들을 관찰하며 터득한 바에 따르면, 그들의 치유 의식은 영적인 만족, 자연과 우주와 하나가 되는 느낌에 초점이 맞추어져 있었다. 나는 건강한 영혼의 조건은 문화마다 다르다고 설명을 덧붙였다.

그런 다음 나를 믿고 집단 치유를 한번 고민해보라고 말했다.

"집단이라니. 맙소사, 싫어요." 그는 경악하는 표정이었다.

"대니, 이건 **집단** 트라우마이기 때문에 **집단** 치유가 필요해요." 나는 감정을 실어서 말했다. "원주민이라야 자기 종족이 수백 년 동안 경험한 트라우마의 여파를 이해할 수 있어요."

내가 보기에는 당연한 논리였다. 워낙 많은 원주민이 같은 트라우마를 경험했고 — 땅과 생계수단을 잃고 기숙학교에서 성적으로, 육체적으로 폭행을 당했다 — 원주민이라는 데 동일한 자기혐오를 느꼈다. 그리고 그것은 여러 세대에 걸친 트라우마였다. 기숙학교로 끌려간 어린이 대다수가 워낙 학대에 시달렸기 때문에 나중에 어른이 됐을 때 자기 아이를 어떻게 양육하면 되는지 전혀 감을 잡지 못했다. "그 세대는 서로의 고통에 귀를 기울이고 자신의 문화적인 전통을 기반으로 다 같이 서로를 치유해야 해요." 나는 말했다.

대니는 거부하는 뜻에서 고개를 저었다. 나는 마지막으로 설득을 시도했다. "모두 다 한 거미줄에 걸렸고, 각자 어떤 식으로 빠져나왔는지 경험담을 공유한다는 점에서 익명의 알코올 중독자 모임과 비슷하다고 볼 수 있어요. 서로에게 역할 모델이 되는 거예요." 나는 알코올 중독자가 내담하면 모임에 참석하겠다고 약속해야만 상담을 시작한다고 알려줬다. 일단 60일 동안 60번 참석하기로 말이다. "다른 사람들은 문제를 어떤 식으로 극복했는지 듣다보면 영감을 얻을 수 있어요."

대니는 다시 고개를 저었다. 못 믿겠다는 뜻이었다. "저는 도시에서 살아요. 그런데 무슨 수로 그 안에 들어갈 수 있겠어요? 쇼핑몰에서 북이라도 칠까요? 제가 두 번 다시 보호구역을 찾을 일은 없습니다."

"그 심정은 충분히 이해해요." 나는 그의 가족 상황과 그 보호 구역이 이 나라에서도 가장 골치 아픈 지역이라는 것을 알았다. 그에게 보호구역 밖에서 거주하는 원주민의 숫자가 점점 늘고 있지 않으냐고, 토론토에 다수가 살고 있지 않으냐고 했다.

그가 한 말은 "흠"이 전부였다. 그러고는 20분 동안 아무 말 하지 않다가 조롱과 불안이 섞인 말투로 그가 물었다. "도시에서는 어떤 식으로 영적 치유를 한대요?"

"스웨트 로지(과거 인디언이 땀을 빼는 의식을 할 때 썼던 돔 모양의 움막 — 옮긴이)도 있고 드럼 서클도 있고 페더 서클도 있고 트래핑 크루도 있고 많아요. 토론토에서 이런 의식이 전부 열리지는 않아요. 온타리오에는 숲이 있으니까요." 나는 말했다. "하지만 여기서 시작해도 되지 않겠어요? 크리족의 언어를 배우는 것에서부터?"

"**나모야.**" 그는 말했다. 크리족의 언어로 '싫다'라는 뜻인 모양이었다.

나는 끈질기게 계속 물고 늘어졌다. "멋진 언어인 것 같아요. 특히 문화의 여러 부분을 반영한다는 점에서요. 크리족에게 친족 관계가 얼마나 중요한지 그 언어를 보니까 알겠더라고요."

"크리족이 쓰는 말을 배우라고요? 진심이세요? 그럼 처음부터 시작해야 할 거예요. 북쪽에 갔을 때 아버지가 쓰는 크리족 말을 듣기만 해도 심장이 쿵쾅거렸어요. 그 말을 썼다고 두들겨 맞았으니까요." 그는 이렇게 말하고는 도발적으로 덧붙였다. "선생님이 쓰는 용어로 표현해볼까요? 좋아요. 크리족이 쓰는 말이 저한테는 방아쇠예요."

나는 그 말을 무시하고 그에게 생각보다 기억하는 말이 많을지 모른다고 했다. "출생 시부터 5살 때까지면 언어를 습득하기에 충분한 기간인 데다 여름방학 때는 집으로 돌아갔었잖아요. 우리, 이 싸움에서 수녀와 신부를 이겨봅시다. 고해성사해야 하는 쪽은 당신이 아니라 그들이에요."

그는 일이 많다는 핑계를 대며 다시 빠져나가려고 했다. "회사 말고 당신을 위해서 그렇게 열심히 일을 해봐요." 나는 다그쳤다. "수화물을 보호하듯이 당신 정신세계를 보호하라고요." 그는 다시 실눈을 떴다. 불안해졌거나 뛰쳐나가고 싶어졌다는 뜻이었다. "원주민에 좀 더 가까워진다 생각하면 무서워요? 만약 그것 때문에 두들겨 맞은 적이 있다면 저는 그럴 것 같네요."

"저는 땋은 머리를 유지했어요."

"맞아요. 시사하는 바가 크지요. 저는 지금까지 당신보다 더 원주민다워 보이는 사람을 만난 적이 없어요."

"저도 선생님만큼 철저한 백인은 만난 적이 없네요."

우리는 웃음을 터뜨렸다. 나는 머리가 하얗고 피부도 정말 하얗다. "제가 '창백한 얼굴'의 신기원을 이룩했죠." 나는 말했다.

나는 원주민 민간요법을 두 번 다시 거론하지 않았다. 대니는 자기 타이밍에 맞춰 그것을 시도해보거나 하지 않을 것이다. 그리고 그의 타이밍은 나의 타이밍과 전혀 달랐다.

몇 달이 지나서 크리스마스가 코앞으로 다가왔을 때 대니는 크리스마스 저녁을 같이 먹자고 자신을 초대한 회사 비서에게 선물을 하나 하고 싶다고 했다. 그녀는 '문제아'로 낙인찍힌 원주민 여자아이를 입양했다. 요즘 같으면 태아 알코올 증후군으로 진단받았을 아이였다. 백인인 비서는 딸에게 다른 원주민과의 만남을 주선할 생각으로 대니를 초대하는 것이라고 꽤 솔직히 털어놓았다. 그가 생활용품을 선물할 생각이라길래 나는 원주민 공예품을 추천했다.

"그걸 어디서 사나요? 중국제 드림캐처(그물과 깃털, 구슬 등으로 장식한 작은 고리. 아메리카 원주민 사이에서는 가지고 있으면 좋은 꿈을 꾸게 해준다고 알려져 있다. ─옮긴이)는 싫은데요."

"캐나다원주민센터에서 두 블록 거리에 가게가 하나 있어요."

다음 주에 상담을 받으러 온 대니는 나를 보고 "타니시"라고 했다. 나는 그것이 인사라는 걸 알았기에 인사로 화답했다.

"원주민센터에서 1주일에 두 번 크리족 말을 가르친다는 걸 알고 저를 거기로 보내신 거예요?"

"아뇨. 진짜 몰랐어요." 나는 말했다. 대니는 의심하는 눈빛으로 나를 쳐다보았다. "저는 원주민센터 바로 옆에 있는 도서관밖에 몰라요. 우리 집에서 제일 가까운 도서관이라 애들 데리고 토요일 책 읽어주는 시간에 가는데, 소장된 원주민의 글과 테이프가 이 도시를 통틀어서 제일 광범위하더라고요."

대니는 선물을 사러갔다가 원주민센터 바로 옆 건물에 달린 도서관 팻말을 보았다. "**마시나헤카니카미크**라고 적혀 있더라고요. 크리족 말로 '오두막 또는 책이 있는 곳'이라는 뜻이에요."

"그걸 기억하고 있었어요?" 나는 놀라워하며 물었다.

"그런가봐요. 크리족 말 수업에 수강 신청했어요."

대니에게는 이 크리족 말 수업과, 원주민들이 한데 모여 그들의 문화를 되새기는 원주민센터가 가장 훌륭한 특효약이었던 것으로 드러났다. 상담 5년째이자 마지막 해 동안 그는 원주민으로서의 정체성을 재확립하는 데 몰두했다.

첫 번째 시도는 야외 활동이었다. 대니는 자신이 오래전부터 사냥을 흉내 내고 있었다는 사실을 깨닫고 — "트럭으로 추적을 하고 있었어요." — 이제 실제로 사냥에 나서보기로 했다. 그는 먼저 캐나다의 산을 올랐다. (나도 산악인이라 서로 동질감을 느꼈고, 똑같은 협동조합 등산복을 입고 대기실에서 맞닥뜨렸을 때는 같이 웃었다.) 그는 온타리오주에서 브리티시컬럼비아주에 이르기까지 여러 숲에서 혼자 캠핑했다. 로그북에 남긴 거리를 합산하면 수백 킬로미터였다. 얼마 후부터는 서스캐처원주 북부에서 무스 사냥을 시작했고 아주 재밌어했다.

어느 주엔가 상담을 받으러 온 대니가 매니토바주에 갔다가 그의 보호구역 주민을 만났는데, 8개월 전에 그의 아버지가 돌아가셨다는 소식을 들었다고 전했다. 가족 중 누구도 그에게 연락하지 않았던 것이다. 그는 속상한 표정이 아니었다. 그의 입장에서는 5살 때 아버지가 돌아가신 거나 다름없다고 했다. 아버지를 가리켜 '제거당했다'라는 표현을 썼다. 그런가 하면 동생들을 지칭해서는 '잃어버렸다'라는 단어를 썼는데, 그들과 연락할 생각은 없어 보였다. 하지만 자신의 뿌리를 찾기 원하는 다른 원주민들과는 만날 의사가 **있다**고 했다.

이 무렵 대니의 옷차림도 전보다 다양해졌다. 검은색 청바지와 가죽 재킷은 여전했지만, 검은색 티셔츠와 플란넬 셔츠는 다림질한 면셔츠로 바뀌었다. 그런가 하면 나와의 상담이 끝나면 원주민센터까지 걸어가 크리족 말 수업을 듣는 일상의 흐름이 생겼다.

상담치료사는 원래 내담자를 놀리면 안 되지만 이 무렵 대니와 나는 서로 속속들이 아는 사이였다. 그래서 짓궂은 농담을 던졌다. "어쩌면 지금까지 한 번도 그런 적 없다가 갑자기 원주민센터에 출근 도장을 찍기 시작하면서부터는 근사하게 빼입고 상담을 받으러 오시나요?"

"무슨 말씀을 하고 싶으신 건데요?" 그는 웅얼거렸다.

"크리족 말을 배우러 가는데 왜 세탁소에 다녀오느냐 말이죠."

"선생님이 지금까지 만난 크리족 말 수업을 듣는 학생들은 그러지 않았던 모양이죠?"

"그냥 그렇다고요." 그건 대니가 입버릇처럼 하는 말이었고 나는 그의 저음을 상당히 그럴듯하게 흉내 낼 수 있었다.

그는 미소 지었다. "알았어요, 알았어요. 그녀의 이름은 사시나예요. 오지브와족이고요. 원주민센터에서 도서 교환을 맡고 있어요."

"어떤 여자인지 들어봅시다."

"할 이야기가 별로 없어요."

마침내 대니에게 들은 정보에 따르면 그녀는 예쁘고 8살 어리며 대니처럼 자신의 뿌리를 찾는 데 관심이 많다고 했다. 부모님이 기숙학교 출신이고 나중에 알코올 중독자가 되었다. 그녀와 남동생은 수많은 원주민 자녀가 백인 가족에게 강제로 입양된, 이른바 1960년대 강제분리세대였다. (이런 관행은 1980년대에 이르러서야 중단됐다.) 그들 남매는 워털루에 사는 독일계 캐나다인 부부에게 입양됐고 다른 형제자매는 없었다. "그녀가 말하길 그 부모님은 좋은 분들이었지만 그녀나 남동생에게 원주민이라고 알려준 적이 없었대요. 그녀는 백인과 결혼했다가 1년 만에 이혼했어요." 대니는 말했다. "그러다가 남동생과 함께한 10년 전부터 그들의 유산을 찾아나섰어요. 지금은 이런저런 인디언 관련 프로그램을 진행해요."

"그 센터 정직원이에요?"

"아뇨. 병원에서 근무하는 사회복지사예요."

"그래서, 데이트했어요?" 나는 의미심장한 눈빛으로 그를 빤히 쳐다보며 물었다.

"인디언 강연회를 몇 번 같이 들었어요. 그리고 오지브와족 행사에도 같이 참석했고요. 그녀는 남동생과 가깝게 지내요. 동쪽 구역에 장만한 집에서 같이 살아요."

"데이트, 신청했어요?"

"아뇨. 그녀 덕분에 센터 프로그램에 관심을 가지게 됐어요. 그전에는 라운지에 앉아 있다가 도서 교환 프로그램에서 받은 책을 들고 가서 읽기만 했거든요. 그녀가 자기 동생도 소개해주고 그랬어요."

"어떤 여자예요?"

그는 몇 분 동안 곰곰이 생각했다. "차분한 성격이라고 하겠어요. 제일 큰 장점은 뭔가 하면, 말수 없는 남자를 좋아한다는 거고요."

"오, 제대로 만났네요." 내 말에 그가 고개를 끄덕이자 나는 웃음을 터뜨릴 수밖에 없었다.

"그녀와 같이 있으면 마음이 편해요?"

"아무 설명할 필요 없이 그냥 원주민일 수 있으니까요." 그는 말하고 의자에 몸을 기댔다.

"그게 위안이 되겠네요." 나는 말했다. "부인이 착하고 다정하긴 했어도 당신은 온종일 백인 행세 비슷한 걸 해야 했을 테니까요. 그러면 피곤했겠어요."

"기숙학교 시절처럼 말이죠."

몇 주 동안 사시나(오지브와족 말로 '나이팅게일'이라는 뜻이다)를 주제로 대화를 나누다보니 그가 그녀를 많이 좋아한다는 것이 점점 분명해졌다. 그녀는 대니처럼 백인 세상에서 발이 묶인 기분을 느꼈고, 보호구역에서 지내는 친부모에 대해 찾아보니 문제가 너무 심각해서 의미 있는 관계를 맺을 수가 없었다. 그래도 그녀에게는 유산이 중요했다. 그녀는 백인 세상에서 항상 이질감을 느꼈고, 양부모를 존경하고 심지어 사랑했지만 그들과는 태생이 다르다는 것을 알았다. 그랬음에도 그들은 그녀를 대학교에 보냈다. 그녀는 대니처럼 아주 성실했고 '백인들이 하는 일'을 잘했다. (반면에 남동생은 학교에 잘 적응하지 못했다.)

상담치료를 할 때는 원래 내담자의 성생활에 관해 물어보게 되어 있지만 대니는 자기 이야기를 거의 하지 않는 성격이었다. 그래도 그가 성폭행을 당한 전적이 있었고 사시나의 내력은 알 수가 없었기에 나는 물어보는 수밖에 없었다. "잠자리는 어때요?"

"그게 뭐요?" 그는 미친 사람 대하는 투로 대답했다.

"우리는 당신이 어렸을 때 생긴 문제를 계속 해결하려고 노력 중이잖아요."

"적어도 가슴에 털이 없는 이유를 설명할 필요는 없어요." 그는 모호하게 말했다.

나는 미소를 지으며 고개를 끄덕였다. 그것이 불안하지 않다고, 좋아하는 원주민 여자와 잠자리를 할 수 있어서 편안하다고

에둘러 말하는 대니만의 방식이라는 걸 알기 때문이었다.

잠시 정적이 흐른 뒤 그가 속삭이듯 말했다. "한번은 같이 아침식사를 하다가 제가 커피를 마시는 동안 그녀가 제 무릎에 앉은 적이 있었어요." 우리 둘 다 알다시피 아주 어린 나이부터 가톨릭 신부의 무릎에서 성적인 학대를 당한 이래 그것은 그의 방아쇠였다. 대니는 창밖을 내다보며 말했다. "선생님을 생각하고, 톤토 사건 때 어떤 식으로 대처했는지를 생각했어요. 그래서 그녀에게 말했죠. '나는 누가 내 무릎에 앉는 걸 좋아하지 않아.' 그랬더니 그녀는 벌떡 일어나 상처받고 당황한 표정을 짓더군요. 그걸 보고는 말했어요. '기숙학교에서 겪은 아주 끔찍한 일이 생각나거든. 당신이 뭘 잘못해서 그러는 게 아니야.' 그녀는 이해하고 이내 섭섭해하지 않는 눈치였어요. 솔직히 그런 말을 하려니까 겁이 났어요. 하기도 싫었고요. 하지만 저는 해냈어요. 해내야만 했지요. 안 그러면 아내와 그랬듯이 점점 멀어질 테니까요. 그건 싫어요."

"친근감이라는 것은 배우기 힘든 언어예요. 좌절당한 경험이 있으면 더욱 그렇고요. 하지만 당신은 해냈어요."

"제가 원래 억양이 거의 없거든요." 그는 비꼬는 투로 말했다.

나는 그에게 사시나와 같이 살고 있느냐고 물었다. 그는 웃으며, 그녀가 몇 달 전 어느 주말에 그의 집에 찾아온 이후에 그냥 눌러앉았으니 그런 것 같다고 말했다.

어느 주에 상담을 받으러 온 대니가 사시나의 남동생과 원주민 집회에 다녀왔다고 밝혔을 때, 또 하나의 획기적인 전기가 마련됐다. 그는 시끄럽고 사람들이 많아서 '자기 스타일이 아니었다'라고 했다. 나는 원주민 고유의 치유 의식에 참석해보라고 다시 한번 적극적으로 권했다.

그는 내 말대로 8명의 다른 남자와 함께 토론토 근교의 어느 스웨트 로지를 찾아갔다. 그들은 한가운데 뜨거운 돌을 쌓아놓고 지붕을 돔형으로 덮은 천막 안에 동그랗게 앉았다. 그는 동그란 천막이 생명을 품은 어머니 대지를 상징한다는 것을 배웠다. 돌은 아주 오래됐고 모든 것을 보았기 때문에 할아버지라고 불렸다. 그 자리에 참석한 사람들은 뜨겁게 데운 돌 앞에서 땀을 흘리며 대화를 나눈다. 대니는 천막 안이 믿을 수 없을 만큼 후끈해졌다고 했다. 돌을 네 번 데웠고, 두 번째로 데웠을 때 그들은 한 명씩 땀을 쏟으며 속마음을 쏟아냈다. 그러는 데 온종일 걸렸다.

대니는 어두컴컴한 천막이 뜨거운 자궁 같았다고 했다. 오래전부터 그를 괴롭혔던 '끔찍한 쓰레기'가 다른 남자들의 입에서 쏟아져나오는 것을 들었다. 어린 시절에 주입된 독극물이 그의 몸속에서 빠져나가는 것이 느껴졌다. 그는 땀과 함께 그것을 배출하고 수건으로 닦아냈다. 알코올 중독으로 가족에게 실망을 안겼던 남자의 이야기를 듣는 동안에는 아버지가 고통을 공유할 수 있었다면 무슨 말을 하고 싶었을까 하는 생각이 들었다.

이후 6개월 동안 대니는 온갖 원주민 치유 의식에 참여했다. 파이프 담배 의식에서는 어머니 대지와 접촉을 시도하고 그의 바람을 토로했다. 그의 표현에 따르면 토킹 서클(대화 모임)은 "다들 더 이상 할 이야기가 없을 때까지 이야기하는데, 시간이 엄청 많이 걸릴 수도 있는" 곳이었다. 그가 가장 좋아한 의식은 연기 피우기였다. 정화의 연기로 목욕해서 집중력을 향상시키고 부정적인 기운을 없애는 의식이었다. 그와 사시나는 거의 날마다 연기를 피워 집과 그들의 영혼을 정결하게 유지했다. 대니가 그 의식을 좋아한 이유는 날마다 그 의식을 치르는 동안 기운에 대해 생각할 수밖에 없기 때문이었다. 그러면 매일 아침 올바른 방향으로 걸음을 옮길 수 있었다.

한번은 상담치료가 거의 끝나갈 무렵 그가 나를 보며 이렇게 말한 적이 있었다. "그거 아세요? 선생님 말씀이 맞았어요."

"듣던 중 반가운 소식이네요." 나는 말했다.

그는 고개를 저었다. "백인들은 자기네가 맞는다는 걸 좋아해요. 자기들이 맞으면 그 말을 50번도 반복할 거예요."

"나는 맞는다는 것을 좋아하는 것에 관한 한 철저하게 백인이에요. 새하얀 머리와 새하얀 피부만큼. 그러니까 뭐가 맞았다는 건지 알려줘요, 성공의 기쁨에 취할 수 있게요." 나는 웃으며 말했다.

"백인들의 상담치료에는 영혼이 없다는 거요. 가운데가 뻥 뚫린 도넛 같아요." 그는 말했다. "저는 선생님을 통해서 제 안에 아픔이 있다는 것과 그걸 끄집어내는 방법, 그 외에도 여러 가지를 배웠지만 거기에는 영적인 접근은 전혀 없었어요. 그게 가장 힐

링이 되는 부분인데요. 제게는 원주민적인 부분이 필요했어요."

마지막 상담치료까지 몇 달이 남았을 무렵 대니는 사시나의 남동생도 포함된 사냥팀과 함께 겨울에 멀리 북쪽으로 캠핑을 떠났다. "바닥에 엎드려서 무스를 기다려야 했어요." 그가 말했다. "겁이 많은 동물이라 다가오는 걸 멀리서부터 지켜보고 있어야 해서요. 녀석들은 사냥꾼이 근처에 있으면 알아차려요. 하지만 영하 40도에 엎드려서 기다리겠다는 사람이 있을 턱이 있나요. 그래서 제가 한번 해보겠다고 했지요."

나는 의기양양하게 소리를 질렀다. "이 오지브와족 친구들은 은밀한 크리족에게 상대가 안 됐군요!"

"맞아요. 제가 며칠 동안 엎드려서 기다린 끝에 녀석을 잡았어요."

나는 박수를 쳤다. 나는 객관성을 전혀 유지하지 못했다. 대부분의 경우 상담치료사는 감정표현을 자제해야 한다. 하지만 우리의 상담치료가 성공적으로 끝나가고 있으니 대니에게 프로이트학파 소속 상담치료사 이상의 존재로 다가가고 싶었다. 그에게는 응원군이 필요했다. 그의 편을 들어주되 아무것도 요구하지 않는 사람, 그의 행복을 바라는 사람이 필요했다. 심각한 트라우마를 경험한 사람들은 감각마비 상태로 지낸다. 그러다가 공감할 줄 아는 참관자를 만나 그를 신뢰해도 되겠다는 판단이 내려지면 그들은 '진정한' 인간으로 변모하고 관계맺기를 시도할 수 있게 된다.

대니는 사냥 여행이 아주 좋았다고 했다. 덫을 설치할 차례가 되자 어렸을 때 배운, 눈 속에 덫을 묻는 법이 생각났다. 아버지가 얼마나 자상하고 끈기 있게 사냥 기술을 가르쳐주었는지도 생각났다. 너무 많은 추억이 물밀듯이 밀려와 기쁨을 주체할 수가 없었다. 5살 이후 처음으로 숲의 기운을 느낄 수 있었다. 그는 내게 이 말을 전하며 내가 그때까지 본 적 없는 미소를 지었다. 반듯하고 하얀 이를 모두 드러내며 그는 웃었다.

그 스스럼없는 미소를 보았을 때 나는 우리의 여정이 끝났음을 알 수 있었다. 슬펐지만 어쩔 수 없었다. "대니, 우리의 상담은 끝났어요. 당신도 느꼈을 거라고 봐요." 그는 자리에서 일어났다. 우리는 이것이 마지막 시간이라는 것을 알 수 있었다. 그는 아무 감정도 드러내지 않았고, 나도 마찬가지였다. 그는 그냥 몸을 돌려 상담실 밖으로 나갔다.

나는 한때는 공포의 대상이었지만 이제는 남매처럼 느껴지는 남자를 창문 너머로 지켜보았다. 그는 가죽 비행사 재킷에 뱀가죽 부츠를 신고 땋은 머리를 뒤로 흔들며 성큼성큼 멀어졌다.

재회

비슷한 상황을 겪을 때 대부분의 사람은 정신적으로 문제가 생기거나 약물 또는 알코올에 중독된다. 하지만 대니는 생존을 건 싸움에서 승리를 거두었다. 어떻게 그럴 수 있었을까? 내가 보기에 첫 번째 이유는 대니의 성격적인 특징과 기본적인 기질 덕분이다. 그의 어머니는 이번 사례에서 거의 그림자 같은 존재였지만 대니를 두고 아주 결정적인 발언을 했다. 그에게 "고집불통"이라고 한 것이었다. 그러니까 다른 말로 하면, 그는 쉽게 흔들리지 않았다. 그는 어느 누구에게도 그를 파괴할 권리를 부여하지 않겠다고 결심했고, 그걸 지켰다. 술을 마시지 않겠다고 결심했고 그의 어머니의 표현을 빌리자면 "고집스럽게", 내 표현을 빌리자면 "단호하게" 그것을 지켰다. 둘째로 그는 어렸을 때부터 고독을 즐겼다. 남들 같은 사회적 욕구가 없었다. 예컨대 부모님의 사랑을 갈구하며 점점 무너져가는 그들의 곁을 지키다가 자신도 함께 무너지고만 누나 로즈와 달랐다. 셋째로, 이것이 가장 중요한 천성이라고 할 수 있겠는데, 대니는 성격 형성에 가장 결정적인 역할을 하는 출생에서부터 5살까지 바람직한 부모님에게서 사랑과 관심을 받았다. 만약 대니의 부모님도 다른 원주민 부모님처럼 기숙학교에서 망가진 과거가 있었다면 대니는 지금과 전혀 다르고, 훨씬 서글픈 인물로 자랐을 것이다.

대니는 심리학에서 가장 강력한 무기로 꼽히는 이인화라는 방어기제를 썼다. 그는 모든 감정을 차단함으로써 완벽한 갑옷을 장착했다. 이 완벽한 무기에 한 가지 문제점이 있었다면 타인과 애착관계를 형성하거나 인생의 즐거움을 느낄 수 없다는 것이었다. 상담을 시작했을 때 그는 "기쁨은 몰라도 사는 데 아무 지장 없습니다"라고 말했다. 어떻게 보면 그의 말은 맞았다. 감정을 느끼는 것과 온전한 정신 상태를 유지하는 것, 둘 중에서 어느 쪽이 더 중요하겠는가? 그는 오랜 세월 동안 후자를 선택했다.

그는 13년 동안 원주민으로서의 정체성을 포기하도록 조종당했지만 고집스럽게 그것을 거부했다. 물론 흔들린 시기도 있었다. 어렸을 때는 고해성사에서 자신의 정체성을 '죄'라고 고했고, 크리족이 쓰는 말을 들으면 불안해했다. 하지만 대니는 치열한 전사였다. 그는 긴 머리를 땋고 다니며 자신이 물려받은 유산을 만천하에 공표했다. 그리고 5년 동안 상담을 받으며 저들에게 빼앗긴 정체성을 조금씩 되찾았다.

내게 대니는 평범하지 않은 사례였다. 첫째로 나는 그를 통해 다문화 상담에 대해 많은 것을 배웠다. 백인 사회의 기관과 태도가 어떤 식으로 북아메리카 원주민의 가족 내 역학관계를 파괴하고 여러 세대로 대물림되는 결과를 야기했는지를 보여주는 슬픈 사례였다. 인정하기는 싫지만 나는 원주민 문화를 동화시키고 말살하려고 했던 집단의 일원이었다. 그랬으니 대니가 나를 못 미더워한 것도 일리가 있었다.

둘째로 나는 이 사례를 통해 서구식 정신요법의 한계 또한 느꼈다. 브랜트 박사도 일찌감치 짚고 넘어갔던 것처럼 정신요법은 문화말살 문제를 해결하는 데 알맞은 도구가 아니었다. 나는 소수의 원주민 민간요법 전문가를 엄선해 정신요법으로는 시행할 수 없는 영적인 치유를 맡겼다. 나로서는 정신요법의 문화적인 한계와 그 한계를 정면 돌파해야 한다는 사실을 처음으로 깨달은 순간이었다.

대니가 내담하기 몇 년 전, 왕립온타리오박물관의 바구니 만들기 수업을 들은 적이 있었다. 내 상담실 책상에 놓인 조그만 바구니 하나를 만드는 데도 몇 달이 걸렸다. 종이 집게를 4개 정도 담을 수 있을 만큼 작은 바구니인데도 그랬다. 대니는 이 손바닥만 한 바구니를 보고 재밌어했다. 뭐 하러 그런 걸 만드느냐고 말이다.

대니와 마무리 상담을 마치고 몇 주 지났을 때, 대기실로 들어가니 특이한 무늬가 있는 큼지막하고 예쁜 바구니가 나를 기다리고 있었다. 소장용이라고 해도 될 만큼 훌륭한 원주민 공예품이었다. 감자로 복잡한 무늬를 염색한 오래된 작품이었다.

나는 무척 감동했고 집으로 들고가 위풍당당하게 현관에 바구니를 전시했다. 그로부터 10년이 지났을 무렵, 집을 개조하느라 이사업체를 통해 짐을 창고에 보관한 적이 있었다. 나중에 짐을 풀어보니 그 바구니만 없었다. 보험회사에서는 값어치가 수천 달러에 달하며 박물관 소장급 수준의 작품이라고 감정했다. 값이 얼마인지는 상관없었다. 돌려받고 싶을 뿐이었다. 하지만 이후로 나는 바구니도, 대니도 다시 보지 못했다.

나중에 나는 대니가 영적인 여행의 멘토 역할을 하며 치유 의식에 관여하기 시작했다는 소식을 들었다. 실력이 아주 뛰어나고, 각지를 누비며 학회에 참석하고 여러 가지 도구를 활용한다는 평판이었다. 내가 그 소식을 아는 이유는 대니에게서 소개받았다면서 찾아오는 원주민 내담자가 종종 있기 때문이다. 그들은 이렇게 말했다. "대니가 자기와 치유 의식을 시작하기 전에 선생님을 만나서 튜닝하고 바람난 타이어를 수선하라고 하더군요." 대니는 자동차와 온갖 엔진을 좋아했으니 나는 이 이야기를 칭찬으로 받아들였다.

맨 처음 대니를 만난 지도 거의 30년이 지났다. 그의 사례를 독자에게 소개할 생각이라고 알리고 싶었다. 지금쯤 대니는 70살이 됐을 것이다. 나는 이제 80대 후반일 그의 전직 사장의 행방을 수소문했다. 대니의 안부를 물었더니 수화기를 타고 한숨 소리가 전해졌다. "대니는 50대 초반에 인후암으로 죽었어요." 나는 너무 충격을 받아서 아무 말도 하지 못했다. 사장은 말을 이었다. "그 친구는 한 번도 아프다는 소리를 한 적이 없었어요. 체중이 빠지고 계속 기침하고 쉰 목소리가 나오는 와중에도 계속 일했어요. 아내와 딸이 죽었을 때처럼요. 쓰러진 뒤에는 며칠 못 버텼어요. 딸 옆에 묻어달라고 했지요."

사장은 장례식에 참석했는데 조문객이 수백 명인 것을 보고 놀랐다고 했다. 대부분 예복을 입은 원주민이었다. 대니의 여자 친구인 듯한 여자가 원주민 말로 노래를 불렀고 남자들이 납작하고 커다란 북을 쳤다.

막 전화를 끊으려고 했을 때 사장이 뒤늦게 생각났다는 듯이 말했다. "그런데 인후암이라니 이상해요. 그 친구는 석면이나 인후암 원인이 될 만한 물질과 접촉한 적이 없었어요. 제가 직원들에게 그걸 용납하지 않았으니까요. 원인이 뭐였을지 궁금합니다."

나는 어린 시절 내내 크리족 말을 삼켜야 했던 일과 연관이 있을지 모른다고 말하고 싶었다. 그 말들이 어두컴컴한 그의 안에 남아서 병으로 발전했다고 말이다. 기숙학교는 그에게서 크리족 말을 앗아갔지만, 그 고통은 목에 남아서 그가 어떤 고난을 용감무쌍하게 견디어냈는지 육체적으로 보여주는 증거가 되었다.

이코시(안녕), 대니.

3부

◆

조각난 가족의 구원자

아동유기·방임

로라 이야기

내 심장은
겁쟁이들이
있을 곳이
못 된다.

_D. 앙투아네트 포이

시골
촌놈들

이번 이야기는 비로소 나만의 상담센터를 개원한 날로 거슬러 올라간다. 나는 의기양양하게 상담실을 지키고 있었다. 그때까지 습득한 지식으로 무장하고 그동안 배운 원칙을 곱씹으며 내가 '치료'할 내담자를 기다렸다.

한마디로 나는 착각 속에서 헤매고 있었다.

다행히 그 당시 나는 임상심리학이 얼마나 골치 아픈 분야인지 전혀 몰랐다. 알았더라면 대상과 변수를 통제할 수 있는 순수연구 분야를 선택했을지 모른다. 나는 매주 찔끔찔끔 입수되는 새로운 정보에 유연하게 대처하는 법을 터득해야 했다. 개원 첫날에는 심리치료가 심리학자가 일방적으로 문제를 해결하는 것이 아니라, 두 사람이 한 주, 또 한 주 만나서 서로 합의할 수 있는 일종의 정신적인 진리를 도출하기 위해 노력하는 과정에 더 가깝다는 것을 나는 전혀 몰랐다.

심리치료의 진실을 가장 뼈저리게 실감하게 한 사람은 첫 번째 내담자 로라 윌크스였다. 그녀는 가정의를 통해 내 쪽으로 전과가 됐는데, 가정의는 녹음된 음성 메시지에 "자세한 사항은 본인에게 직접 들으세요"라고 남겼다. 로라와 나, 둘 중에 누가 더 겁에 질렸는지는 모르겠다. 나는 청바지와 티셔츠 차림의 학생에서 실크 블라우스와 디자이너 정장을 입은 전문가로 이제 막 탈바꿈한 상태였다. 그렇게 안나 프로이트(Anna Freud, 정신분석학자 지그문트 프로이트의 딸로 아버지에게 정신분석학을 배워 아동심리학의 권위자가 되었다 — 옮긴이)와 조앤 크로퍼드(강인한 배역을 자주 맡았던 할리우드의 여배우 — 옮긴이)를 한데 뭉뚱그린 듯한 모습으로 거대한 마호가니 책상 뒤에 앉아 있었다. 다행히 20대부터 일찌감치 머리가 센 덕분에 절실하게 필요하던 진지한 분위기를 연출할 수 있었다.

로라는 키가 150센티미터를 넘을까 말까 했고, 모래시계 같은 체형과 커다란 아몬드 모양의 눈, 30년 뒤였다면 보톡스를 맞았나 의심을 살 수도 있을 만큼 도톰한 입술이 특징이었다. 금색 하이라이트를 넣은 숱 많은 머리칼이 어깨까지 내려왔고 도자기 같은 피부는 까만 눈과 선명한 대조를 이루었다. 빨간색 립스틱으로 완성된 화장 덕분에 이목구비가 더욱 도드라졌다. 하이힐과 맞춤 실크 블라우스와 검은색 펜슬 스커트는 세련미를 물씬 풍겼다.

그녀는 26살에 미혼이며 대형 증권사에서 근무한다고 했다.

처음에는 비서로 일을 시작했지만, 인사과로 승진했다고 했다.

내가 어떤 식의 도움이 필요하냐고 물었을 때 로라는 한참 동안 앉은 채로 창밖을 내다보았다. 나는 그녀가 무슨 문제로 왔는지 이야기할 때까지 기다렸다. 이른바 치료에 도움이 되는 침묵, 그러니까 내담자로부터 진실을 유도하는 효과가 있다는 불편한 침묵을 계속 유지했다. 마침내 그녀가 말했다. "제가 헤르페스에 걸렸어요."

나는 물었다. "대상포진이요, 아니면 단순포진이요?"

"아주 지저분하게 지내면 걸리는 거요."

"성병 말씀이로군요."

나는 그녀의 파트너도 자신이 헤르페스에 걸렸다는 걸 아느냐고 물었고, 로라는 2년 된 남자친구 에드가 자기는 걸리지 않았다고 대답했다고 말했다. 하지만 욕실 수납장에서 그녀가 처방받은 것과 동일한 약병이 발견됐다. 내가 이 부분에 대해 짚고 넘어가려 하자 그녀는 일상적으로 벌어지는 일이며 그녀로서는 어쩔 도리가 없다는 식으로 나왔다. "에드가 원래 그래요. 제가 이미 심하게 한바탕 퍼부었어요. 그 이상 뭘 더 어쩌겠어요?"

심드렁한 태도에서 로라가 그의 이기적이고 이중적인 태도에 이미 신물 났다는 것을 알 수 있었다. 그녀의 설명에 따르면, 아무리 센 약을 처방해도 계속 주기적으로 도졌기 때문에 병원에서 정신과적인 도움이 필요하다고 생각하고 내 쪽으로 보낸 거라고 했다. 하지만 로라는 심리치료를 받을 생각이 없다고 딱 잘라서 말했다. 그저 헤르페스만 없애고 싶을 뿐이었다.

나는 스트레스가 잠복 바이러스의 공격을 유발하는 가장 큰 요인이 되는 경우도 있다고 설명했다. 그녀가 말했다. "**스트레스**라는 단어가 무슨 뜻인지는 알지만 어떤 느낌인지는 잘 모르겠어요. 저는 스트레스가 없는 것 같아요. 그냥 시골 촌놈들 속에서 계속 이렇게 살고 있으니까요." 로라는 평생 괴로운 일을 겪은 적이 별로 없었다고 하면서도 헤르페스의 충격은 전무후무했다고 시인했다.

나는 먼저 14살에서 49살 인구 가운데 헤르페스 발병률은 6명당 1명꼴이라는 말로 그녀를 안심시키려고 했다. 그녀의 반응은 "그래서요? 우리 모두 다 똑같이 더러운 늪에서 살고 있다는 거잖아요?"였다. 이 말에 나는 작전을 바꿔서 그녀가 화가 난 이유를 알겠다고 했다. 자신을 사랑한다는 남자에게 배신당한 셈이지 않은가. 게다가 그녀는 괴로워하고 있었다. 사실 제대로 앉아 있지도 못할 정도였다. 그중에서도 최악은 수치심이었다. 앞으로 그녀는 누군가와 잠자리를 할 때마다 헤르페스에 걸렸다고, 아니면 보균자라고 알려야 했다.

로라도 동의했지만 그녀가 생각하기에 최악은 지긋지긋한 집안에서 벗어나기 위해 갖은 노력을 기울였는데도 이제 그들처럼 시궁창 속에서 나뒹굴게 되었다는 점이었다. 그녀는 말했다. "꼭 퀵샌드 같아요. 진흙과 진창에서 아무리 기어나오려고 해도 계속 끌려들어 간다는 점에서. 저는 알아요. 거기서 빠져나오려다 하마터면 죽을 뻔했거든요."

내가 가족 이야기를 듣고 싶다고 했더니 그녀는 "그 썩은 물" 속으로 뛰어들 생각은 없다고 했다. 자기는 현실적인 사람이라며 **무슨 스트레스가 그렇게 많았는지** 몰라도 그걸 해소해 괴로운 헤르페스를 다스리고 싶을 뿐이라고 했다. 이번 상담에 응한 것도 내게 '스트레스'를 '치료'받기 위해서였다. 나는 스트레스나 불안이 쉽게 완화될 수도 있지만 고집불통일 때도 있다고 설명했다. 몇 번의 상담을 통해 스트레스란 무엇이고 그녀는 그걸 어떤 식으로 느끼고 있으며 원인은 무엇인지 밝힌 다음 스트레스를 가라앉힐 방법을 찾아야 한다고 말했다. 그녀의 면역체계가 스트레스와 열심히 싸우느라 헤르페스 바이러스와 싸울 여력이 없는 것일 수도 있다고 덧붙였다.

"이러고 있어야 한다니 믿기지 않아요." 로라는 넌더리를 내는 듯했지만 결국 항복했다. "알았어요, 한 번 더 예약을 잡아주세요."

마음이 딴 데 가 있는 내담자를 상대하기란 쉬운 일이 아니다. 로라는 그저 헤르페스를 치료하고 싶을 뿐이었고 그녀가 생각하기에 심리치료는 그 목적을 이루기 위한 수단에 불과했다. 무슨 상관인지 모르겠다며 자신의 가족사도 공개하지 않으려고 했다.

상담 첫날, 나는 전혀 예상치 못했던 두 가지 상황을 맞닥뜨렸다. 첫째는 세상에 스트레스가 뭔지 모르는 사람이 있을 줄은 몰랐다는 것이다. 둘째는 내가 여태껏 수백 건의 사례를 읽고 심리치료 영상을 보고 수십 번의 집담회에 참석했지만 가족사를 공개하지 않겠다는 내담자는 본 적이 없었다는 것이다. 심지어 정신적으로 길을 잃은 영혼을 뒤쪽 병동에 수용하는 정신병원에서 야간 근무를 했을 때도 그런 사례는 들어본 적 없었다. 자신은 나사렛 출신이고 자기 부모는 마리아와 요셉이라고 믿는 환자일지라도 — 실제로 그런 환자가 있었다 — 가족사를 공개했다. 그런데 난생처음 맡은 내담자가 그걸 거부하다니! 나는 로라의 특이한 방식과 속도에 맞춰 상담을 진행하지 않으면 그녀를 두 번 다시 만나지 못하리라는 걸 알았다. 상담 기록에 이렇게 적었던 기억이 난다. **로라와 관계를 형성하는 것이 첫 번째 과제다.**

프로이트는 내담자가 상담치료사에 대해 품게 되는 전이라는 감정이 상담치료의 초석이라고 했다. 상담치료사가 내담자에 대해 품게 되는 감정은 역전이다. 내가 수십 년 동안 심리센터를 운영하며 터득한 사실이 있다면, 상담치료사가 내담자를 내심 좋아하지 않거나 응원하지 않으면 내담자가 그것을 알아차리고 상담치료는 진전을 보이지 못한다는 것이다. 내담자와 상담치료사 간의 화학 반응은 어느 한쪽 마음대로 만들 수 있는 것이 아니다. 동의하지 않는 상담치료사도 있겠지만 그렇다면 자신을 속이는 것이다.

나는 운이 좋았다. 나는 즉시 로라에게 공감할 수 있었다. 당찬 걸음걸이, 단호한 어조, 군더더기 없는 태도는 나를 닮은 구석이 많았다. 그녀는 매주 60시간씩 근무하는데도 야간대학에 다니며 한 과목씩 천천히 배워나가고 있었다. 26살 나이에 무역학과 졸업장을 향해 한 걸음씩 나아가고 있었다.

다음 상담 시간 때 로라는 스트레스를 다룬 책 4권을 들고 왔다. 모두 노란색 포스트잇이 잔뜩 붙어 있었다. 색깔로 구분해가며 꼼꼼하게 도표를 그린 플립 차트도 들고 왔다. 차트 맨 위에 "스트레스??????"라고 적혀 있었다. 그 아래로 몇 개의 칸이 이어지는데, 맨 첫 번째 칸은 빨간색이고 제목이 '진상 상대하기'였다. 하위 카테고리로 몇 명의 '진상'이 나열돼 있었다. 한 명은 상사, 또 한 명은 남자친구 에드, 세 번째가 아버지였다.

로라는 스트레스를 다룬 책을 읽었으니 자신의 삶 속에서 스트레스 원인을 찾는 중이라고 했다. 1주일 내내 그 차트를 만들었다고 했다. 내가 여자는 없다는 데 주목하자 그녀는 유심히 들여다보더니 "신기해라. 그러네요. 내 주변의 진상 중에 여자는 없어요. 그런 여자를 만나면 피하거나 무시하나봐요"라고 했다. 그녀에게 **스트레스**가 뭔지 정의하는 데 한 걸음 다가가고 있다고 다독이며 목록의 남자들에게 어떤 특징이 있느냐고 물었다. "다들 원칙을 지킬 줄 모르고 원활한 일처리에는 코딱지만큼도 관심이 없어요." 그녀는 말했다.

나는 안 그래도 아버지가 그 목록에 있으니 지금까지 그녀가 어떻게 살아왔는지 재구성해보자고 했다. 로라는 내 말을 듣더니 눈동자가 심하게 흔들렸다. 나는 아랑곳하지 않고 아버지에 얽힌 가장 선명한 기억이 뭐냐고 물었다. 내 말을 듣자마자 그녀는 4살 때 미끄럼틀에서 떨어져서 날카로운 쳇조각에 발이 베였을 때의 기억이라고 말했다. 아버지가 그녀를 조심스럽게 안아서 병원으로 데려갔다. 대기실에서 기다리고 있을 때 간호사가 로라에게 그렇게 심하게 베였는데 칭얼거리지도 않는다며 대단하다고 했다. 그러자 아버지는 로라를 한쪽 팔로 끌어안으며 말했다. "대단하죠? 내 딸이지만 자랑스러워요. 투덜거리는 소리 한 번 낸 적 없고 얼마나 씩씩한지 몰라요."

로라는 그날 절대 잊지 못할 강력한 메시지를 전달받았다. 투덜거리지 않고 씩씩한 아이가 되어야 사랑과 관심을 누릴 수 있다는 것이었다. 내가 그건 양날의 검 아니냐고 지적하자 그녀는 말했다. "인간은 누구나 사랑받을 만한 이유가 있으니까 사랑받는 거잖아요." 무조건적인 사랑, 내가 무슨 짓을 저질러도 부모님은 나를 사랑할 거라는 생각이 그녀에게는 낯선 개념인 게 분명했다.

내가 어머니에 관해서 묻자 자기가 8살 때 돌아가셨다고 하고는 끝이었다. 나는 어떤 분이었냐고 물었고 그녀가 딱 두 마디로 정리하는 것을 듣고 조금 특이하다고 생각했다. "서먹서먹"했고 "이탈리아 출신"이라고 했으며, 어머니에 얽힌 기억이 하나도 생각나지 않는다고 했다. 좀 더 캐묻자 그제야 4살 때 어머니에게 크리스마스 선물로 주방놀이 장난감을 받았는데, 자기가 그걸 여는 모습을 보고 어머니가 미소 지은 적 있다는 이야기를 꺼냈다.

그녀는 어머니가 어쩌다 돌아가셨는지도 잘 모른다고 했다. 좀 더 자세한 내막을 듣고 싶다고 사실상 대놓고 말해야 했다. "아침에는 멀쩡하셨어요. 그런데 남동생이랑 여동생이랑 학교에 갔다가 와보니까 이상하게 점심이 안 차려져 있는 거예요. 안방 문을 열어보니까 어머니가 주무시고 계셨어요. 저는 어머니를 흔들다가 옆으로 굴렸어요. 어머니 얼굴에 남아 있던 침대보 자국이 아직도 생생하게 기억 나요. 아빠한테는 연락할 수가 없었던 것이, 회사 번호를 몰랐어요. 남동생이랑 여동생한테 다시 학교에 가 있으라고 하고 911에 전화했어요."

경찰이 아버지를 찾아가 경찰차에 태워 왔다. **토론토 이스트 종합병원**이라고 인쇄된 담요로 어머니 얼굴을 덮었어요. 제가 왜 그걸 기억하는지 모르겠지만요. 그런 다음 들것에 실어서 계단을 내려왔고 그렇게 어머니 시신은 사라졌어요."

"장례식은 치르지 않았고요?"

"치르지 않았던 걸로 기억해요. 아빠는 나가셨고 해는 지고 저녁 먹을 시간이 지났는데 음식이 없었어요." 로라는 자신이 저녁을 준비하고 동생들에게 어머니의 부고를 알려야 하나 생각했다. 그녀의 말을 듣고 6살이었던 여동생은 울었지만, 5살 남동생은 아무 반응도 보이지 않고 이제부터는 로라가 자기들의 엄마냐고만 물었다.

외가 쪽 친척들은 장례를 치르러 오지 않았고 외손자들을 돕지도 않았다. "어머니가 이야기한 적은 없지만, 아빠가 빈정거리면서 하신 말씀으로 짐작했을 때 기본적으로 어머니와 연을 끊으신 것 같았어요. 그분들은 뼛속까지 이탈리아인이었거든요. 그러니까 거의 평생 누군가를 추모하느라 검은 옷을 입고 리틀 이태리(캐나다 토론토의 한 지역 — 옮긴이)를 배회하는 그런 부류요. 어머니는 아들 다섯인 집의 외동딸이었는데 10살까지 집 밖 출입을 하지 못했고, 집에서 요리와 청소만 했어요. 외할머니와 함께 장을 보러 갈 수는 있었지만 혼자서는 절대 나다닐 수 없었대요. 날마다 걸어서 학교를 오갈 때면 남자 형제가 반드시 동행해야 했고요."

그렇게 엄한 가정환경 속에서 자랐어도 로라의 어머니는 16살에 아이를 가졌다. 스코틀랜드계 캐나다인이었던 로라의 아버지는 당시 17살이었고, 그 이탈리아 집안사람들 입장에서는 그 집 딸을 임신시킨 건달이었다. 남자 형제들이 그를 두들겨 패고 그녀와 결혼하지 않으면 죽여버리겠다고 했다. 결혼식 이후에 집안사람들은 두 번 다시 그녀와 상종하지 않았다.

결혼하고 5개월 만에 로라가 태어났고 그 뒤로 20개월 만에 여동생이, 그 뒤로 1년 만에 남동생이 태어났다. 내가 로라에게 리틀 이태리로 외조부모를 만나러 간 적 있느냐고 묻자 그녀는 그들에게 조금도 관심 없다고 대답했다.

나는 로라의 어머니가 우울증을 앓아서 정서적으로 불안했는지 궁금했다. 어린 시절 내내 폭력적인 남성들에게 둘러싸여 과잉보호를 받다가 그녀와의 결혼을 원하지도 않았을뿐더러 아직 부족하고, 어쩌면 그녀를 원망하고 무시하며 감정적으로 육체적으로 학대했을지 모르는 남자와 결혼했으니 트라우마까지는 아니더라도 누구든 우울할 수밖에 없지 않았을까? 게다가 부모님은 그들의 이름에 먹칠한 딸과 연을 끊고 절대 용서하지 않았다. 그녀는 기댈 데가 없었다. 자살을 의심하며 로라에게 어머니의 죽음을 둘러싼 정황을 물었지만 그녀는 무슨 일이 있었는지 전혀 모른다고 했다. 그녀가 알기로는 부검도 없었다.

믿기지 않지만 4년에 걸쳐 상담치료를 받는 동안 어머니에 얽힌 로라의 추억은 끝까지 주방놀이 장난감을 받은 그것 하나로 남았다. 그 기간에 그녀에게 자유 연상을 하게 하고 어머니에 관해 일기를 쓰고 어머니의 묘지를 찾아가게 했지만 그래도 공백으로 남았다.

다음 시간에 우리는 로라의 아버지 이야기로 돌아갔다. 그는 자동차 영업사원이었지만 그녀가 어렸을 때 회사에서 해고당했다. 아버지에게는 항상 술, 도박, '말다툼' 문제가 따라다녔다. 파란 눈에 금발의 잘생긴 외모를 자랑했고, 상당히 똑똑하고 카리스마가 넘쳤지만 계속 내리막길을 걸었다.

어머니가 죽고난 다음 해에 아버지는 아이들을 데리고 토론토 북동쪽 밥케이전 지역으로 이사했다. 로라가 보기에는 토론토에서 아버지를 찾으러 다니는 사람들을 피해 도망친 것 같았지만 확실하지는 않았다. 아버지는 여름 휴가객을 상대로 푸드트럭 장사를 했다. 동생들이 주차장에서 노는 동안, 로라는 탄산음료를 따고 튀김을 날랐다. 그는 그녀를 자신의 '오른팔'이라고 불렀다. 그들은 마을 밖 조그만 시골집에서 살았다. 집주인은 소유지 숲속에 띄엄띄엄 간단한 오두막집을 몇 채 지어놓은 가족이었다.

로라가 9살이었던 그해 9월, 삼 남매는 다시 학교에 다니기 시작했다. 여름 휴가객이 떠나자 푸드트럭은 파리를 날렸다. 그들은 조그만 히터를 장만해 방 하나짜리 오두막집에서 옹기종기 모여 지냈다. 로라의 기억에 따르면 한 번은 두 남자가 찾아와 푸드트럭 값을 내라고 한 적이 있었지만 아버지는 화장실에 숨었다. 그들을 상대하는 것은 로라의 몫이었다.

그러다 11월의 어느 날, 담배를 사러 시내에 다녀오겠다고 차를 몰고나선 아버지는 그 길로 영영 사라져버렸다. 삼 남매에게 먹을거리는 없었고 옷 두 벌씩뿐이었다. 로라는 이 이야기를 하면서 분노도, 노여움도, 그 어떤 감정도 드러내지 않았다.

그녀는 위탁시설로 보내질까 두려운 마음에 버림받았다는 말을 아무한테도 하지 않고 평소처럼 지냈다. 호숫가 숲속 깊숙이 자리 잡은 오두막집의 주인집에는 아이가 셋이었다. 부인 글렌다는 로라가 그녀의 딸 케이시와 함께 놀 때마다 잘 대해주었다. 남편 론은 말수가 없었고 자기 아들과 함께 낚시를 가는 길에 로라의 6살짜리 남동생을 종종 같이 데려갔다.

로라가 짜증 섞인 말투로 밝힌 바에 따르면 여동생 트레이시는 "내내 징징거렸다." 트레이시는 자기들 아버지가 없어졌다고 말하고 그들과 같이 살면 안 되느냐고 묻고 싶어 했다.

　로라는 동생들과 다르게 아버지가 그들을 버렸다는 것을 알았다. "돈은 물론이고 또 뭔지 모를 것들을 여기저기서 빌리다가 궁지에 몰린 거였어요." 어머니가 죽은 뒤 아이들이 버릇없이 굴면 아버지는 고아원에 맡긴다고 협박했다. 로라는 그게 실없는 협박이 아니라는 걸 알았다. 어떻게든 사태를 해결하는 것이 그녀의 임무였다. 나는 버림받았을 때 기분이 어땠느냐고 물었다. 로라는 과잉 반응하는 것 아니냐는 식으로 나를 쳐다보았다. "사실상 저희는 **버림**을 받은 게 아니었어요. 아빠는 제가 알아서 잘 처리할 거라는 걸 알았으니까요."

　"9살에 돈 한 푼 없이 숲속에 내버려졌잖아요. 그럼 그걸 뭐라고 불러야 할까요?" 나는 물었다.

　"이론상으로는 버림받은 게 맞는다는 걸 저도 알아요. 하지만 아빠는 그 동네에서 도망쳐야 했어요. 아빠는 우리 곁을 떠나고 싶어서 떠난 게 아니에요. 그저 선택의 여지가 없었을 뿐이죠."

　그 순간 나는 로라가 아버지와 어떤 식으로 유대관계를 맺고 있었는지, 그녀가 상실감으로부터 어떤 식으로 조심스레 자기방어를 하고 있었는지 깨달았다. 유대감은 동물과 인간의 공통적인 습성이다. 동물과 인간은 모두 부모와 친밀한 관계를 맺고 부모 옆에서 안정감을 느끼려고 한다. 로라가 기억하기로 당시 그녀는 아무 '감정'도 느끼지 못했다. 그녀에게는 오로지 '계획'뿐이었다. 즉, 생존본능에 몸을 맡긴 것이다. 그녀에게는 황야에서 캐나다의 겨울을 나는 동안 먹이고 입혀야 하는 어린 두 동생이 있었다. 로라는 계속 어떤 느낌이었느냐고 묻는 나를 비웃고 있었다. 감정이란, 그녀의 표현을 빌리자면, "머리를 쓸" 필요가 없는 사람들이나 누리는 호사였다.

나 역시 로라가 계획과 감정을 두고 한 이야기에 공감할 수 있었다. 나도 살아오는 동안 역경을 만나면 감정을 살필 새가 없었다. 오로지 행동을 취할 여력만 있었다. 나는 유복한 환경에서 자랐지만 사업을 했던 아버지가 내가 10대 초반이 되었을 때부터 정신질환 증세를 보이기 시작했다. 알고보니 수술이 안 되는 뇌종양을 앓고 계셨다. 나는 아버지의 담당 회계사에게 연락했고 아버지가 전 재산을 날렸다는 소식을 접했다. 나는 학교에 남아서 일자리 두 개를 뛰며 가족을 부양해야 했다. 나도 솔직히 로라처럼 어떤 감정도 느낀 기억이 없다. 어떻게 해야 먹고살 수 있을까, 오직 그 생각뿐이었다.

로라의 상담을 진행하던 초기, 나는 심리학자들끼리 모여서 사례를 논의하고 조언을 주고받는 동료 장학 세미나에 참석했다. 나는 거기서 대다수 동료가 내가 로라의 감정에 충분히 접근하고 있지 않다고, "그녀의 변명에 설득당하고 있다"라고 생각한다는 것을 알고 충격을 받았다. 나 자신이 트라우마에 반응하는 방식이 우리의 상담치료에 영향을 미치지는 않았는지 내 마음속을 제대로 들여다볼 필요가 있었다. 어떻게 보면 동료들 생각이 맞을 수도 있었다. 하지만 그들에게 그 유명한 생계의 벽에 부딪힌 적이 있느냐고, 날마다 24시간 내내 생계에 촉각을 곤두세우지 않으면 아주 난처해질 수도 있는 상황을 맞닥뜨린 적 있느냐고 묻고 싶은 마음도 있었다. 생존의 필요성만큼 사람의 정신을 쏙 빼놓는 건 없다.

하지만 내가 로라의 감정에 접근하지 못했다는 점 때문에 상담치료가 힘들어졌다는 것은 부인의 여지가 없었다. 나는 그녀의 감정을 해석하는 것이 아니라, 거기에 접근하는 것이 첫 번째 과제임을 깨달았다. 해석은 나중으로 미루어야 했다.

그 첫 달 동안 상담 기록에 적은 내용을 몇 줄로 요약하자면 이렇다. **내가 맡은 상담자는 상담치료를 달가워하지 않고, 8년간 함께 지낸 어머니를 제대로 기억하지 못하는 전대미문의 행적을 보인다. 스트레스가 뭔지 전혀 모르지만 그걸 없애고 싶어 한다. 또한 버림받았을 때 인지 가능한 감정을 전혀 느끼지 못했다. 앞으로 해야 할 일이 많다.**

로라는 자신이 겪은 역경을 계속 설명하는 와중에도 평정심을 잃지 않았다. 대부분의 오두막집이 겨울을 앞두고 청소를 끝마쳤기 때문에 그녀와 동생들은 봄까지 폐쇄되지 않고 남아 있을 가능성이 큰, 가장 먼 오두막으로 거처를 옮겨야 했다. 그들은 히터를 들고 갔다. 일상을 유지하지 않으면 들통 날 것이었다. 그래서 그들은 날마다 통학버스를 타는 곳까지 거의 1.5킬로미터를 걸

어다녔다. 로라는 아버지가 오두막집으로 돌아오기라도 한 것처럼 바깥세상 사람들 앞에서 그를 운운했고 동생들에게도 그렇게 하라고 가르쳤다.

"그러니까 9살, 7살, 6살 나이에 오두막집에서 부모 없이 지내게 된 거네요." 나는 말했다. "어떤 게 스트레스 상황인지 찾는다면 그것을 목록에 넣을 수도 있겠는데요."

"첫째, 그건 끝난 일이고 둘째, 저는 이렇게 멀쩡하잖아요." 로라는 말을 이었다. "9살이면 그렇게 어린 나이도 아니고요."

"얼마 동안 그렇게 지냈어요?"

"6, 7개월 동안이요."

상담 시간이 끝났을 때 나는 그 상황을 어떻게 생각하는지 몇 마디로 요약했다. "당신은 용감하게 지내왔어요. 사는 게 힘들고 때로는 무서웠을 거예요. 아무도 없는 숲속에 버려졌고, 그 어린 나이에 두 동생을 떠맡아야 했어요. 빵 부스러기만 없을 뿐 헨젤과 그레텔이 겪은 온갖 위험한 상황과 똑같지요."

로라는 대답하기 전까지 꼬박 1분간 가만히 앉아 있었다. 분노의 눈물이기는 했지만 5년의 상담치료 기간에는 거의 보인 적이 없는 눈물을 보였다. "**그런** 이야기를 뭐 하려고 하세요?" 그녀는 따져 물었다.

내가 그녀에게 공감하기 위해서라고 하자 그녀는 단호하게 거부했다. "그런 이야기는 누가 죽었을 때나 하는 거예요. 선생님, 제가 다시 이 상담실을 찾아올지 모르겠지만 다시는 그러지 말

아주세요. 또 그러면 나가버릴 거예요. 공감이건 뭐건 혼자만 생
각하세요."

"왜요?" 나는 진심으로 당혹스러웠다.

"선생님이 감정, 어쩌고 하면 저는 안에 도깨비들이 우글거리
는, 열린 방문이 보여요. 저는 절대로 그 방에 들어가지 않을 거
예요." 그녀는 딱 잘라 말했다. "저는 계속 전진해야 해요. 한 번
이라도 발을 삐끗하면 빠져 죽을 거예요. 게다가 그래봐야 사태
개선에 도움이 되지 않아요."

내가 고개를 끄덕이는 동안 그녀는 덧붙였다. "오늘 헤어지기
전에 다시는 그러지 않겠다고 약속하세요. 안 그러면 두 번 다시
여기에 올 수가 없어요."

"그러니까 당신에게 친절이나 공감이나 연민을 보이지 말라
는 이야기예요?"

"맞아요. 저는 연민을 느끼고 싶으면 크리스마스카드 글귀에
서나 제가 감당할 수 있을 만큼만 맛볼 거예요."

기억하겠지만, 로라는 내가 처음 맡은 내담자였다. 나는 병적
인 조건을 요구하는 상담자와 이런 식으로 타협하고 싶지 않았
다. 하지만 상담치료를 그만두겠다는 그녀의 말이 진담이라는 것
도 알았다. 내가 보이는 손톱만 한 공감도 그녀는 버거워했고, 공
포를 느꼈다. 그리고 그런 반응은 상담에 걸림돌이 됐다.

만약 내가 막 일을 시작한 상담치료사가 아니었다면 난감한
내 심정을 그녀에게 고스란히 토로했을 것이다. 게슈탈트요법의

창시자인 프리츠 펄스(Fritz Perls)라면 "지금 여기"에서 이 문제를 처리하고 넘어가라고 했을 것이다. 펄스는 상담치료사와 내담자가 상담 시간에 구축하는 역학관계는 내담자가 자신과 나머지 세상 사이에서 구축하는 역학관계와 같다고 믿었다. 나는 "로라는 지금 저더러 아버지, 그러니까 당신의 고통에는 관심 없었던 남자처럼 해달라고 요구하고 있어요. 당신의 슬픔에 아무도 반응하지 않는 데 익숙해져서요. 하지만 저는 그러고 싶지 않아요. 저는 지금 어쩌면 좋을지 모르겠어요"라고 말할 수도 있었을 것이다.

대신 나는 이렇게 이야기했다. "당신의 뜻은 존중할게요. 당신이 워낙 단호하게 나오는 데다 편안한 마음으로 접근해야 함께 문제를 해결할 수 있으니까요. 하지만 상담치료를 하는 동안 언제까지고 계속 그럴 생각은 없어요."

다음 주에 로라는 또다시 책으로 무장하고 찾아왔다. 그리고 자신의 회사를 스트레스의 원흉으로 지목했다. "할 일이 많은데도 상사는 느지막이 출근해 몰래 만나고 있는 비서와 2시간 동안 점심을 먹어요. 상사의 퇴근 시각은 5시라 저는 그보다 일찍 출근하고 늦게 퇴근해야 해요."

"이 부분에 대해서 상사하고 이야기해봤어요?"

"당연하죠! 저는 심지어 소리까지 질러요. 하지만 그는 눈 하나 꿈쩍하지 않아요."

"그래서 당신이 일을 너무 많이 맡고 있군요."

"어쩔 수 없어요. 그의 일과 제 일을 해야 하니까요."

"어쩔 수 없다는 기분 때문에 스트레스를 받겠네요." 나는 결론을 내렸다.

우리는 상사를 어떻게 하면 좋을지를 두고 상당히 오랜 시간 동안 대화를 나누었다. 로라는 내심 그가 바뀔 리 없다고 생각했다. 그녀의 남자친구도 말했다. "그 사람 입장에서는 지금이 좋은데 뭣 때문에 바꾸겠어?"

"에드가 그런 소리를 하다니 재밌네요." 나는 말했다.

"왜요?" 그녀는 물었다.

"아니, 에드도 당신한테 폭탄을 던지잖아요. 상사가 일을 던진다면 에드는 헤르페스를 던질 뿐. 그러고서는 당신 혼자 처리하게 방치했잖아요. 화를 내니까 자기는 바이러스가 있는 줄 몰랐다고 발뺌하고, 당신이 찾은 헤르페스 약병을 들이대니까 전염되는 줄 몰랐다는 허술한 핑계를 대고. 그런 발언을 하다니 그는 딴 행성에서 왔거나 철저하게 현실을 부인하는 상태인 게 분명해요."

"적어도 에드는 미안해했잖아요. 회사로 장미꽃 24송이하고 '당신을 사랑하니까'라고 적힌 카드를 보냈다고요."

로라는 그거면 헤르페스에 대한 보상이 된다고 생각하는 걸까? 나는 이렇게 말했다. "에드가 재규어 대리점에서 일하지 않아요? 여자가 시험 운전하러 오면 항상 다음 날 그 여자 앞으로 장미꽃을 보낸다면서요? 뭐 그리 어려운 일도 아니네요."

"지금 저 화나게 만들려는 거예요?"

나는 그녀의 부아를 돋우려는 의도에서 하는 말이 아니니 안심하라고 했다. 다만 로라가 그의 행동에 대해 어떻게 생각하는지 알고 싶을 뿐이라고 했다.

"제가 어떻게 해야 하는데요? 절대 용서하지 말아요?"

나는 다소 무책임한 에드가 역시 무책임한 상사를 두고 한 말에서부터 이 대화가 시작됐음을 지적했다. 나는 로라가 그의 일을 다 해주고 있기 때문에 상사가 바뀔 필요 없다고 했던 에드의 발언이 얼마나 아이러니한지 그녀가 느끼길 바랐다. 로라는 두 손을 들었다. 의도가 뭔지 모르겠다는 뜻이었다. 결국 나는 그녀에게 에드와의 관계에서는 누가 뒤치다꺼리를 하느냐고 물었다. 그녀가 자신이라고 시인하자 나는 아무 말 하지 않았다. 결국 그녀는 무슨 말을 하고 싶은 거냐고 재차 물었다.

"당신은 남자친구가 상습적으로 늦어도, 바람을 피우는 눈치를 보여도, 헤르페스를 옮겨도 용서해요." 나는 딱 잘라 말했다. 한참 동안 정적이 흐른 후 그녀에게 남자들이 번듯하고 어른스럽게 처신하기를 기대하지 않는 이유가 뭐냐고 물었다.

"적어도 그이는 사과라도 하잖아요. 그것만 해도 우리 아빠보다는 나아요." 그러고는 그녀는 창밖을 내다보았다. "사실 아빠도 뭐 그렇게 나쁜 사람은 아니었어요. 어머니가 돌아가셨을 때 우리를 버리지 않았잖아요. 웬만한 남자들 같았으면 아동보호소에 연락했을 텐데."

"뭐, 결국에는 저 북쪽 동네의 손바닥만 한 오두막집에서 얼어

죽도록 방치했는걸요."

"말씀드렸잖아요, 우리는 그럭저럭 버텼다고." 그녀는 대수롭지 않다는 듯이 말했다. 내가 중요하지도 않은 문제에 대해 자꾸 같은 말을 반복한다는 식이었다. 그녀는 심리학 용어로 '재구성'이라는 수법을 쓰고 있었다. 어떤 개념에 다른 딱지를 붙여 의미를 바꾸는 수법이었다. 그녀는 내가 보기엔 방치였던 경험을 재구성했고, 내 우려에 '과잉보호'라는 딱지를 붙였다.

"맨 처음 이 상담실을 찾았을 때 '내 인생의 진상'에 대해 이야기했잖아요. 그걸 좀 더 구체적으로 파고들까요?" 로라가 어리둥절한 표정을 짓길래 나는 질문을 다르게 바꿨다. "당신이 말한 그 진상은 당신한테서 가져가기만 하고 주지는 않는 사람이에요? 자기 욕구만 챙기는 사람?"

"인간은 누구나 자기 생각만 한다. 그게 우리 아빠의 좌우명이었어요."

"자기 행동을 일반화했네요. 담배 산다고 나가서 그 길로 돌아오지 않는 아빠가 몇이나 되겠어요?"

"그런 아빠들이 분명 있을 거예요. 아니, 안 그러면 세상에 고아가 왜 있겠어요? 어째서 수천 명의 아이가 아동원조협회에 맡겨지겠어요? 버리는 부모가 있으니까 그런 거죠!"

"농땡이를 쳐도 부하직원이 야근해가며 메꿔주기 때문에 잘리지 않는 상사는 세상에 몇 명이나 되겠어요?" 나는 바꾸어 물었다.

"그렇죠, 음, 하지만 상사를 너무 몰아붙이면 저를 자를지도 몰라요."

"헤르페스처럼 심각한 문제를 두고 거짓말하는 남자친구와 만나는 사람은 몇 명이나 될까요?"

"심리상담에 헛돈 쓰는 사람들하고 숫자가 비슷할걸요?"

로라는 화가 나서 나가려고 짐을 챙기며 고개를 내젓고 씩씩대며 말했다. "이런 태도를 보여서 죄송하지만 이런 쓰레기 같은 기억을 더듬어야 한다니 믿을 수가 없네요." 그러고는 "몇 번 실수했을 때"를 제외하고는 아버지가 그녀의 곁을 지켰다고 덧붙였다. 사실 그녀는 아버지와 자주 만나고 대화를 나눈다고 목에 핏대를 세워가며 강조했다.

로라는 계속 상담치료를 경계하며 협조하지 않는 내담자였고, 나는 계속 그녀의 방어벽을 너무 세게 쪼아대는 햇병아리 상담치료사였다. 이때 서서히 깨달은 게 있다면 상담자의 어디가 문제인지 내가 알고 모르고는 상관없다는 것이었다. 상담자에게 그것을 볼 수 있도록 유도하는 것이 상담치료의 기술이다. 내 쪽에서 서두르면 그들은 입을 닫아버린다. 로라의 방어벽은 한평생에 걸쳐 만들어진 것이었으니 시간을 두고 조금씩 무너뜨려야 했다.

나도 나름 심리적으로 진퇴양난이었다. 상담치료사로서 인내심을 발휘해야 했지만 내 안에는 A유형의 성격이 숨겨져 있었다. 사람의 성격은 A유형과 B유형, 이렇게 둘로 나뉜다. B유형은 느긋하고 경쟁적이지 않지만, A유형은 야심만만하고 공격적이며 주도권을 쥐어야 직성이 풀리는 것이 특징이다. (일반화하자면 대충 그렇다는 이야기고 대부분의 사람은 A유형과 B유형이 섞여 있다.) A유형은 안달복달하며 그런 적극성이 스트레스로 바뀔 수 있다. 사실 이런 성향은 스트레스 관련 질환으로 연결되는 경우가 많다. 예컨대 스트레스로 헤르페스가 악화된 로라처럼 말이다.

대다수 사회심리학자는 성격 유형이 내재되어 있다고 생각한다. 즉, 특정 성향을 타고나기 때문에 성장하더라도 달라지지 않는다는 뜻이다. 출생 순서, 양육 방식, 사회적인 변수에 따라 모서리가 둥글어질 수는 있어도 많이는 아니다. 그러니까 한번 A유형은 영원한 A유형이다. 로라와 나는 둘 다 A유형이다. A유형의 장점은 성실하고 성취도가 높다는 것이다. 단점은 인내심과 공감 능력이 부족하다는 것이다. 우리는 타인을 짓밟아가며 우리의 목표를 추구하는 성향이 있다. 그래서 나는 로라와 A유형 대결을 벌이지 않도록 신경 써야 했다. 훌륭한 상담치료사가 되려면 이런 성향을 자제하는 법을 터득해야 한다. A유형에게는 부족한 인내심이 무엇보다 필수다.

숲속으로

내담자들은 상담 시간에 문화적인 배경을 드러내는 경우가 종종 있다. 어떤 TV 드라마 주인공이 등장하는 꿈을 꾸었다거나, 뉴스에 나온 어떤 정치인이나 사건과 동질감을 느꼈다는 식으로 이야기하는 경우다. 나도 사회의 이런 기본틀을 공유할 것이라는 짐작 아래 그런 이야기를 한다. 하지만 나는 그들이 무슨 말을 하는지 모를 때가 많았다. 20년 동안 TV를 보거나 라디오를 들은 적이 거의 없기 때문이었다. 대학생 때는 텔레비전도 없었고 공부와 여러 아르바이트를 병행하기 바빠서 텔레비전을 볼 시간도 없었다. 그러고 나서 박사학위를 준비하는 동안 아들을 낳았다. 남는 시간마다 아이들을 건사하거나 일을 했다. 나는 19세기 과학, 그중에서도 특히 다윈과 프로이트에 대해서는 상당히 박식했지만, 실제 몸담은 시대의 대중문화에 대해서는 아무것도 모르는 희한한 처지였다. 오랜 시간이 지난 뒤에 생각해보니 모르고 지나친 게 아쉽지도 않았다. 나는 그 대신 책을 읽었다.

그래도 모든 제작 프로그램의 사본이 보관된 뉴욕의 텔레비전&라디오박물관으로 해마다 순례는 다녀왔다. (두말하면 잔소리지만 그 당시에는 유튜브가 없었다.) 원하는 자료를 골라서 시청실로 들고 가면 내담자들이 언급했던 프로그램과 그들의 성격을 형성하는 데 이바지한 등장인물을 모조리 확인할 수 있었다. 그것이 특정 내담자에게 어떤 영향을 미쳤는지의 관점에서 TV 프로그램을 보면 신기했다. 대다수의 경우, 부모의 적절한 지도가 없었기 때문에 텔레비전과 영화에서 접한 상호작용은 그들에게 극적인 영향을 미쳤다.

이런 점에서 로라는 완벽한 사례였다. 그녀가 꿈에서 본 텔레비전 프로그램은 상담치료에 완전히 새로운 장을 열었다. 다른 것과 마찬가지로 꿈에 관한 이야기도 로라에게는 유도하기가 쉽지 않았다. 내가 어떤 꿈을 꾸느냐고 물었을 때 그녀는 꿈을 꾼 적이 없다고 했다. 하지만 그녀는 열과 성을 다하지 않고는 못 배기는 성격이었다. 다음 상담 시간에 그녀는 최근에 꾼 꿈을 손으로 적고 중요한 구절에 노란색 형광펜으로 표시한 종이를 들고 의자에 털썩 주저앉으며 말했다. "꿈에 포터 대령이 나왔어요."

"일가친척 중에 군인이 있어요?" 나는 물었다.

그녀는 물었다. "맙소사! TV 드라마 〈M*A*S*H〉에 나오는 대령인데 모르세요?" 내가 멍한 표정을 짓자 그녀는 말했다. "설마 포터 대령을 모르시는 건 아니겠죠? 선생님, 천왕성에서 온 심리학자예요?"

그녀는 〈M*A*S*H〉가 한국전쟁에 종군한 미국 의료인을 다룬 시트콤이라고 설명했다. 직업 군인인 포터 대령은 부대장이자 외과의사였다. 로라는 그가 다정한 성격이고 어떤 한심한 인간을 상대하더라도 절대로 함부로 평가하지 않는다고 했다.

"그러니까 훌륭하고 믿음직한 남자로군요." 나는 그녀의 상사와 남자친구와 아버지에게는 없는 두 가지 자질에 주목했다.

"꿈속에서 포터 대령은 플라이 낚시꾼들이 쓰는 모자를 쓰고 있었어요. 사방에 미끼가 주렁주렁 매달린 그런 모자 말이에요."

"포터 대령이 당신에게는 어떤 존재인데요?"

"그 이야기는 절대 하고 싶지 않아요! 아빠가 안 계셨을 때 제가 부끄러운 짓을 저지른 적이 있었는데, 그 당시와 연관 있는 꿈이에요."

나는 로라가 명확하고 실질적인 해결책을 좋아한다는 것을 알기에 이렇게 말했다. "최대한 빨리 호전되길 바라지 않아요? 수치심은 액체폭탄과 같아요. 끈적끈적하고 화상을 입히고 들러붙어서 떨어지질 않는다는 점에서요. 가능하면 한 조각씩 떼어내는 게 최선이에요."

"수치심이 스트레스하고 같은 건가요?" 로라는 물었다. 아직도 괴로운 헤르페스를 없애기 위해 스트레스의 정체를 파악하는 단계였다.

"수치심이 스트레스를 유발할 수 있다고 보면 돼요." 나는 대답했다. "수치심은 우리 사회에서 금기시된 행동을 저질렀을 때 느끼는 굴욕감 또는 괴로움이에요. 프로이트의 주장에 따르면 수치심을 느끼는 사람은 자신이 사랑받지 못할 거라고 생각해요. 수치심이 죄책감보다 훨씬 치명적이지요. 죄책감이 자신의 행동을 생각하며 괴로워하는 거라면, 수치심은 자신이라는 인간에 대해 반감을 느끼는 것이기 때문에 심리학적인 관점에서 훨씬 더 해로워요."

로라는 그 말에 한쪽 눈썹을 추켜세우더니 알아보겠다는 듯이 고개를 끄덕였다.

"좋아요." 나는 하던 이야기를 계속했다. "이제 당신이 9살 때 7살짜리 여동생과 6살짜리 남동생과 함께 살았던 오두막집으로 돌아가볼까요?"

그녀가 말했다. "이건 차가운 호숫물과 같아요. 그냥 뛰어들어서 헤엄치는 게 상책이네요. 그냥 다 쏟아낼 테니까 중간에 말 끊지 마세요. 이 이야기를 들으면 선생님은 이럴 거예요. '헤르페스에 걸릴 만도 했네. 걸려도 쌌네.'" 그녀의 마지막 발언은 자기혐오를 일으키는 죄책감과 수치심의 전형적인 조합이었다.

로라는 내 시선을 피한 채 창밖을 내다보며 단조로운 어조로 이야기를 시작했다. "아빠가 떠나고 며칠 지났을 때 저는 먹을 게 필요하다는 걸 깨달았어요. 게다가 남동생의 담임선생님이 제 반으로 찾아와서 왜 애가 점심을 싸오지 않았냐고 묻더라고요." 그녀는 남동생이 어떤 식으로 울기 시작했는지 설명했다. 다른 아이들이 점심을 조금씩 나눠주었고, 선생님은 남동생이 주머니에 크래커를 챙기는 것을 보았다. "선생님은 집에 별문제 없느냐고 물었어요. 저는 아무 일 없다고, 아빠가 그날 월급을 받는다고 이야기했어요. 선생님은 전화하고 싶어 했지만 우리 집에는 전화가 없다고 했죠." 선생님은 어머니에게 연락을 부탁드린다는 말씀을 전해달라고 했다.

"그때 제가 우윳값 넣는 통에서 돈을 훔쳤어요." 로라는 이야기를 계속했다. "통을 돌리면 한 사람씩 차례대로 돈을 넣기로 되어 있었는데 저는 돈을 꺼냈어요. 많이는 아니고요. 그랬다가는 들통날 테니까요. 그런 다음 학교가 끝났을 때 여동생에게 그 돈을 주면서 슈퍼에서 사탕을 사게 하고 점원이 걔한테 정신이 팔렸을 때 햄 통조림이랑 온갖 식료품을 훔쳤어요. 저는 정말 솜씨가 좋았어요. 아무도 저를 의심하지 못하게 온 동네 가게를 옮겨다녔어요."

이윽고 로라는 어떤 식으로 세탁기도 없이 동생들에게 깨끗한 옷을 입혔는지 설명했다. "우리가 제일 좋아했던 TV 프로그램이 〈원더풀 월드 오브 디즈니〉였어요. 그래서 그 프로그램이 방송되는 날 저녁에 모두 목욕하고 옷을 버리게 했어요. 주말을 앞둔 금요일마다 가게에 가서 월요일에 입을 새 옷을 훔쳤어요. 저는 아버지 못지않게 엄청난 도둑이었어요. 그것도 유전이 되나봐요. 예전에 패티 매코맥(친구를 죽이는 범죄를 저지른 소녀 배역으로 나온다. ─ 옮긴이)이 출연한 〈나쁜 종자〉라는 영화를 본 적 있는데 그게 바로 저였어요. 겉보기에는 예쁘장하고 싹싹하지만 속은 엉큼하고 못된 아이."

나는 그녀의 폭로가 이어지는 동안 해석을 자제했다. 로라가 부탁했던 것처럼 가만히 듣기만 했다.

"여동생은 진종일 울었어요. 남동생은 배고프다는 말밖에 하지 않았어요. 침대에 오줌을 쌌고요. 처음에는 애한테 소리를 질렀지만 나중에는 모르는 척하고 거기서 그냥 재웠어요. 급기야는 계속 우는소리만 하고 내가 시키는 대로 하지 않으면 놔두고 떠나겠다는 말까지 했어요. 효과가 있더라고요. 제가 동생들의 엄마였어요."

남동생의 담임 말고는 어떤 공무원도 개입한 적이 없고 심지어 그 담임마저 더 자세히 알아보지 않았다니 충격이었다.

로라는 바닥을 내려다보았다. 나는 그녀의 수치심을 느낄 수 있었다. 평소에 괴로워하는 표정을 지은 적 없는 그녀가 이제 아주 심란한 이야기를 꺼내려는 찰나라는 것을 알 수 있었다. "저는 좋은 엄마가 아니었어요. 아무한테도 아빠나 아빠가 떠난 일을 들먹이지 못하게 했어요. 동생들이 눈물을 글썽이기 시작하면 계속 꿋꿋하게 버티는 수밖에 없다고 했고요. 그래서 누가 칭얼대면 때렸어요."

로라가 동생들을 좀 더 측은하게 여기게 된 계기는 TV에서 본 〈M*A*S*H〉 크리스마스 특집이었다. "포터 대령이 부대원들에게 서로가 있으면 선물은 중요한 게 아니라고 했어요. 저는 그가 우리 아빠이기도 하다고 상상했어요. 아빠는 멀리 전쟁터로 떠났고 우리는 TV를 통해 아빠의 메시지를 듣는 거라고요. 저는 대령이 무슨 말을 하든 그대로 하겠다고 다짐했어요. '이런 상황에서 포터 대령이라면 어떻게 할까?' 자문할 수 있게 그를 안팎으로 속속들이 파악했지요."

로라는 남동생의 야뇨증에도 이 수법을 동원했다. "남동생이 부하 대원이고 저는 포터 대령이라고 상상했어요. 그래서 물었죠. '그래, 꼬맹아, 뭐가 문제냐?'" 남동생이 아무 대답도 하지 않자 그녀는 한쪽 팔로 그를 감싸안고 다 잘될 거라고 말했다. 며칠 만에 야뇨증이 사라졌다.

"얼마 안 있어 포터 대령인 제 자신에게 절도에 대해 상담하기 시작했는데 그는 이런 식으로 이야기하곤 했어요. '이 전쟁이 끝났을 때 훔친 걸 전부 갚으면 돼.' 그는 저더러 나쁜 사람이 아니라고 했어요. 전쟁이 벌어지고 있으니 우리는 해야 하는 일을 했을 뿐이라고요. 또 이런 말도 했어요. '이 모든 게 끝나는 날 우리는 사랑하는 사람들이 기다리는 집으로 돌아갈 것이다.'" 로라는 지금도 외롭거나 궁지에 몰린 심정일 때 포터 대령 꿈을 꾸었다.

그녀는 의자에 기대고 앉아 나를 쳐다보았다. "이 어이없는 모험담을 아는 사람은 선생님뿐이에요. 이로써 제가 도둑으로 낙인찍히긴 하겠지만 정신질환자가 되는 건 아니죠? 정신질환자는 환청을 듣는다는 글을 읽을 때마다 겁이 나요. 포터 대령을 아버지라고 생각하고 그가 했을 법한 말을 상상하는 건 너무 정신질환에 가깝잖아요."

이제 내가 사건을 재구성할 차례였다. "제가 보기에 당신은 정신질환자와는 거리가 멀어요. 당신은 물에 빠져 죽지 않으려면 해야 하는 일을 했지요. 가족을 지키기 위해 대부분의 9살짜리는 상상도 하지 못할 일을 했어요. 제가 볼 때, 당신은 영웅이에요."

로라는 내 말을 무시했다. 내가 더 이상 아무 말도 하지 않자 그녀는 빈정거렸다. "마음에도 없는 소리, 하지 마세요." 어렸을 때 칭찬을 거의 받아본 적 없는 내담자들은 커서 남들에게 좋은 말을 들으면 대개 못 미더워한다. 어린아이의 자아관은 어렸을 때 형성되고 그걸 바꾸려면 오랜 시간 동안 긍정적인 사례를 많이 접해야 한다.

"통조림 햄을 훔쳤을 때 느꼈던 공포가 아직도 생생해요." 그녀는 실토했다.

"동생들을 먹여 살리느라 그랬던 거잖아요. 제가 보기에 포터 대령은 완벽한 아버지였고 인간은 누구나 역할 모델을 통해 배워요. 사실 그 어떤 방식보다 효과가 좋지요. 당신과 동생들에게 걸맞은 역할 모델을 선택할 수 있었던 것도 당신이 현명했기 때문이에요."

"하지만 동생들한테 못되게 굴었는걸요."

"현실을 직시했던 거죠. 너무 울고 칭얼댔으면 다 같이 침몰했을 수도 있어요. 조금 빡빡하게 굴긴 했지만 포터 대령에게 비결을 배운 뒤에 남동생의 야뇨증을 어떤 식으로 부드럽게 해결했는지 생각해봐요."

로라는 내 설득에 넘어오지 않았다. "저는 사실 좋은 엄마가 아니었어요. 동생들이 둘 다 번듯하게 살지 못하거든요. 여동생은 고등학교도 졸업하지 못하고 어느 끔찍한 시골 공장에서 칠면조 내장 발라내는 일을 해요. 어떤 잡역부를 만나는데, 둘 다 아주 한심해요. 심지어 서로 잘 지내는 법도 전혀 몰라요. 남동생은 벌써 애가 있어요. 애 엄마랑 같이 살지도 않고 게으른 아빠예요. 겨울에만 눈 치우는 일을 하고 마리화나를 엄청 피워요."

"부모 노릇을 감당해야 했을 때 당신 나이가 겨우 9살이었다는 걸 잊어버린 건 아니죠?"

"그래서요? 9살 때 부모 노릇을 대신하는 여자애들도 많아요. 다들 잘 해내고요."

로라가 느끼는 큰 수치심은 9살이라는 나이에도 좋은 엄마가 될 수 있다는 착각에서 비롯된 게 분명했다. 우리의 가장 지독한 고통은 잘못된 전제에서 시작될 때가 많다. 나는 말했다. "외부의 도움 없이는 불가능해요. 당신은 어떻게 하는지 알지도 못하는 일을 하도록 강요당한 셈이에요. 실패할 수밖에 없는 운명이죠."

안타깝게도 로라가 겪은 문제 중에 끝까지 완전히 해소되지 못한 것이 동생들에게 좋은 부모가 되어주지 못했다는 착각이었다. 그녀는 자신도 어린아이였고 그 일을 맡기에는 부적합했다는 사실을 받아들이지 못했다.

다년간 접한 사례를 통해, 나는 너무 어린 나이에 어른의 역할을 부여받았고 그래서 실패할 수밖에 없었던 사람들은 어른이 되었을 때 그 일에 대해 계속 불안해한다는 것을 알게 됐다. 그들은 그 일을 감당하기에는 자신이 너무 어린 나이였다는 사실을 받아들이지 못한 채 실패의 경험을 내면화한다. 로라는 부모 노릇에 실패했다는 데만 초점을 맞추었고, 버림받은 트라우마에 대해서는 거의 언급하지 않았다. 아버지가 직무를 유기했다는 뉘앙스 역시 단 한 번도 풍기지 않았다. 모두 자기 탓으로 돌렸다.

나는 로라가 얼마나 어렸고 그녀와 아버지의 기대치가 얼마나 비현실적이었는지 실감할 수 있게 그녀를 학교로 데리고 가서 9살짜리들을 보여주었다. 내 친구인 학교 교장이 3학년 교실을 견학하도록 주선해주었다. 로라는 앙증맞은 타이츠를 신고 멜빵 원피스를 입은 9살짜리 여자아이들을 보고 충격받았다. 하지만 교실에서 나왔을 때 그녀는 내 예상과 달리 자신에게 너무 엄격한 잣대를 들이댔다고 시인하지 않았다. 오히려 **"쟤들은 어른스럽지 못하네요"**라고 했다. 3개 반을 더 보여주었다. 결국 집으로 돌아가는 차 안에서 그녀가 말했다. "9살짜리는 제가 기억하는 것보다 훨씬 어리군요."

학교에 다녀온 뒤, 바위처럼 단단하던 그녀의 방어벽에 살짝 금이 가지 않았을까 싶다. 왜곡된 오두막집 시절의 기억 속에서 그녀는 어른이었다. 이제 그녀는 자신이 사실은 얼마나 어린아이였는지 깨달았다. 무의식적인 욕구가 어떤 식으로 기억을 잠식하고 바꾸어놓을 수 있는지 보여주는 사례였다. 그녀의 아버지는 주변에 어른이 필요했기 때문에 그녀를 스스로 어른이라고 착각하게 했고, 그래서 그녀는 자신이 어른인 줄 알았다.

그녀는 내 첫 번째 치료 사례였고, 이제 우리는 상담치료 첫해의 중반에 다다랐다. 로라는 자신의 삶이 대부분의 사람과 꽤 다르다는 것을 서서히 깨닫기 시작했다. 어린 시절, 그녀는 3학년 전원이 초대된 생일파티에 참석해달라고 연락받은 적이 있었다. 그녀는 생일파티 주인공에게 그날 아버지와 야구를 보러 가기로 약속이 되어 있다고 말했다. 캐나다에서 겨울에 야구 경기가 열릴 리 없었으니 그 어머니는 이상한 낌새를 느꼈을 것이다. 생일파티 다음 날 그녀는 로라에게 줄 생일 케이크 한 조각과 로라의 이름이 적힌 헬륨 풍선과 조그만 선물 꾸러미를 들고 학교로 찾아왔다. 로라의 책상에 이미 선물이 놓여 있었다. 로라는 그 수고에 놀랐지만 마음이 불편했다고 말했다. 그녀는 몇 년이 지난 다음에서야 그게 친절함의 표현이라는 것을 체득했다. 로라는 자기 딸을 태워 가려고 운동장 근처에서 기다리는 친구 엄마를 볼 때마다 그녀가 떠날 때까지 화장실에 숨어 있곤 했다. 내가 왜 그랬느냐고 물었을 때 그녀는 이렇게 대답했다. "그냥 너무 이상했거든요. 저한테서 뭘 원하는지 도무지 알 수 없었어요." 로라는 생존 모드에서는 훌륭한 기능을 발휘했지만, 인간이 베푸는 친절에는 당황스러워했다.

로라는 중요한 깨달음을 얻는다기보다는 거대한 직소 퍼즐을 마주하고 가끔씩 퍼즐이 한 조각씩 제자리를 찾아가는 느낌 정도를 가질 뿐이었다. 하지만 그 정도로는 큰 그림을 보는 게 부족했다.

다음번 상담 시간에 로라는 무서운 동화 같았던 오두막집 생활이 어떤 식으로 끝났는지 설명했다. "제 실수였어요. 남동생한테 입힐 팬티를 훔치다 들켰거든요." 때는 4월이었고 아이들은 자기들끼리 지낸 지 6개월째였다.

나는 그녀가 '실수'라고 표현한 것을 재구성해 '성공'으로 규정했다. "그러니까 9살 때 두 동생을 데리고 11월부터 4월까지 캐나다의 겨울을 어른도 없이 무사히 버텼군요."

"경찰은 우리를 태워서 오두막집으로 데려갔어요." 로라는 말했다. "그들은 충격받고 고개만 내저었죠. 오두막집 주인집으로 찾아가 아동보호소를 섭외할 수 있을 때까지, 아니면 우리 아버지를 찾아내 협의할 때까지 우리를 맡아줄 수 있느냐고 했어요." (그들의 아버지는 4년이 지난 다음에서야 수면 위로 다시 모습을 드러냈지만 좀 더 자세한 이야기는 나중에 하기로 하겠다.)

주인집 부부에게는 아이가 셋 있었다. 로라는 거기서 지내게 됐다며 좋아하는 동생들을 보고 기분이 상했다. "우리끼리 잘 지내고 있다고 생각했어요. 그리고 다른 사람의 지시를 듣는 게 영 불편했고요. 우리 셋 중 적응 문제를 겪은 사람은 저였어요."

그들은 그 집에서 4년 동안 지냈다. 나는 이 가족이 삼 남매를 거두었다는 사실에 대해 놀라움을 감추고, 그들은 어떤 사람들이었냐고 물었다. "좋은 사람들이었던 것 같아요." 로라의 대답이었다. 그 집에는 규율과 질서가 있었다. "동생들은 아직도 그들을 부모로 여기고 크리스마스에 찾아가요. 저는 아니에요. 글렌다는 지키라는 규칙이 많았고 뭐든 자기 방식대로 해야 했거든요."

동생들이 그녀보다 적응을 잘한 이유가 뭐였느냐고 묻자, 로라는 아빠가 자기를 편애했기 때문이라고 대답했다. "아빠는 저를 구박한 적이 없었어요. 제가 아빠를 제일 잘 따르기도 했고요. 아빠는 여동생은 무시했고 남동생은 구박했어요." 그녀의 아버지는 왜소하고 허약했던 아들을 '마마보이'라고 불렀다.

그런가 하면 그들을 거둔 남자는 훨씬 더 잘해주었다. "오두막 집 주인인 론은 말이 없지만 정이 많은 사람이었어요. 낚시할 때 계속 남동생을 데려갔고 걔가 말을 더듬어도 절대 다그치지 않았어요." (남동생은 어머니가 돌아가신 뒤부터 말을 더듬는 버릇이 생겼다.) "그 집에서 살기 시작한 뒤로 그 애의 모든 문제가 사라졌어요. 또 솔직히 인정하지만 식탁 위에 먹을 게 있으니까 안심이 되더라고요."

나는 로라에게 글렌다와의 관계에 관해 물었다.

"동생들은 글렌다를 신처럼 떠받들었어요." 다만 로라는 자기 감정은 달랐다고 실토했다. "그게, 항상 아빠하고 제가 단짝이었거든요."

"엄마하고는 아니고요?"

"네, 절대로요. 그래서 저는 엄마의 보살핌을 받는다는 게 어떤 건지 전혀 몰랐던 것 같아요." 로라는 잠깐 말을 멈추고 웃음을 터뜨렸다. "하, 이럴 수가! 제가 선생님처럼 되어가고 있어요. 저를 해석하고 있어요!"

로라는 글렌다의 관심에 어떤 식으로 반항했는지 설명했다. "예를 들어 글렌다가 밖이 추우니까 모자 쓰고 나가라고 하면 안 쓰고 나갔어요. 이미 한 집을 건사해봤으니까요. 우리는 말없이 서로 목을 졸랐어요."

하지만 그녀는 론에 대해서는 고마워했다. "그는 남자애들을 데리고 노상 낚시를 다녔어요. 미끼를 여기저기 핀으로 달아놓은 모자가 있었고요. 저한테 힘이 되는 이야기는 한 번도 한 적 없었지만 가끔 글렌다한테 그랬어요. '로라는 그냥 내버려둬. 알아서 잘 하고 있잖아.'"

나는 그녀의 꿈속에 등장한 포터 대령이 미끼 달린 낚시 모자를 쓰고 있지 않았냐고 짚었다. "꿈속의 그 남자가 포터 대령과 론을 섞어놓은 것은 아닐까요? 친절함의 상징을 합성한?"

로라는 놀란 표정을 지었다. "그럴 수도 있겠네요. 이제 생각해보니 꿈속에서 본 게 딱 론의 모자였어요." 그녀는 미소를 지었다. "가끔 저는 나중에 돈을 많이 벌어서 론에게 시동이 잘 걸리는 커다란 배를 사주는 상상을 해요. 그런 배를 가지고 싶어 했지만 여유가 안 돼서 사지 못했거든요."

상담치료 첫해가 점점 끝나가고 있었다. 이제 로라의 치료 계획을 구체적으로 세우고 어떤 식으로 실천에 옮기면 좋을지 설계할 필요가 있었다. 그녀는 아버지에게 강한 애착을 느꼈지만 걱정스러운 애착이었다. 그녀는 그를 돌보고, 자신을 이용해도 용서하고, 기본적으로 그의 부모처럼 굴었다. 아버지의 태만하고 이기적인 행동에 대한 책임을 묻지 않았다. 로라는 이미 한 번 버림받은 적이 있었기에 그에게 죽기 살기로 매달렸다. 그 관계에서 그녀의 역할은 가족의 구원자였다. 집안에 책임감 있는 어른이 없었으니 그녀가 그 역할을 맡아야 집안이 제대로 굴러갈 수 있었다. 어머니는 돌아가셨고 아버지는 발달지연으로 무책임한 사춘기 단계에 머물러 있었다. 그녀가 아버지를 부양해야 했다. 그렇게 함으로써 그녀가 얻는 소득은 무엇이었을까? **생존**이었다.

로라는 그 집안의 진정한 영웅이었다. 문제가 있다면 다른 남자들과의 관계에서도 똑같이 구원자 역할을 자처한다는 것이었다. 그녀는 그것이 정상적이라고 생각했는데, 그건 사실상 적응 행동(성인으로서 사회에서 독립적인 기능을 발휘하기 위해 습득해야 하는 행동 — 옮긴이)이었다. 그녀는 남자친구와 상사가 무책임해지도록 용인했다. 아버지에게 그랬듯이 그들을 구원하는 것이 그녀가 해야 할 일이었다. 그녀의 무의식 깊숙이 구원자가 되려는 욕구가 감추어져 있다는 것과 그녀가 어떤 식으로 아버지처럼 구원이 필요한 나약하고 이기적인 남자를 잠재의식적으로 선택하는지 깨닫게 하는 것이 내가 해야 할 일이었다.

상담치료사의 역할은 패턴을 지적하는 것이다. 로라의 경우에는 누가 봐도 '나약한 남자 시나리오'가 확연했다. 하지만 로라에게 현실을 자각하게 하는 데는 여러 가지 이유에서 어려움이 있었다. 첫째, 그녀는 어린 시절의 문제가 아니라 헤르페스 해결을 위해 상담치료를 받기 시작했다. 둘째, 그녀는 인정 많은 위탁부모와 관계맺기를 거부할 정도로 고집스럽게 아버지밖에 몰랐다. 아버지가 사라져 4년 동안 연락을 끊었음에도 그에게 애착을 느꼈다. 그는 그녀가 가족을 살린 것에 대한 보답으로 얼마 안 되나마 애정을 하사했다. 이런 역학관계는 무너뜨리기 어렵다. 우리 인간은 사랑을 위해서라면 거의 모든 것을 불사하지 않는가. 가족 내에서 특정 역할로 사랑받고 있다면 어떤 대가를 치르더라도 그 역할을 계속 수행할 것이다.

로라는 자기가 주체적으로 삶을 사는 줄 알았지만 사실상 그녀는 버림받고 배신당하고 이용당한, 엄마 없는 아이였다. 로라와 나는 앞길이 구만리였다.

아니,
이게 누구야

로라의 상담치료가 2년 차로 접어들었고, 나도 상담치료사로서 2년 차가 됐다. 나는 상담치료의 즉흥적인 측면에 대해 많은 것을 배워나가고 있었다. 센터 개원 전에는 내담자와 보조를 맞추려면 원론을 어느 정도 포기해야 하는지 전혀 몰랐다. 하지만 순수 이론은 전적으로 학계에서 누리는 호사라는 것을 금세 알아차렸다. 나는 심리학자로서 뭐가 됐건 쓸 수 있는 무기를 모조리 동원할 작정이었다.

하지만 필수적인 이론 훈련을 거쳤음에도 현장에서는 가끔 끙끙댔다. 로라는 쌓인 화가 워낙 많았고 진도가 나가지 않는다는 데 분통을 터뜨리느라 많은 시간을 허비했다. 나는 기술적으로 상담을 주도하는 데 어려움을 느꼈다. 이것은 후천적으로 습득하는 능력에 해당했다. 말콤 글래드웰(Malcolm Gladwell)은 『블링크: 운명을 가르는 첫 2초의 비밀』(김영사, 2020)에서 책으로 배울 수 없는 직관적인 판단력이 다년간의 경험을 통해 어떤 식으로 발달하는지 설명한다. 상담치료사로서 경력이 쌓일수록 나도 치유에 필수적인 사항에 집중하는 법을 터득할 수 있었다.

크리스마스 시즌 직후였다. 로라는 남자친구에게 검정 공단 시트를 선물로 받았다고 했다. 내가 그의 선물에 심리적으로 어떤 의미가 있느냐고 묻자 그녀는 "아니, 선생님은 그 사람한테 너무 매정하게 구세요"라며 그가 잠자리에서는 훌륭한 파트너라고 말했다.

"그게 성적인 뉘앙스를 풍기기 때문에 흥미로운 선물이에요." 나는 맞받아쳤다. "그는 섹스를 통해 당신에게 가장 큰 상처를 줬잖아요. 헤르페스를 옮기고 당신을 배신해서요."

"와, 선생님, 뒤끝 진짜 장난 아니시다. '다 지난 일이잖아. 이미 끝난 일을 두고 울어서 뭐 해?' 하신 적 있어요? 저는 그이한테 기회를 주기로 했어요. 그이도 헤르페스 문제로 괴로워했거든요."

남자친구가 대리점에서 잘렸을 때도 로라는 그를 감쌌다. 그러더니 그는 고급 아파트에서 지내는 생활비를 감당하기 위해 코카인을 팔기 시작했다.

로라와 나는 심리적 경계를 주제로 많은 대화를 나누었다. 심리적 경계란 안전하고 합당한 상호작용을 위해 타인과 나 사이에 긋는 선을 말한다. 경계가 뚜렷할수록 그 사람은 건강하다. 어디까지 용인할 수 있고 어디에서부터 아닌지 타인에게 신호를 보낼 수 있기 때문이다. 그는 누가 봐도 로라와의 사이에서 선을 넘었다. 그녀는 과음과 마약 판매와 실직자 생활에 찬성하지 않았다. 그런데 그녀는 "당신은 헤르페스, 약물, 실직으로 선을 넘었어. 우리 인제 그만 만나자"라고 말하지 못했다. 남자친구 때문에 정신적인 고통을 겪었는데도 그녀는 그에게 변화를 요구할 권리가 있다는 생각을 전혀 하지 못했다. 몇 달이 지나도 그는 취직하지 않았다. 나는 경계에 대해 계속 대화를 나누고 있으니 로라가 스스로 선을 그을 수 있길 바라며 더는 그 이야기를 꺼내지 않았다.

로라는 살아오면서 만난 부적절한 남자 세 명에게 지금까지 온갖 정성을 바쳤다. 그 쇠사슬에서 가장 약한 고리는 상사였다. 그녀가 누군가를 상대로 당당하게 자기 목소리를 내고 구원자 역할에서 탈출하려면 상사가 가장 가능성 높은 선택지였다. 그녀가 그를 바꿀 수는 없겠지만 그를 대하는 그녀의 태도는 바꿀 수 있었다. 로라는 그의 일을 대신하던 것을 중단하고 자기 일에만 집중했다.

그러자 상사가 그녀를 압박하기 시작했다. 로라는 심리적 경계를 설정하는 법을 배운 적이 없었기 때문에 그의 정신적인 세뇌에 불안과 죄책감을 느꼈다. 그녀는 무의식적으로 자신이 상사의 일을 대신해주어야 한다고 생각했다. 그녀는 적절한 사회관계의 기본 원칙을 몰랐다. 동등한 상호교환, 즉 주고받기로 이루어진 일반 원칙이 그녀에게는 어색하고 오글거리게 느껴졌다.

왜 자신만의 원칙이 없느냐고 물으니 그녀는 어리둥절해했다. "다들 잔해만 남기고 지나가는데 뭐 하러 경계를 설정해요? 아무도 **제가** 원하는 대로 해주지 않아요. 왜 그러겠어요?" 로라는 무기력이 무엇인지 완벽하게 정의를 내린 셈이었다. 무기력한 관계는 스트레스 또는 불안의 주요 요소 중 하나다.

정신적인 변화를 단행하는 것도 불안을 초래한다. 습관을 고치는 것은 매우 어려운 일이다. 생존에 결정적인 역할을 하는 패턴에 익숙해졌을 때는 특히 그렇다. 무의식은 막강하며 예전의 패턴을 고수하려고 죽기 살기로 저항한다.

로라는 상사의 일을 거부함으로써 자신의 패턴을 어지럽혔다. 그가 게으르고 연봉만 높은 중간관리자로 지목돼 해고당하자 그녀의 패턴은 한층 더 어지럽혀졌다. 로라가 연봉 높은 그의 자리로 승진한 것이다. "회사에서 **상사의** 잘못이라고 하지 뭐예요!" 그녀는 놀라워하는 한편 신이 난 목소리로 말했다. 로라는 그 일을 계기로 큰 깨달음을 얻었고, 권력의 맛을 보았다.

그 무렵 로라는 어느 결혼식 피로연에서 알딸딸하게 취한 한 신부 들러리를 만났다. "당신 남자친구랑 같이 있는 거 봤어요." 여자는 말했다. "그 남자가 당신한테도 헤르페스를 옮겼나요?"

로라가 이 말을 전했을 때 나는 한쪽 눈썹을 추켜세우고 그녀를 쳐다보기만 했다. 이쯤 되자 그녀는 내가 무슨 생각을 하는지 알았다. "선생님은 제가 그이랑 헤어지길 바라는 거 알아요. 하지만 누가 저를 만나주겠어요? 세상에 어떤 멀쩡한 남자가 헤르페스에 걸린 여자를 받아주겠어요?"

일리가 있었다. 하지만 나는 헤르페스가 뜻밖의 위장된 축복일지 모른다고 말했다. "당신은 항상 예쁘다는 소리를 들었고 섹스를 즐겼죠. 하지만 친밀한 관계는 두려워했어요." 나는 조심스럽게 지적했다. "이제 섹스는 좀 참고 감정적으로 친밀한 관계를 쌓을 때까지 기다려봐요. 섹스를 하기 전에 당신의 모든 단점까지 인정하는 남자는 특별한 사람일 거예요."

"길디너 선생님." 그녀는 말했다. "선생님은 현실 세상으로 **나가본 적** 있으세요?"

한 달 뒤에 상담 시간에 찾아온 로라가 선포했다. "저 해냈어요. 남자친구가 바람피우는 건 알았지만 동네방네 헤르페스를 선물하고 다닌 줄은 몰랐지 뭐예요. 우리 사이는 이제 끝났다고 통보했어요." 나는 그가 어떤 반응을 보였느냐고 물었다. 그녀는 남자친구가 울었다고 했다. "미안하다고 하더니 저랑 결혼하고 싶다고 하더라고요. 그래서 제가 말했죠. '내가 뭐 하러 거짓말하고 바람피우고 여기저기 병균 옮기고 직업이 마약장수인 남자랑 결혼하겠어? 그런 남자랑 만난 것만으로도 억울한데.' 전 지금 제 인생에서 모든 진상을 몰아내고 있어요." 그녀는 스스로를 자랑스러워했고 나도 그녀가 자랑스러웠다.

로라의 "3인조 진상단"에서 이제 유일하게 남은 사람이 아버지였다. 그쪽은 문제가 훨씬 복잡했다. 그는 가장 큰 집착 대상이었고 상사나 남자친구와는 다르게 그녀의 삶에서 언제까지고 중요한 자리를 차지할 것이었다.

로라와 아버지의 정서적 관계가 달라지고 있다는 것이 드러난 곳은 그녀의 꿈속이었다. 프로이트는 성욕이나 공격성 같은 우리의 무의식적인 충동이나 본능은 의식으로부터 차단되어 있고, 문명사회는 우리가 그걸 인식하지 않길 바란다고 말한다. 따라서 이런 충동은 억압, 부인, 승화 같은 방어기제의 보호를 받는다. 무의식적인 충동이 의식 속으로 잠입하는 한 가지 방법이 꿈을 통해서인데, 이때 무의식의 소재는 상징으로 위장된다. 하지만 프로이트의 주장에 따르면, 이런 상징을 해석하고 자유 연상을 하면 무의식이 어떤 메시지를 전달하려고 하는지 파악할 수 있다. 꿈이 너무 잘 위장되어 있으면 의미 파악이 안 될 수도 있다. 위장이 부족하면 악몽이 될 것이다. "꿈은 무의식에 이르는 지름길"이라고 한 프로이트의 말은 맞다. 그렇기에 꿈은 상담치료에 없어서는 안 되는 요소다.

우리는 그녀의 꿈을 해석하며 한 걸음씩 나아가고 있었다. 어느 날엔가 그녀는 꿈 일기를 가슴에 꼭 끌어안고 말했다. "프로이트가 여러모로 재수 없는 인간이긴 했지만 꿈에 대해서만큼은 일가견이 있던 것 같아요. 하도 생생한 꿈을 꿔서 일어났더니 심장이 쿵쾅거리고 잠시 그게 실제로 일어난 일인 줄 알았어요.

저는 무대에 서 있고 객석에 수백 명의 관객이 있었어요. 립스틱도 안 바르고 너덜너덜한 옷을 입고 있어서 창피했어요. 무대 위에는 종이 반죽으로 만든 시커멓고 거대한 고양이가 있었어요. 포이

즌이라는 밴드가 신곡 〈룩 왓 더 캣 드래그드 인〉('아니, 이게 누구야라는 뜻이다. ─ 옮긴이)을 부르는 소리에 맞춰서 제가 고양이 입을 발로 찼어요. 일부 관객이 박수를 쳤지만 저는 마음이 안 좋았고 제가 왜 그러고 있나 싶었지만 멈출 수가 없었어요."

로라는 이 꿈을 분석하며 사운드트랙의 출처는 쉽게 파악할 수 있다고 했다. 얼마 전 여동생 집에서 들은 노래였다. 나는 노래 제목인 '아니, 이게 누구야'가 그녀에게 무슨 의미냐고 물었다. 로라의 표정이 어두워졌다. "교도소로 면회 갔을 때 아빠가 저를 보고 한 말이에요."

나는 그녀의 아버지가 철창신세를 진 적 있다는 말에 깜짝 놀랐다. 내 표정을 읽은 로라가 아버지가 교도소에 간 이유는 자기도 모른다며 내 질문을 막았다. "교도소까지 버스로 13시간이 걸렸어요. 저는 14살이었고 거기에 가려고 몇 달 동안 돈을 모았죠. 제가 교도소 안으로 들어가니까 남자들이 휘파람을 불었고 아빠는 그냥 웃음을 터뜨리면서 말했어요. '이런, 이런, 아니, 이게 누구야.'"

"당신이 골칫덩어리라도 되는 듯이요?"

"아빠는 계속 웃기만 했어요. 저는 화를 내고 싶었지만 그런들 무슨 소용이겠어요? 아빠는 이미 바닥을 쳤으니 저는 자존심을 삼키고 좋게 넘어가려고 했어요. 게다가 다음 날까지 버스가 없었거든요. 제가 버스 정거장에서 자야 한다고 했더니 아빠는 말했어요. '뭐, 옷은 맞게 입고 왔네.' 당시 스톤워시 청바지가 유행이라 그걸 입고 있었거든요. 아빠는 그 청바지를 좋아하지 않았어요. 그 뒤로 두 번 다시 면회를 하러 가지 않았어요."

"화가 났겠네요. 꿈속에서 당신은 그 고양이의 입을 발로 찰 만큼 짜증이 났어요."

"저는 꿈속에서 고양이를 박살 냈죠." 로라의 표정이 다시 어두워졌다. "이기적인 인간 같으니라고. 게다가 다른 재소자들이 추파를 던지고 음흉하게 쳐다보는데도 아빠는 '내 딸이야. 그런 눈깔로 보지 마'라고 말하지 않았어요. 찐따들 앞에서 평소처럼 한심하게 으스대기만 했지. 인간이 그 지경으로까지 추락할 수 있다니!"

"예전에는 아빠가 대단하게 느껴졌을 텐데 그렇게 위신 떨어진 모습을 보려니 힘들었겠어요."

그녀는 한숨을 쉬었다. "아빠는 대단했던 적이 없었을 거예요. 저 혼자 그렇게 생각한 거지."

그녀가 아빠를 향해 진정한 분노와 실망감을 표출한 것은 그때가 처음이었다. 우리의 상담치료에서 그것은 중요한 순간이었다. 큼지막한 퍼즐 한 조각이 제자리를 찾아가고 있었다.

"방과후 아르바이트를 해서 모은 돈으로 표를 사고 14살 나이에 그 오랜 시간 동안 혼자 버스 타고 교도소로 면회를 하러 갔는데 아버지는 당신을 모욕하고 비웃고 다른 재소자들한테서 보호해주지도 않아요. 당신은 옷차림이 단정치 못한 느낌이었고, 재소자들은 음탕한 눈빛으로 쳐다보고 있어요. 꿈속에서 '립스틱도

바르지 않은 것'과 '관객'은 아버지의 보호 없이 노출된 당신을 다른 재소자들이 쳐다보는 걸 상징해요. 꿈속에서 당신은 화가 나서 아버지에 해당하는 고양이를 발로 차지만 죄책감을 느끼는 쪽은 **당신**이에요. 박수 치는 사람도 있고 치지 않는 사람도 있었는데 그건 뭐예요?"

"저는 아빠한테 화를 내면 죄책감을 느껴요. 하지만 선생님은 제가 아빠한테 화를 내길 바란다는 걸 알아요. 아빠를 변명하자면 아빠가 저를 타박한 건 제가 면회 갔을 때가 처음이자 마지막이었어요."

나는 그녀에게 그를 제대로 평가했으면 좋겠다고 맞받아쳤다. 그래야 그 둘 모두에게 알맞은 관계를 건설할 수 있었다. 나는 그녀에게 두 사람이 무의식 선상의 탱고를 추고 있다고 말했다. 그는 무책임하게 굴고 그녀는 지나치게 모든 것을 책임지려 하고 있다고 말이다.

"당신은 이 세상의 다른 모든 딸처럼 아버지에게 유대감을 느끼고 있어요. 다윈에 따르면 모든 종이 그런 유대감을 느낀대요. 당신과 아버지의 유대관계는 전혀 이상할 게 없고 필요한 부분이에요. 하지만 제가 보기에 당신은 유대감을 사랑으로 착각하는 것 같아요. 유대감은 선택하는 게 아니에요. 생존에 필요한, 생물학적인 명령이지요. 사랑은 선택이에요. 당신은 당신의 보살핌이 필요한 무능력한 남자를 만나면 당장 마음이 약해져요. 왜냐하면 당신은 그런 태도에 길들어 있거든요. 당신은 남자를 보살피는 역할을 갈고 닦았고 그럼으로써 사랑을 받아왔어요. 하지만 서로 보살피는 게 사랑이에요. 연인의 남다른 면모에 감탄해야지요. 거친 세상으로부터 그를 보호할 궁리를 하지 말고요. 당신 아버지는 자신을 보살펴준 당신을 자기 딴에는 사랑했어요. 하지만 자신의 부족한 부분을 채워줄 때만 필요한 게 아니라 당신의 모든 면을 사랑해주는 남자가 있을 거예요."

로라는 그 말을 마음에 새기며 안심하는 눈치였다. "예전 같으면 살가운 척하는 말처럼 들렸을 텐데, 지난 몇 달 동안 그런 남자를 만날 수 있기를 바라는 마음이 조금이나마 생겼어요."

상담치료를 받으며 병적인 방어기제가 무너지기 시작하면 내담자는 그때까지 방어하고 있던 배후에서 좀 더 많은 것을 끄집어낸다. 상담치료 초기에는 묻혀 있던 기억들이 갑자기 떠오른다. 아버지를 방어하기로 작정했을 때, 로라는 그에 얽힌 안 좋은 기억을 대부분 차단하고 있었다. 그런데 상담치료를 시작한 지 2년이 지나자 그 고통스러웠던 기억이 뜨거운 용암처럼 흘러나오기 시작했다.

어린 시절, 주인집과 아동보호소에서는 아버지의 소재를 파악하려고 했지만 실패했다. 결국 그들은 포기하고 아이들을 맡아 키웠다. 이때가 로라와 동생들에게는 행복한 시절이었다. 특히 남동생은 론과 가장 잘 지냈고 집 안팎을 건사하는 법을 배웠다. 말수도 많아졌고 저녁이 되면 창가에서 론이 퇴근하기를 진득하게 기다렸다.

그 집에서 지낸 지 4년째로 접어들었던 어느 추운 겨울 저녁, 누군가가 문을 두드리는 소리가 들렸다. 론이 문을 열어보니 그들의 아버지였다. 그는 안으로 들어와 로라의 기억에 따르면 이렇게 말했다. "안녕, 얘들아! 내가 재혼을 했어. 이제 짐 싸서 집으로 가자." 아무도 꼼짝하지 않자 그는 명랑하게 외쳤다. "새엄마가 생겼다니까?"

로라는 동생들이 그 집에 남고 싶어 했다며 문득 슬픈 표정을 지었다. 주인집 부부의 곁을 떠나야 한다고 주장한 사람은 로라였다. "그게 동생들 입장에서는 얼마나 잘못된 판단이었는지 이제는 알겠어요. 그 때문에 동생들 인생이 망가졌다는 걸요. 아빠는 동생들을 좋아한 적이 없었어요. 남동생은 론을 변함없이 따뜻한 아빠로 여기며 정말 잘 지내고 있었는데." 상담을 시작한 이래 두 번째로 그녀의 눈에 눈물이 고였다.

그들은 토론토로 이사했다. 그 무렵 아버지는 간신히 일상적인 기능을 유지하는 빈털터리 알코올 중독자였고, 우범지역의 지저분한 술집 2층에서 살았다. 습하고 어두컴컴한 계단을 올라가보니 로라와 나이 차이가 10살도 안 되는 젊은 여자 린다가 서 있었다. 그녀는 하이힐을 신고 휘청휘청 다가와 어린애 같은 목소리로 말했다. "얘들아, 안녕. 내가 너희 새엄마야." 동생들은 인사를 건넸지만 13살의 로라는 21살의 라이벌을 노려보다가 방으로 들어갔다. 그녀는 동생들과 한 방을 써야 했다. 그 방에는 문이 없었고 물 얼룩이 진 천장에 구슬을 엮은 발이 달려 있었다.

린다는 이후 2년 동안 술에 취해 지냈다. 아이들의 어머니가 주로 침묵으로 일관했다면 린다는 사나운 술꾼이었다. 그녀는 아무 남자라도 고를 수 있었는데 나이 많은 등신에게 발목 잡혔다며 고함과 비명을 지르곤 했다. 로라의 아버지도 술을 많이 마셨고 린다를 때렸다. 그러면 로라가 그녀의 입술이나 눈에 댈 얼음을 가져다주었다.

어느 날 밤, 3일 동안 벌인 술판이 정점에 달했을 때 아버지와 린다 사이에 말싸움이 벌어졌다. 로라가 기억하기로는 방에서 책을 읽고 있었을 때였다. 주먹 휘두르는 소리와 무언가 부서지는 소리에 이어 계단에서 요란한 소리가 들렸다. 동생들은 방에 있게 하고 밖으로 나가보니 린다가 계단 맨 아래에 웅크린 채 쓰러져 있었다. 아버지는 숨을 헐떡이며 찢어진 셔츠 차림으로 식탁 앞에 앉아 두 손에 머리를 묻고 있었다.

그녀는 좁은 계단을 달려 내려갔다. "린다가 무슨 뭉치처럼 몸을 구기고 누워 있었어요. 의식이 없고 목이 이상한 각도로 꺾여 있더라고요." 맥이 짚이지 않자 로라는 집으로 달려가 911에 연락했다. 그리고 아버지를 보았을 때 그가 린다를 계단 아래로 밀쳐서 떨어뜨렸을 수도 있겠다는 사실을 알아차렸다. "아빠한테 셔츠를 벗으라고 했어요. 그 셔츠는 제 방에 숨기고 다른 셔츠로 갈아입게 했어요. 그녀가 할퀸 팔뚝의 핏자국을 닦았고요. 동생들에게는 경찰이 오면 그녀와 아빠가 싸우지 않았다고 이야기하게 했어요."

"그러는 동안 아버님은 뭘 하셨어요?"

"술에 취해서 인사불성이었죠."

출동한 응급구조 대원들은 린다가 목이 부러져서 죽었다고 했다. 로라는 경찰에게 그녀가 계단에서 굴렀다고 말했다. 그들이 린다가 심하게 얻어맞은 것처럼 보이는 이유에 관해서 묻자, 칸마다 머리를 부딪혀가며 굴렀기 때문이라고 설명했다. "린다는 술집에서 취하면 말썽을 부리기로 그 동네에서 유명했기 때문에 그렇게 실려나갔고 그 뒤로 영영 사라졌어요." 로라는 덤덤하게 말했다.

"아빠가 그녀를 계단 아래로 떠밀었는지 그녀가 그냥 굴렀는지 이날 이때까지도 모르겠어요. 본 사람이 아무도 없으니까요."

"하지만 목숨을 잃을 만큼 빠른 속도로 날았잖아요." 나는 지적했다.

"그렇긴 해요." 로라는 덧붙였다. "하지만 그녀는 왜소했어요. 게다가 계단에서 제 발로 굴러 죽는 사람들도 많잖아요. 그런 사고는 비일비재해요."

"린다의 죽음과 그 정황에 대해 어떤 기분이 들었어요?"

"사실 저는 린다를 좋아한 적이 없었어요."

"그래도 상당한 트라우마로 남았을 텐데요. 아버지의 죽은 아내 때문에 911에 연락한 게 이번이 두 번째였잖아요. 한 번은 친어머니, 또 한 번은 새어머니였어요."

로라는 트라우마로 남지 않았다고, 처리해야 하는 일이 하나 더 늘었을 뿐이었다고 했다.

"전부 하루 일과에 불과했다? 아버지를 의심하거나 무서워하거나 아버지한테 화가 나지 않았어요?"

"선생님은 희한하다고 생각하겠지만 저는 자책했어요. 선생님이 좋아하는 표현을 쓰자면, 저한테 트라우마가 됐던 건 좋지 않은 시기에 동생들을 다시 토론토로 끌고갔다는 거였어요. 아빠가 아무것도 감당할 수 없는 시기였는데도요. 제가 진작 그걸 파악해서 아빠한테 그런 큰 부담을 지우지 말았어야 하는 거였어요."

"그러니까 린다를 살해했을지도 모르는 아버지가 아니라 그에게 너무 많은 부담을 안긴 당신을 원망했다?"

"지금은 상담치료를 2년 받고 나니까 그게 이상한 논리라는 걸 알지만 그게 제 솔직한 심정이에요."

풋내기 상담치료사로서 내가 놀랐던 건 로라의 끈질긴 부인이었다. 그녀는 자신의 아버지가 어떤 사람인지 파악했어도 여전히 그에게 책임을 묻기를 거부했다. 나는 내가 조금씩 쪼아 없애려는 것이 얼음덩어리가 아니라 빙산이라는 것을 서서히 느낄 수 있었다.

상담치료 두 번째 해가 끝나가고 있었고 진전이 있었다. 하지만 그래도 로라와 아버지의 관계를 좀 더 깊숙이 파헤쳐야 했다. '고양이를 발로 찬' 꿈이 그를 좀 더 현실적으로 바라볼 수 있는 계기가 되긴 했다. 나는 그녀가 그를 계속 감싸고 도는 이상 다른 남자들과도 그런 관계에서 벗어날 수 없는 것은 아닐지 걱정스러웠다.

현실적인 측면에서는 기구한 알코올 중독자라기보다 사이코패스에 가까운 그녀의 아버지가 린다와 첫 번째 부인, 양쪽 모두를 살해한 건 아닌가 하는 의심이 들기 시작했다. 로라가 어머니의 기억을 모두 차단한 것도 아버지를 보호하기 위한 수단이 아닐까? 무의식적인 차원에서는 어머니의 죽음에 대해 좀 더 많은 걸 알았던 게 아닐까?

폭로

상담치료사는 내담자를 치료할 때 심리학 이론에 근거해 다양한 방법을 동원한다. 나는 개원 초기에는 주로 무의식의 존재를 인정하는 프로이트의 패러다임을 따랐다. 그러다가 경력이 쌓이면서 여러 이론을 절충했다. 상담치료사와 내담자 간의 역할극과 그 둘 사이에서 현재 벌어지는 현상에 초점을 맞춰 이를 근거로 내담자가 바깥세상에서의 갈등에 어떤 식으로 대처하는지 파악하는 게슈탈트요법을 적용했다. 상담자(내담자)를 그가 겪는 문제의 전문가로 간주하고, 상담치료사는 주로 공명판 역할을 하는 칼 로저스(Carl Rogers)의 상담자 중심 상담치료도 도입했다.

한마디로 요약하자면 나는 한 방향만 고집하는 데 따르는 한계를 자각했다. 사례마다 각 상담자에게 최선의 방안이 무언지 고민해야 했다. 자아성찰에 별로 소질 없는 상담자들은 프로이트 스타일의 자유 연상으로 자신의 감정을 탐색하는 데 어려움을 겪는 경우도 있었다. 그러면 나는 그런 통찰 중심의 접근 방식을 즉각적이고 자극적인 역할극으로 대체해 상담자를 어떤 역할 속으로 몰아넣고 반응할 수밖에 없게 만들었다. 어떤 상담자가 상사에게 화가 났다면 내가 그 상사인 척하는 식이었다. 그러면 그런 연습을 하는 동안 대개 진심이 표출됐다. 상담자가 어렸을 때 극도의 결핍을 느꼈고 아무도 그의 말에 귀 기울여주지 않았다면 칼 로저스의 접근 방식을 썼다. 이야기를 그저 들어주기만 하면서 성장에 필요한 자양분을 제공했다. 모든 사례마다 수시로 재점검했고 심리학적 관점에서 발전이 없으면 다른 기법을 시도했다. 아인슈타인이 이렇게 말했다고 하던가. "똑같은 것을 반복하면서 다른 결과를 기대하는 것은 미친 짓이다."

심리학 모델 대신 사회학 모델을 활용하는 것이 도움 될 때도 있었다. 사회학 관점에서 로라의 사례를 재해석해보면 그녀의 아버지는 알코올 중독자 집단에 속한 반면, 로라가 속한 집단은 '알코올 중독자 집안의 애어른'이었다. 익명의 알코올 중독자 단체에서 단정한 것에 의하면, 알코올 중독자들에게는 일정한 특징이 있고 그들의 아이들은 부모의 알코올 중독에 대응해 나름의 특징을 계발한다. 사실 알코올 중독자 집안에서 성장한 2세를 특정해 돕는 단체도 있다.

따라서 나는 로라에게 재닛 워이티츠(Janet Woititz)가 쓴 『알코올 중독자 집안에서 자란 애어른들(Adult Children of Alcoholics)』을 선물했다. 알코올 중독자 집안의 애어른들, 그중에서도 특히 부모를 대신하는 맏딸들에게 공통적으로 어떤 특징이 있는지 그녀에게 목록을 보여주고 싶었다.

다음 상담 시간에 찾아온 로라는 모든 항목이 자신에게 해당한다는 사실을 발견하고는 당혹스러워했다. 그녀는 플립 차트를 또 만들었고 육군 병장이 점호하듯 각 특징을 하나씩 낭독했다. "알코올 중독자 집안에서 자란 애어른들은 다음과 같다." 그녀는 이 말로 운을 뗐다.

1. 어떤 게 정상적인 행동인지 눈치로 파악한다.

"저는 8살짜리가 부모 노릇을 하는 게 정상이 아니라는 걸 전혀 몰랐어요."

2. 자신에 대해 가혹하게 평가한다.

"동생에게 형편없는 부모였던 제가, 헤르페스에 걸린 제가 싫어요."

3. 재미있는 시간을 갖는 데 어려움이 있다.

"재미요? 뭐, 지금 유치원생이에요? 일해야죠."

4. 매사에 너무 심각하다.

"회사 사람들도, 아빠도 그렇고 저더러 농담에 정색한대요."

5. 친밀한 관계를 어색해한다.

"누군가의 접근도 공감도 허락하지 않아요. 그러면 이 책에서 말하는 **친밀한** 관계가 되거든요, 그게 뭔지는 모르겠지만."

6. 자신의 능력으로 어쩔 수 없는 변화에 과민 반응한다.

"왜 아니겠어요? 모든 변화는 나쁜 거예요. 살인이 벌어졌거나 경찰에서 퇴거 명령을 내리거나 빚쟁이를 피해 도망치거나 그런 거니까."

7. 끊임없이 인정받고 확인받고 싶어 한다.

"남자친구, 우리 아빠, 그리고 상사가 진상이더라도 그들의 인정을 받기 위해 열심히 일할 거예요. 음, 우리 아빠는 완전 진상은 아니지만 그럴 수도 있겠지요."

8. 자신은 남들과 다르다고 생각한다.

"다른 거 맞아요. 저는 그들이 상상도 하지 못한 일을 해왔어요."

9. 책임감이 지나치다.

"죽기 살기로 일에 매달리고, 이 정도면 잘했다고 생각한 적은 한 번도 없어요. 다음 날 회사에서 해야 하는 업무가 걱정돼서 한밤 중에 눈이 떠져요."

10. 상대방은 그럴 대접을 받을 자격이 없다는 증거가 뻔히 보이더라도 철저하게 의리를 지킨다.

"너무 당연한 이야기라 논의 자체가 시간낭비예요. 저는 남자친구, 상사, 아빠한테 충성을 다 바쳤어요. 모두 자기 연령대에서 '올해의 진상' 상을 받아도 할 말 없는 인간들인데."

로라에게 이 책과 증상 목록은 번개와도 같았다. 저자가 자신의 머릿속을 들여다보기라도 한 느낌이었다. 그녀는 이 책을 읽기 전까지만 해도 자신이 특별한 줄 알았다. 목록 점검을 마쳤을 때 그녀는 깨달았다. **"저는 단순히 알코올 중독자 집안의 부산물이었어요. 이제는 그렇다는 걸 알겠어요."**

어느 주엔가 로라가 할머니의 부고를 전했다. 내가 조의를 표하자 그녀는 조부모 둘 다 '바보천치'였기 때문에 그럴 필요 없다고 했다. 그녀는 잠시 가만히 있다가 말했다. "그걸 모를 수가 없었어요. 그들과 같이 살았거든요. 린다가 죽은 뒤 아빠가 시시한 헛짓거리에 연루돼서 갇히는 바람에. 14살인가 15살 때였는데, 우리는 다른 지역의 할아버지, 할머니 집으로 옮겨졌어요."

그녀의 조부모는 트레일러 하우스에서 살았다. 그들은, 그녀의 표현에 따르면, 이랬다. "멍청한 돌머리에 거지처럼 사는 백인 계층의 수치였지요." 로라는 상점에서 콘 통조림이 아니라 크림 콘을 사왔다고 허리띠로 맞고 벽장에 24시간 동안 갇힌 적도 있었다. (그녀는 지금도 폐쇄된 공간과 좁아 냄새를 접하면 숨이 막힌다.) 이런 사례가 끝도 없었다. 그리고 맞으면서 그녀의 아버지가 아무짝에도 쓸모없고 그녀도 마찬가지라는 소리를 들었다.

육체적인 학대와 언어폭력은 로라에게 낯선 영역이었다. 아버지는 린다와 함께 사는 동안에도 로라에게 폭력을 행사한 적이 없었고 한 번도 엄하게 규율을 강조한 적이 없었다. 사실 그녀를 자주 칭찬했다. 그의 제1원칙은 방치였다.

그녀의 말에 따르면 할아버지는 그녀를 '이상하게 성적으로' 대했다. 내가 좀 더 구체적인 설명을 요구하자 그녀는 이렇게 말했다. "저를 보며 우리 어머니를 닮아서 '이탈리아에서 온 작부'처럼 생겼다고, 우리 어머니한테 발목 잡혀서 인생 망치지만 않았던들 자기네 아들이 잘 먹고 잘살았을 거라고 했어요."

로라가 부적절한 성적 행태에 대해 언급한 것은 그때가 처음이었다. 그리고 이런 경우 내담자가 꺼낸 이야기는 빙산의 일각일 때가 많다.

"할아버지가 또 어떤 식으로 성적인 표현을 썼나요?"

그녀는 됐다는 듯이 고개를 저었다. "할아버지는 아무 짓도 하지 않았어요. 은근 겁쟁이였거든요. 역겨운 확신 아래 권력을 휘두른 쪽은 할머니였어요."

나는 어떤 선입견도 조장하지 않도록 조심스럽게 말을 골라가며, 혼란스러운 어린 시절을 보낸 사람들은 부모라는 보호막이 없어서 취약하므로 성적인 학대를 당하는 경우가 많다고 했다. 그리고 정상적인 행동에 대한 기준이 없고 자기들에게 거부할 권리가 있다는 것도 모르는 경우가 많다고 말이다.

"저는 아니에요. 저한테 접근하는 사람이 있었으면 목을 따버렸을 거예요. 남자들도 그런 걸 귀신같이 알아차리나 봐요."

로라는 부당하게 희생당했지만 희생양의 역할은 거부했다. 그녀가 대단한 이유가 그 때문이었다. 그녀는 오랜 세월 동안 투쟁을 거듭하면서도 날마다 눈을 뜨면 좀 더 나은 사람이 되겠다고 결의를 다졌다.

하지만 그런 면에서는 그녀가 대단한 위인이었을지 몰라도 자신의 고통을 정신적으로 부인한 데 따르는 문제점이 있었다. 두려움, 외로움, 버림받았다는 상실감처럼 감춰진 실질적인 감정을 체험하기보다는 분노만을 느꼈다. 분노는 감정이 아니라 방어기제다. 인간은 너무 고통스러워서 실제 감정을 인정할 수 없을 때 분노로 대응한다. 로라가 지금까지 겪은 일에 실질적인 감정을 부여할 수 있도록 돕는 것이 내 역할이었다.

로라의 사례를 통해 한 가지 배운 게 있다면, 심리학자는 평가하지 말아야 한다는 점이었다. 인간은 누구나 어느 정도 평가적이다. 우리는 평가를 통해 상황을 분류하고 판단한다. 나는 로라의 아버지를 "청소년기에 성장이 멈춘 알코올 중독성 소시오패스" 내지는 비전문가적 용어를 빌려 "이기적인 인간"으로 규정할 수 있었다. 하지만 사디스트인 할머니와 변태적이고 취업 부적격자였던 할아버지 이야기를 접했을 때, 로라의 아버지도 힘든 전쟁을 치러야 했다는 것을 알 수 있었다. 그에게는 어른의 인생을 대비시켜준 사람이 아무도 없었던 것이다. 그는 사실 자기 부모보다는 나은 부모였다. 부모가 어렸을 때 자신에게 어떤 식으로 대했는지, 그것밖에 몰랐을 뿐이었다. 그에게는 역할 모델도, 상담치료도, 어떤 도구도 없었지만 나름대로 끊어진 줄을 다시 잇기 위해 최선을 다했다.

3년에 걸쳐 상담을 진행하는 동안 후반부에 드러난 과거 정보가 상담치료에도 영향을 미쳤다. 로라의 여동생은 지난 몇 년 동안 잘 지내지 못하고 있었다. 2살 된 아들이 뇌손상을 겪고 있었고, 쌍둥이까지 생겼다. 남편은 무능하고 일상생활을 제대로 하지 못하는 우울증 환자였다. 로라는 주말에 여러 번 여동생의 시골집으로 내려가 새로 태어난 쌍둥이의 뒤치다꺼리를 도왔다. 얼마 후 여동생의 남편이 화장실에서 목을 매 자살했다는 소식이 전해졌다.

"여동생이 당신에게 원하는 게 뭘까요?" 나는 좀 더 명확히 짚고 넘어가려고 했다.

"도움이요. 저는 도울 거예요. 주말마다 다 쓰러져가는 그 우울한 농가로 내려가서 거들 거예요. 걔는 감당하지 못해요."

"동생에게 당신의 도움이 필요한 건 맞아요. 당신 같은 언니가 있어서 다행이지요." 나는 조심스럽게 물었다. "하지만 정서적인 도움은요?"

"걔는 울기만 하는걸요."

나는 로라에게 여동생도 그녀와 똑같은 상실을 경험하지 않았느냐고 짚었다. 어머니의 죽음에 이어 아버지에게 버림받았고, 그 뒤로 린다의 끔찍한 죽음과 아버지의 투옥이 이어지지 않았느냐고 말이다. 그런가 하면 아버지는 로라를 편애했지만 여동생은 '칭얼대장'이라고 부르며 무시했다. 로라는 불굴의 의지를 갖춘, 존경스럽고, 똑똑하며 예쁜 언니였다. 여동생에게는 이런 자질이 없었다. 나는 그녀에게 로라의 정서적인 지원이 필요할지 모른다고 조심스럽게 운을 뗐다.

"저도 최선을 다하고 있어요. 우리는 이 사태를 극복할 거라고 이미 이야기했고요."

로라가 한 건 격려일 뿐 친밀감의 표현은 아니었다. 나는 그 주제를 다시 끄집어내기로 했다. 우리는 **친밀감**이라는 단어를 두고 티격태격했다. 그녀는 그 단어를 글로 배우기는 했지만 진정한 의미를 자기 것으로 만든 것 같지는 않았다. 로라가 기저의 감정을 워낙 철저하게 방어했기 때문에 조심스럽게 접근해야 했다. 그녀는 문을 닫았다 하면 세게 닫았다. 나는 여동생과 속마음을 공유하면 어떻겠느냐고 제안했다. 로라는 3년 동안 상담치료를 받았지만 여동생은 한 번도 받은 적 없지 않은가. "당신이 상담치료를 받고 있다고 이야기한 적 있어요?"

"네? **절대**요!"

나는 그녀에게 스트레스와 불안을 다스리는 방법을 배우기 위해 상담치료를 시작했고 효과가 좋지 않았냐고 말했다. 헤르페스 증상만 가라앉은 게 아니라 자신에 대해 많은 걸 터득했고 삶의 질도 높아지지 않았냐고 말이다. 하지만 더 깊숙이 들어가야 했다. "감정을 공유할 때 비로소 친밀감이라는 게 느껴지거든요." 나는 말했다.

"저도 그게 뭔지 알아요. 제가 무슨 외계인도 아니고."

하지만 로라는 혼란스러워하는 눈치였다. 그래서 나는 말했다. "자기 감정을 숙지하고, 그 감정, 그러니까 자신의 공포, 수치심, 희망, 기쁨을 제삼자와 공유할 때 생기는 게 친밀감이에요."

"차라리 길바닥에서 알몸으로 춤을 추는 게 낫겠어요!"

나는 못 들은 체했다. "어렸을 때 당신 앞에서 감정을 표현한 사람이 없었기 때문에 처음에는 힘들게 느껴질 거예요. 당신은 사실상 감정을 차단하며 삶을 통제해야 했을 테니 배우기 힘든 것도 당연해요." 나는 친밀한 대화는 외국어를 배우는 것과 같다고 설명했다. 하면 할수록 쉬워진다는 점에서 그렇다고 말이다.

로라는 실무적인 면에 초점을 맞추며 예를 들어달라고 했다.

"헤르페스 때문에 부끄럽고 어찌할 바를 모르겠다고 했을 때 나는 당신의 심정에 공감했어요." 그녀에게 맨 처음 상담치료를 받으러 왔을 때 그녀가 모든 공감을 거부했던 것을 기억하느냐고 물었다.

"사람들이 그걸 악용하면 어떻게 해요?" 그녀는 물었다.

"가능성은 언제든 존재하지요. 그러니까 믿을 수 있는 사람에게만 친밀감을 표현해야 해요. 좀 더 신뢰를 쌓을 수 있는 기반이 되거든요. 이번 경우에는 믿자고 저지르는 자세가 필요해요."

"솔직히 위험하게 느껴지지만 무슨 말인지 알겠어요. 상대방과 좀 더 가까워질 수도 있지만 한 방 먹을 수도 있겠네요."

"감정을 공유하면 기분이 좋아지고 스트레스와 불안이 줄어요. 반려자와 인생을 함께 보낼 때 육체적으로 시들해지고 난 뒤에도 관계를 유지하는 끈끈이 역할을 하는 게 정서적인 친밀감이에요."

그녀는 믿기지 않는다는 표정을 지었다.

우리는 친밀한 대화를 연습해보았다. 나는 쓸만한 단어를 몇 개 추천했다. "아마 여동생도 친밀하게 지내는 법을 당신 못지않게 잘 모를 거예요. 어쩌면 당신에게는 분노가 그녀에게는 칭얼거림이었을지 몰라요. 그걸 방어기제로 쓴 거죠."

이제 상담치료가 3년째로 접어들었다. 로라는 경계 설정 면에서 크나큰 발전을 했지만, 여전히 우리는 친밀감 같은 기본 개념에 관해 이야기하고 있었다. 그녀는 여전히 친밀감이라는 개념을 질색했다. 발을 베었을 때 아버지가 용감하니까 그녀를 사랑한다고 말했던 것이 그녀의 첫 번째 기억이었다. 로라가 생각하기에 아픔을 공유하는 건 용감한 게 아니었다. 그런데 이제 내가 그녀에게 경계를 늦추라고 말하고 있었다. 20여 년 동안 그녀의 집안과 역경이라는 학교에서 배운 것과 정면으로 대치되는 요구였다. 누가 사각의 링 안으로 들어간 권투선수에게 왼손을 내리라고 하겠는가.

몇 주 뒤에 찾아온 로라는 잠시 가만히 창밖을 내다보다가 속사포처럼 말을 쏟아냈다. "여동생과 좀 더 친밀한 사이가 되어보라는 선생님의 무모한 조언을 실천에 옮겨보려고 했어요. 하지만 제가 그 친밀감이라는 벌집을 건드리지 않은 데는 이유가 있었더군요."

그녀는 주먹으로 의자 팔걸이를 내리치고 나를 노려보았다. 나는 아무 말도 하지 않았다.

"여동생 집에 갔어요. 밤중에 우리는 아이들에게 우유를 먹였어요. 사방이 어둑어둑했고 우리는 똑같이 생긴 흔들의자에 앉아 있었어요. 제가 이야기를 꺼냈죠. 우리는 쉽지 않은 어린 시절을 보냈다고, 상담치료를 받으면서 그랬다는 걸 알게 됐다고요. 동생은 놀라더라고요. 징징거리는 쪽은 자기였고 저는 그걸 용납하지 않았으니까요. 동생은 제가 '모든 걸 가져서' 행복한 줄 알았대요."

로라는 상담치료를 받고 있을 뿐 아니라 아버지가 늘 완벽한 부모는 아니었다는 사실까지 깨닫게 됐다고 여동생 트레이시에게 실토했다. "아빠도 최선을 다했을지 모르지만 그걸로는 부족했다고요. 알고보니 제 예전 남자친구도 아빠와 똑같은 남자였다는 이야기도 했어요. 매력적인 훈남이었지만 헤르페스로 저를 배신했다고요."

로라는 내 눈을 똑바로 바라보았다. "맞아요, 선생님, 세상에
별일 다 있죠? 제가 동생한테 헤르페스 이야기를 했어요. 거기에
그치지 않고 전 남자친구가 심지어 아빠랑 같은 일을 했다고, 아
빠처럼 불법 약물에 손댔다는 이야기까지 했어요. 제가 아빠한테
그랬던 것처럼 그 남자의 잘못도 계속 감싸고 있었다고요. 동생
이 영문을 모르겠다는 표정을 짓길래 유대관계 어쩌고 하는 장
광설까지 풀었어요. **제가 제대로 한 거 맞죠?**"

로라는 정서적인 행복은 차치하고 생존에만 초점을 맞추느라
동생들에게 좋은 엄마가 되어주지 못했다고 자책했다는 것까지
고백했다. "정말 미안하다고 했어요. 그리고 말을 멈췄어요." 로라
는 잠잠히 말했다. "동생이 저를 용서한다고 해주든지 아니면 선
생님이 누누이 강조했던 것처럼 저도 어린애에 불과했고 저로서
는 그게 최선이었다고 말해주길 바랐던 것 같아요. 그런데 아니
었어요. 동생은 나무토막처럼 그저 앉아 있었어요. 저는 속마음
을 털어놓았는데 동생은 녹이 슨 고물차처럼 가만히 있으니까 슬
슬 열 받기 시작하더라고요. 그러다가 선생님이 공감에 관해서
한 얘기가 생각나서 논리를 들이대며 닦달하지 않고 그냥 미안하
다고 했어요. 그랬더니 동생이 안고 있던 쌍둥이 얼굴 위로 눈물
을 뚝뚝 흘리면서 울고 또 울지 뭐예요. 제가 닦아줘야 했어요."

"그래도 확실한 게 하나 있다면 트레이시도 당신과 가까워지
려고 당신만큼 노력을 기울였다는 거예요. 그녀는 도움이 필요한
상태로 보여요."

나는 트레이시의 집 주변 병원에서 무료로 그녀를 만나줄 정신과 의사를 찾았다. 안타깝게도 트레이시는 몇 번 만에 상담을 중단했다. 이후에 내가 주선한 지원단체 모임도 한 번 참석하고는 그만이었다. 쌍둥이 엄마를 위한 지원단체를 알아내 픽업해줄 사람까지 수소문했지만 막판에 트레이시가 참석을 거부했다.

뒤늦게 깨닫고보니 나는 내 내담자도 아니고, 상담치료나 다른 모든 도움을 거부하는 로라의 여동생에게 정신적으로 너무 많은 에너지를 쏟아붓고 있었다. 그랬던 이유는 내가 모든 걸 듣추고 모든 걸 밝혀야 직성이 풀리는 성격이기 때문이었다. 내담자의 욕구와는 아무 상관없었다. 나는 중요한 요소에 주목해야 했다. 로라는 열심히 상담에 응했고 자신의 변화를 도모하는 데 두려움이 없었다.

실업자

어느덧 내 느낌상으로는 결승선이 코앞이었다. 로라가 맨 처음 내 상담센터를 찾은 이유는 헤르페스를 해결하기 위해서였는데, 이제는 발병 회수가 1년에 한두 번꼴로 줄었다. 로라가 불안을 해소하는 법을 터득했다는 증거였다. 그녀는 회사에서나 개인적인 관계에서나 경계를 설정했다. 더는 무기력한 입장에서 분노유발자들을 향해 분통을 터뜨리지 않았다. 다른 사람들과 친밀한 관계를 구축하고 공감하기 위해 노력했다. 자신이 문제가정에서 어린 시절을 보냈다는 사실을 깨닫고 안정을 찾는 데 집중했다.

그랬는데도 그녀는 좌절과 재발을 경험했다. 어느 주엔가는 로라가 발소리도 요란하게 등장했고 전의를 불태우고 있다는 것을 알 수 있었다. 그녀는 뭔가에 위협을 느끼면 여전히 분노를 발동시켜 깨지기 쉬운 자존심을 보호하려고 했다. 나는 그녀와 그녀의 무의식적인 공포 사이에 끼어들 필요가 없다는 것을 이미 오래전에 터득했다.

내가 왜 그렇게 화가 났느냐고 물었더니 그녀는 "당황스러운" 한 주를 보냈다고 했다. 그녀는 자신들 삼 남매를 위탁양육했던 론과 글렌다의 딸 케이시가 초등학교 선생님이라는 말로 이야기를 시작했다. 그녀의 남자친구는 컴퓨터공학과 대학원 졸업을 앞두고 있었다.

로라가 이들 커플을 저녁식사에 초대하자 케이시의 남자친구가 같은 컴퓨터공학과 대학원을 막 졸업한 스티브라는 친구를 데려왔다. 케이시가 소개해주려고 부른 남자인 게 분명했기 때문에 로라는 치욕적이었다고 했다.

"1단계부터 차근차근 시작하면 어떨까요?" 내가 조심스레 유도했다.

"우선 저는 프롬 퀸(학년 무도회의 여왕 — 옮긴이)이었어요. 그러니까 케이시가 제 데이트에 대해서 신경 쓸 필요가 없어요. 저는 불쌍한 고아가 아니거든요."

"2단계는 뭔데요?"

"이 남자가 제 타입이 아니었어요. 어찌나 착한 척하던지, 제가 식탁을 그냥 놔두라고 해도 '같이 치워요. 다들 내일 아침에 할 일이 있잖아요' 하면서 계속 접시를 나르지 뭐예요."

"그래서 기분이 나빴다고요?" 나는 물었다.

"왜 이러세요. 세상에 그런 사람이 어디 있겠어요."

"포터 대령이라면 아내가 코스 세 개짜리 저녁을 차렸는데 늦은 시간이고 아내가 내일 아침에 할 일이 있다면 돕지 않을까요?"

로라는 잠시 가만히 앉아 있었다. "맞아요, 도울 거예요. 하지만 저는 포터 대령을 아버지로서 좋아하는 거지, 잠자리 상대로 좋아하는 게 아니에요."

"그러니까 정리하자면," 내가 말했다. "유망 분야의 석사학위를 딴 남자가 당신 앞에 등장해서 아침에 피곤한 게 어떤 건지 알기 때문에, 식탁을 치우는 것으로 고마운 마음을 표현할 만큼 센스가 있기 때문에 설거지를 도우려고 하는데 그런 남자는 등신이다, 그런 거예요?"

"아니, 그 사람은 재미가 없어요. 모험을 즐기는 성격이 아니에요." 그녀가 말했다.

"그걸 어떻게 알아요? 이 스티브라는 남자를 적극적으로 추천하려는 게 아니라, 남자가 착하다고 열외로 취급하는 이유가 궁금해서 그래요."

그녀는 아무 말 하지 않았고, 나는 이렇게 덧붙이지 않을 수 없었다. "게다가 모험을 즐기는지 어떤지 어떻게 알아요?"

"저도 전 남자친구한테 단점이 많았다는 건 알아요. 하지만 항상 기발했고 분위기를 제대로 바꿀 줄 알았어요."

"여자에게 헤르페스를 옮기고 회사에 들어가는 족족 잘리는 식으로요? 당신 아버지도 당신 기준에 따르면 '재밌는' 분이었지만 그 엉뚱하고 재밌는 삶 속에 아이들을 챙기고 법을 지키고 생활비를 버는 건 없었지요. 컴퓨터공학 분야에서 경쟁하려면 근성도 있고 머리도 좋아야 해요." 나는 이 말을 하는 동안 선을 넘었다는 사실을 깨달았다. 아버지라는 역할 모델을 포기하지 못하는 로라에게 화나서 신랄해진 것이었다. 나는 해석하지 않고 다그쳐서 미안하다고 사과했다.

그녀의 눈이 분노로 번뜩였다. "이왕 시작한 김에 전부 말씀하시죠? 이번만큼은 제가 들인 돈이 아깝지 않을 수도 있겠어요."

"로라, 당신은 제가 당신의 고통에 너무 가까이 다가가면 항상 밀쳐내려고 해요. 그 고통을 평생 보호하며 살 수는 있겠지만 그게 치유에 도움이 되지는 않을 거예요."

"죄송해요. 무슨 말씀을 하고 싶으신데요?"

"제가 보기에 당신은 아버지가 보였던 그런 태도에 길들어져 있어요. 당신은 아버지를 참고 견뎌야 했어요. 당신에게는 어머니가 없었어요. 어떻게 하면 좋았을까요? 어디로 가면 좋았을까요? 당신은 황야에 길을 뚫는 놀라운 일을 해냈어요. 당신은 부모가 있어야 하는 나이에 부모 없이 지냈어요. 당신의 역할 모델은 누구였을까요? 아무도 없었어요. 당신은 워낙 임기응변에 뛰어나고 강단 있어서 포터 대령을 발굴했고 영리하게 그를 본보기로 삼았어요. 부모가 필요할 때 그런 기지를 발휘해서 부모를 만들어낼 수 있는 사람은 많지 않지요."

"선생님이 퍼플하트 훈장(전투 중에 사망한 군인에게 수여되는 명예 훈장 — 옮긴이) 선정위원이 아닌 게 안타깝네요." 그녀는 빈정거렸다.

로라는 여러 면에서 호전됐다. 그런데도 끈질기게 극복되지 않는 증상 가운데 하나가 남자와의 관계였다. 그녀는 여전히 나쁜 남자에게 끌렸고, '사이코패스 같다'가 아니라 '재밌다'라는 표현을 썼다. 이번에도 또다시 그녀는 설거지를 도와줬다는 이유로 한 남자를 감정적으로 거부하고 있었다. 그가 그녀에게 구원자라는 상습적인 역할을 허락하지 않았기 때문이었다.

나는 그녀의 고집스러운 태도에 좌절을 느꼈다. 그래서 그녀가 손님을 그런 식으로 대한 이유를 해석함으로써 정면 돌파하기로 마음먹었다. "제가 보기에 당신이 스티브에게 아무 관심도 느끼지 못한 이유는 둘의 관계에서 당신이 어떤 역할을 맡게 될지 전혀 알 수 없기 때문이에요. 그를 구원할 필요가 없을 테니까요." 나는 이쯤에서 말을 끊었다가 모질게 덧붙였다. **"당신은 할 일이 없는 실업자처럼 될 테니까요."**

로라는 가슴을 한 대 맞은 것처럼 의자에 기대앉았다. 나는 계속 밀어붙였다. "아버지가 당신을 편애한 이유가 뭐였을까요?"

"제가 아빠를 보살폈으니까요. 우리 가족은 고물차와 같았어요. 저는 어떤 스페어 부품이 됐건 구해지는 대로 땜질해가며 그 차를 계속 굴러가게 했어요."

상담 시간이 끝날 때 나는 그녀를 필요로 하는 게 아니라 그저 사랑하는 남자와 함께라면 그녀가 무엇을 할 수 있을지 생각해보라고 제안했다.

이후 5개월 동안 로라는 스티브를 꾸준히 만났다. 정상적인 관계란 어떤 것인지도 배웠다. 스티브는 바쁜 남자였지만 늦을 것 같으면 미리 연락해서 알렸다. 처음에 그녀는 강박적이고 까다로운 성격이라는 증거라도 되는 듯 그것을 놀렸다. 나는 남을 배려할 줄 아는 어른끼리는 그렇게 한다고 말했다. 그가 자기 시간만큼이나 그녀의 시간도 소중히 여기는 거라고 말이다. 그녀는 기준점이 없었으니 내가 정상적인 관계를 가늠하는 잣대였다.

로라는 어느 누구와도 감정적으로 가까워지는 데 어려움을 느꼈지만 스티브에게는 과거 일부를 공개하는 식으로 노력했다. 그는 대부분 이해하는 눈치였다. 그는 성관계를 서두르지 않았다. 로라는 핑계가 다 떨어져가고 있다고 했다. 헤르페스를 조만간 털어놓을 수밖에 없었다. 그녀는 그에게 차이는 굴욕을 견딜 필요가 없게 그녀 쪽에서 먼저 관계를 정리할까 고민했다. 하지만 물러나지 않고 헤르페스에 대해 공개했다. 스티브는 말없이 앉아 있었다. 그가 충격을 받았다는 것을 알 수 있었다. 그는 생각을 좀 정리해야겠다며 이내 자리를 떴다. 1주, 2주, 마침내 3주. 그동안 그에게서는 아무 연락이 없었다.

스티브의 침묵이 4주째로 접어들었을 때 로라가 말했다. "아무래도 착한 소년이 좋은 동네로 도망친 것 같아요."

스티브가 떠나서 어떤 심정이냐고 묻자 그녀는 망설임 없이 "속이 후련하다"라고 했다. 내가 이유를 묻자 그녀는 대답했다. "이제는 정상적인 사람인 척하려고 애를 쓸 필요가 없잖아요. 너무 힘들었어요. 게다가 그는 짠돌이였어요."

"흠, 그는 맨 처음 지원한 회사에 취업했고, 학생들에게 세를 준 자기 집이 있고, 아버지와 함께 여름이면 주말마다 가서 수리하는 시골집도 있잖아요. 이제 막 사회생활을 시작한 사람이 그 정도면 재산이 많은 거 아니에요?"

"그렇죠. 하지만 푼돈에 벌벌 떠는걸요. 시골집에 가면 해가 떠서 질 때까지 일해요. 15도가 넘으면 히터도 들지 않아요." 그녀는 의자 등받이에 고개를 묻고 긴 숨을 토했다. "잘 가거라!"

"로라, 그 후련함과 허세 아래에는 뭐가 있나요?"

로라는 잠깐 그렇게 앉아 있다가 손목시계를 보며 물었다. "시간 다 되지 않았어요?"

나는 아니라는 뜻에서 고개를 저었다.

상담치료를 3년 넘게 받았으니 로라도 자신의 무의식을 파헤치는 법을 알았다. 새로운 상처이긴 했지만 나는 그녀가 지금 자신의 무의식을 파헤치길 바랐다. 나는 그녀에게 상처를 드러내놓지 않으면 곪을 수 있다고 지적했다.

마침내 그녀가 다시 한숨을 토하고 말했다. "속상하고 창피해요. 꼭 여기 맨 처음 찾아왔던 그때 같아요. 쓰레기 같은 가족이 제게는 오점이고, 그는 발을 빼고 싶어 하고요. 그 사람 어머니는 초등학교 선생님이에요. 아버지는 산업미술을 가르쳤고 하키팀 코치였어요. 그의 부모님은 다정한 **진짜** 포터 대령 부부예요. 개판인 우리 집구석에 그들을 소개할 일은 없을 거예요."

"누구라도 이런 상황에서는 속상할 거예요." 그녀가 안쓰러웠다. "그래도 당신이 본심을 인정해서 다행이네요."

"저는 그가 저를 좋아한다고 생각했어요. 아니, 좋아해주길 바랐어요."

"그는 당신을 좋아했지만 헤르페스가 엄청난 난관이었을지 몰라요. 아니면 아직도 고민 중일 수 있지 않을까요?"

"왜 이러세요!"

"성격이 진중한 사람도 있잖아요. 당신은 이른바 즉흥적인 상황에 익숙해져 있지만 그 단어를 뒤집어서 재구성하면 신중하지 못하다는 뜻이 될 수도 있어요. 중요한 결정을 내릴 때 시간을 두고 고민하는 사람들도 있거든요." 나는 이렇게 말하고는 물었다. "당신 아버지나 전 남자친구는 헤르페스에 걸리면 이야기했을까요?"

"그 남자는 이야기하지 않았고, 아빠도 이야기하지 않을 거예요."

"그런데 당신은 했죠. 그게 당신이 그들과 다른 점이에요. 당신이 통제할 수 있는 건 당신의 행동뿐이라는 걸 기억해요."

"알겠어요. 올해는 증상이 나타난 게 딱 한 번뿐이라 성적이 준수한 편이에요. 항상 스트레스하고 맞물려서 도지는 걸 보면 신기하다니까요."

"스티브에게 당신 가족에 대해서 전부 알렸어요?"

"네, 하나도 남김없이. 아빠가 어머니를 살해했다고 생각하지도 않고, 새엄마 경우는 판단 유보 상태라서 그건 제외하고요."

나는 로라가 가여웠다. 그녀는 속내를 공개했다가 거부당했다. 또한 정상 행동의 문을 계속 두드리고 있었으니 지칠 만도 했다.

다음 주에 등장한 로라는 옅게 미소를 머금은 얼굴로 자리에 앉더니 "그이가 돌아왔어요오오오오오!" 하고 외쳤다. 그녀의 설명에 따르면 스티브는 그동안 병원 예약을 잡고 안전하게 섹스하는 법에 대해 배웠다. "진지한 관계에 대해 고민했고, 그래서 시간이 걸렸대요."

그들의 관계는 몇 달 동안 별 탈 없이 이어졌지만 밸런타인데이에 스티브가 장미꽃을 딱 한 송이 사준 일 때문에 위기에 봉착했다. 그녀는 크게 화를 냈다. 그는 자기 집안에서는 돈을 모아 오래가는 선물을 하고 형식적인 부분은 시늉만 낸다고 말했다. 그가 생각하기에 가족에게 받은 가장 큰 선물은 대학교 4년과 대학원 진학이었다.

로라는 장기적인 목표에 대해 배우고 있었지만 — 몇 년째 꾸준히 대학교 공부를 하고 있었다 — **남자**에게서 그런 면모를 발견하는 데는 익숙하지 않았다. 손이 커야 남자답다고 생각했다. 씀씀이가 후한 것을 애정의 증거로 여겼다. 하지만 스티브는 그것을 낭비라고 생각했다.

예상대로 스티브는 사과하지 않았다. 그는 그게 자신의 스타일이고, 나중에 둘이 결혼하면 그가 현재 소유한 두 채의 집과 시골집은 그녀의 것이 되기도 한다고 말했다.

로라는 내게 말했다. "무슨 그런 헛소리가 다 있어요? 그냥 천성이 짠돌이예요. 우리 아빠는 탈탈 털어서 새엄마에게 명품 가방을 사줬는데."

"아버님이 그녀를 살해했을 가능성을 보이기 전요, 후요?" 나는 참지 못하고 물었다.

"그건 사고였어요, 태반은. 선생님은 누가 누가 치졸한가 대회에 나가면 1등도 할 수 있겠어요."

그 말은 맞았다.

로라와 스티브는 밸런타인데이 장미 소동을 무사히 넘기고 크리스마스를 맞이했다. 로라는 중산층의 삶에 서서히 적응해가고 있었다. 그런데 어느 날 로라가 평소와 다르게 기운 없고 핼쑥한 얼굴로 찾아왔다. 그녀는 의자 가장자리에 걸터앉아서 스티브가 떠났다고 말했다. 그의 인내심이 한계에 달한 줄은 꿈에도 몰랐다고 했다. "불만을 이야기하더라도 언성을 높이지 않아서 **그 정도로** 화가 난 줄 몰랐어요."

내가 계기가 된 사건이 있었느냐고 묻자, 로라는 냉장고 안에서 파스타 소스 통을 본 게 발단이라고 말했다. 열어보니 스티브가 소스를 한 숟가락 남겨둔 게 아닌가. 그녀는 그에게 소리를 지르고 통을 벽에 던졌다. 스티브는 자신이 1주일 동안 떠나 있을 테니 계속 그렇게 그로서는 견딜 수 없는 방식으로 분노를 해소할 건지 결정하라고 조용히 말했다. 계속 그럴 작정이라면 그들에게는 심각한 문제가 생길 거라고 했다.

나는 그녀에게 얼마나 자주 폭발했느냐고 물었다. "1주일에 한두 번이요. 아니, 소스 한 숟가락을 남겨놓는 사람이 세상에 어디 있어요?" 로라는 진심으로 혼란스러워하는 눈빛으로 나를 쳐다보았다. "그렇잖아요, 선생님. 남편이 그러면 선생님도 똑같은 반응을 보이지 않겠어요? 다들 그럴걸요?"

나는 로라가 그런 식으로 행동하는 줄 전혀 모르고 있었다. 상담치료의 한 가지 함정이 있다면 모든 정보가 믿을 만한 해설자가 못 되는 내담자를 거친다는 것이다. 내담자가 전부 아무 문제없다고 하면 그걸로 끝이다. 이번 경우에는 로라가 화를 참지 못한다는 것이 또 다른 변수였다. 로라의 가족은 무슨 일이 벌어질 때마다 고함을 지르고 서로 부딪쳤고 그 후 금세 잊어버렸다.

나는 포터 대령을 정상적인 행동의 시금석으로 삼자고 했다. 그녀는 그를 떠올리면 그가 뭐라고 했을지 완벽하게 상상했기 때문에 정상 여부를 가늠할 수 있었다. 내가 역할극을 제안하자 그녀는 포터 대령의 말투로 이야기했다. "스티브, 조금 남은 음식은 냉장고에 넣지 말아줘. 함부로 버리고 싶지 않은 당신 심정은 이해하지만 내가 헷갈리잖아."

문제는 그 몇 마디 안 되는 말도 로라에게는 실제 커플 간의 대화와는 완전히 동떨어진, TV 드라마 속 감상적인 대사처럼 느껴진다는 것이었다. 그래서 나는 두 가지를 당부했다. 첫째, 자연스러워질 때까지 연기할 것. 나는 그녀가 결손가정 출신이라 정상적인 행동이 어색하고 부자연스럽게 느껴질 수밖에 없음을 지적했다. 하지만 계속하면 점점 아무렇지 않게 느껴질 것이었다. 둘째, 화가 날 때마다 분노는 감정이 아니라 방어기제라는 사실을 기억하고 분노가 덮으려는 감정이 뭔지 분석할 것.

로라는 스티브에게 집으로 돌아오면 최선을 다해 분노를 조절하겠다고 약속했다. 그는 그녀가 불만을 해소하는 방식을 바꾸기로 약속한다는 전제 아래 돌아왔다.

대규모 테크놀로지 기업에서 일하던 스티브가 다른 컴퓨터 분석 전문가들과 창업하고 싶어 하자 또 다른 문제가 대두됐다. 로라는 그에 따르는 위험이 두려웠다. 그녀에게 있어 변화는 항상 혼란과 상실을 의미했다. 새로운 것들이 어린 시절의 일상에 등장할 때마다 ― 8번 전학한 고등학교, 위탁양육, 북부에서의 고립생활, 비열했던 조부모, 끊임없는 이사 ― 고통이 동반됐다. 게다가 아버지의 무모한 사업 계획은 번번이 실패로 돌아갔다. 그런데 이제 스티브가 안정적인 회사를 박차고 나오면서 행운을 빌어달라고 했다.

결국 로라는 마지못해 행운을 빌어주었다. 상담 시간에 그녀는 한 가지 일을 꾸준히 하던 믿음직한 스티브는 어디로 갔느냐며 의아해했다. 나는 그가 불필요한 모험을 감행하는 것이 아니라 **계산된** 모험을 감행하는 것이라고 지적했다. 그는 충동적인 게 아니라 자기 사업을 시작할 만큼 자신만만한 사람이었다. 그러니까 분별 있게 행동하고 있는 것이었다. 정상적인 가정에서 자란 사람은 부모를 역할 모델 삼아 습성을 배우고, 자라면서 제대로 처신하는 법을 자기 것으로 만든다.

나는 새로운 것을 배우는 속도가 빠르다고 로라를 칭찬했다. 5년 전 처음 상담을 시작한 이래 얼마나 많은 걸 배웠는지 한번 되짚어보라고 했다. 로라는 스스로의 표현에 따르면 마침내 '정상인'의 대열로 졸업했다. 일은 잘 풀렸고 스티브에게 청혼을 받았다. 결혼 예정일은 크리스마스였다. 이제 로라는 그녀의 가족을 스티브의 가족에게 소개해야 했는데, 그 순간을 앞두고 그해 들어 처음이자 마지막으로 헤르페스가 도졌다. 그녀는 추수감사절 저녁때 양가 가족을 초대하며 아버지가 고주망태가 되지 않기를, 남동생이 약에 취하지 않기를, 여동생이 징징거리지 않기를 기도했다.

나는 로라의 결혼식까지 기다렸다가 이쯤에서 우리 상담도 마침표를 찍는 게 어떻겠느냐고 말했다. 그녀는 눈물을 글썽였지만 동의하는 뜻에서 고개를 끄덕였다. 로라는 나의 첫 내담자이자 가장 오랫동안 치료한 상담자였다. 나는 가끔 그녀에게 어머니 겸 아버지 역할을 했고 우리는 많은 웃음과 성장통을 공유하며 각자의 역할에 맞게 성장했다.

마지막 날 로라는 나처럼 다소 사무적인 분위기를 풍겼고 웃으며 악수를 청하고는 상담실에서 나갔다. 1시간 뒤 대기실에 들어가보니 그녀가 휴지를 옆에 잔뜩 쌓아놓고 울고 있었다. 그녀는 나를 한참 동안 끌어안은 다음에서야 나갔다. 나도 눈물이 고였다.

모든 임상심리학자는 첫 내담자를 잊지 못한다. 그건 마치 첫아이를 낳는 것과 같다. 아무리 공부를 많이 했어도 거기에 대비할 방법은 없다. 미지의 영역이다. 한때는 이 우주 속에서 별개로 존재하던 두 사람이 치료사와 환자로 만났다. 우리 각자에게 새로운 역할이 생겼다. 기대와 희망에 찬 눈빛으로 맞은편에 앉아 있는 첫 내담자를 맞닥뜨리면 주어진 임무에 따르는 책임감이 나를 강타한다. 한 사람의 인생을 건네받았으니 그걸 좀 더 나은 방향으로 발전시켜야 한다.

로라는 내가 상담실을 운영하는 동안 만난 첫 번째 영웅이었지만 마지막 영웅은 아니었다. 그녀는 9살이라는 나이에 두 동생과 함께 숲속에서 6개월을 버텼다. 역할 모델이, 그녀에게 지침이 되어줄 만한 어른은 한 명도 없었다. 그런데도 그녀는 결코 포기하지 않았다. 텔레비전 속에서 〈M*A*S*H〉의 포터 대령을 골라내 그를 연구한 다음에 그의 행동을 따라 했다. 창의력과 상상력이라는 귀한 조합이 있었기에 가능한 일이었다. 신기하게도 로라는 조용하고 차분하며 자신만만하다는 점에서 포터 대령과 묘하게 닮은 스티브를 남편으로 선택했다.

로라는 불굴의 의지와 어떤 아수라장이 닥치더라도 흔들리지 않는, 타고난 씩씩함과 용기가 있었기에 진정한 생존자가 될 수 있었다. 예쁜 얼굴과 지적 능력, 호전적 기질이라는 선천적인 선물도 있었다. 출생 순서도 그녀의 편이었다. 맏이라서 그녀가 어머니가 될 수밖에 없었고 '책임자' 역할이 부여됐다. 그녀는 아버지의 단점을 영민하게 파악하고 아주 적은 사랑이지만 그것을 얻어내는 방법을 터득했고, 그 얼마 안 되는 자원을 알뜰하게 활용했다.

상담을 그만둔 뒤에도 로라는 가끔 내게 편지를 보냈다. 몇 년 뒤에는 커다란 낚싯배 사진이 우편으로 배달되었다. 뒷면에는 이렇게 적혀 있었다.

어제 라디오에서 노래를 듣는데, 양아버지 론이 새벽에 우리를 데리고 낚시를 가면 이 노랫말처럼 별자리와 별들이 베일을 벗는 밤하늘을 볼 수 있었던 게 기억났어요. 제가 론에게 선물할 수 있게 된 이 배를 보면 선생님도 좋아하실 것 같아서요. 꿈은 정말 이루어지는군요!

로라를 마지막으로 만난 건 심리학적인 관점에서의 영웅을 소개하는 책에 그녀의 사연을 싣고 싶다고 전하기 위해서였다. 레스토랑에서 만나기로 했는데, 그녀가 걸어들어온 순간 나는 단박에 알아볼 수 있었다. 수십 년 전과 똑같았다. 많은 세월이 흘렀음에도 로라는 여전히 눈부셨고 사람들의 이목을 집중시켰다. 그녀가 자리에 앉았을 때 우리 둘 다 눈물을 글썽이고 있었다.

우리는 가족의 근황을 공유했다. 그녀는 스티브와 행복한 결혼생활을 하는 중이고, 스티브는 컴퓨터업계에서 제법 큰 성공을 거두었다고 했다.

로라의 아버지는 4년쯤 전 암으로 유명을 달리했다. 그녀는 이 소식을 전하며 눈물을 흘렸다. 그녀는 흐느끼며 그가 세상을 떠났을 때 자신의 일부분도 함께 사라진 느낌이라고 말했다. 그러다가 나를 쳐다보았을 때 내 표정을 읽었는지 이렇게 말했다. "그런 사람한테 그렇게 집착하다니 미쳤다고 생각하시는 거 알아요. 아빠에게는 엄청난 단점이 있지만 저는 그런 건 무시하고 그냥 아빠가 줄 수 있는 걸 받자고 마음먹었어요." 그녀는 잠깐 말을 멈추었다가 나도 익히 잘 아는 결의에 찬 목소리로 말했다. "저는 타고난 싸움꾼답게 아빠를 놓지 않으려고 싸웠어요."

그런 짓을 저지른 아빠와 그렇게 감정적으로 가까웠던 이유가 뭐냐고 나는 물었다. 그녀는 어렸을 때 병원에서 아빠가 발을 다쳤다고 징징대지 말고 씩씩하게 굴어야 그의 사랑을 받을 수 있다는 메시지를 전했던 기억을 다시금 떠올렸다. "저는 속으로 중얼거렸어요. 무슨 일이 있더라도 그건 할 수 있다고. 그리고 그 대가로 아빠의 사랑을 누렸죠. 아빠가 세상에서 제일 좋은 아빠였을까요? **그건 아니었어요.** 하지만 항상 저를 사랑하고 당신이 줄 수 있는 사랑을 모두 주었는가 하면 **그건 맞았어요.**"

로라는 상담을 받지 않았다면 아버지처럼 믿음직하지 못한 남자와 결혼했을 것 같다고 했다. 스티브와 결혼하지 않았을 테고 그의 무조건적인 사랑도 경험하지 못했을 거라고 했다.

로라에게 후회되는 것은 없느냐고 물었다. 그녀는 너무 일찍 어른이 되어버린 것과 엄격한 자기관리의 노예로 지낸 것이 아쉽다고 했다. 완벽해지려고 애를 쓰는 건 지치는 일인데, 로라는 자신의 두 아들과는 다르게 아무 걱정 없는 어린 시절을 보내지 못했다. 하지만 다시 산다고 하더라도 조금도 다르지 않게 살고 싶다고 했다.

"진짜예요?" 나는 믿을 수가 없었다.

그녀는 항의하듯 손을 살짝 들었다. "지난 수십 년 동안 제가 어떻게 지냈는지 들어보면 무슨 뜻에서 그런 생각을 했는지 알 수 있을 거예요. 먼저 남동생부터," 그는 혼자 살다가 46살의 나이에 잠자던 도중에 원인불명으로 조용히 세상을 떠났다고 했다. "서글픈 인생을 살았죠."

싱글맘으로 세 아이를 키웠고 그중 한 명은 약간 지적장애가 있는 자식을 둔 여동생은 사회보조금으로 연명하며 알코올 중독자로 지내다가 몇 년 전 죽었다. "병원에서 술과 담배 때문에 심장이 비대해졌다고 하더라고요." 로라가 말했다. "결국에는 포기해버린 게 아니었을까 싶어요. 온 가족을 통틀어 저 혼자 살아남았어요."

로라와 스티브는 아직 학생인 세 조카를 거두었고, 지원도 아끼지 않았다. 세 아이는 각자 '특별한 보살핌'이 필요했고 로라는 많은 시간을 쏟아야 했다. "저는 재단을 설립하고 뇌손상 환자들을 위해 모금운동을 벌였어요." 로라는 말했다. "어떻게 보면 저는 일을 하고 문제를 해결해야만 하는 삶을 살아서 기뻐요. 아무도 그걸 대신해주지 않는다는 걸 일찌감치 배웠거든요. 여러 해 공을 들여서 후원기업도 유치했어요. 절대 포기하지 않으니까 결국 그들이 후원을 약속하더라고요."

계산서가 도착하기를 기다리는 동안 나는 그녀가 영웅이라고 생각하는 이유를 설명했다. 하지만 로라가 말허리를 잘랐다. "이 영웅 프로젝트가 제게 미친 영향이 있어요." 그러면서 그녀는 일화를 소개했다. 회사 회식 때 남편의 동료 하나가 그녀에게 운이 좋아서 "남편을 잘 만났다"라고 말한 적이 있었다. "그 말을 듣고 얼마나 속이 상했는지 몰라요." 그녀는 특유의 당돌한 투로 말했다. "예전 같았으면 스티브가 절 구원했나 싶고 치욕스러웠을 거예요. 하지만 지금은 전혀 그렇지 않아요." 그 남자는 지원을 아끼지 않은 돈 많은 부모덕에 사립학교를 졸업했고, 유럽으로 여러 차례 여행을 다녀왔고 명문대학에 다녔다. 그러고는 CEO가 되었다. "인생은 정글인데, 그 남자는 방탄처리된 전용차로 거기를 돌파한 셈이에요. 저는 도끼로 길을 내가며 어둠 한복판을 지나 거머리와 악어가 득시글거리는 늪 속으로 걸어 들어간 거고요." 그녀는 말했다. "저는 그 정글에 대해 아는 게 그 남자보다 훨씬 많아요. 저는 혼자 정글로 들어가야 했고 구석구석 모르는 곳이 없을 정도로 매번 길을 잘못 들었지만 결국 무사히 빠져나왔어요. **그 남자**가 과연 그럴 수 있을까요? 이게 영웅의 업적은 아닐지 몰라도 대단하기는 한 거 아닐까요? 그러니까 제게 그저 남편 잘 만났다고 하지 말라고요!"

나는 물었다. "당신은 빠져나올 수 있었는데 동생들은 그러지 못한 이유는 뭐라고 생각해요?"

그녀는 한참 동안 곰곰이 생각했다. "저는 대장 기질을 타고 태어났어요. 아빠가 그걸 연마해줬고, 자기 능력이 닿는 한도 내에서 애정을 쏟았어요. 그걸로 충분했던 것 같아요. 아빠가 술에 취했을 때 제 도움 덕분에 곤경을 모면하면 잘했다고 저를 칭찬했거든요. 칭찬은 **어떤 것이든** 도움이 돼요. 저는 맏이였어요. 그래서 계속 귀를 쫑긋 세우고 필요한 정보를 수집했지요. 5년 동안 선생님께 상담 도움을 받은 것도 영향을 미쳤지요. 상담받기 전에는 뭐가 저를 몰아붙이는지 전혀 몰랐으니까요." 이윽고 그녀의 눈에 눈물이 고였다. "사실 선생님은 제가 가져본 적 없는 어머니였어요. 제 동생들은 필요한 보살핌을 받지 못했어요. 그 아이들이 양부모와 계속 같이 살았으면 훨씬 좋았을 텐데 말이지요."

우리는 이제 저물어가는 태양 사이로 낙엽이 반짝이는 시원한 가을 공기 속으로 나섰다.

안녕, 괴물아

강박장애·가스라이팅

"거울아, 거울아,
세상에서 누가 제일 예쁘니?"

_그림 형제, 『백설공주』

아버지

상담치료사로서 내가 마지막에 맞닥뜨린 사례는 가장 흥미롭고 또 가장 특이했다. (내 인생에는 왜 그렇게 흥미롭고 특이한 사건이 자주 벌어지는지 신기할 따름이다.) 매들린 알링턴은 뉴욕 맨해튼에 거주하는 36살의 앤티크 딜러로, 정신적으로 문제 있는 어머니 샬럿과 변덕스러운 아버지 덩컨과 함께 토론토에서 어린 시절을 보냈다. 내게 연락해 매들린을 부탁한 사람은 아버지였다. 그는 6년 전에 내게 잠깐 상담치료를 받은 적이 있었다. 내가 아버지 사례와, 더 나아가 딸 사례에서 저지른 실수를 돌이켜보면 강력한 부모 전이에 휘말린 결과라고 설명할 수밖에 없다.

전이에는 여러 가지 의미가 있다. 첫 번째는 단순히 상담치료사와 내담자가 맺는 관계의 강도를 지칭한다. 하지만 프로이트가 주장했다시피 그보다 더 복잡한 것일 수도 있다. 어린 시절로부터 무의식적으로 간직하고 있었던 감정을 다른 방향으로 표출하는 것이다. 내담자는 부모나 다른 권위자에 대한 감정을 상담치료사에게 옮길 수 있다. 예컨대 내가 대니에게 "외모가 준수하다"라고 하자 그가 어린 시절에 기숙학교에서 그를 학대했던 신부에 대한 분노를 내게 전가했던 것처럼 말이다. 그 신부도 그에게 외모가 준수하다고 했다. 대니와 나는 이 전이를 해결하는 과정에서 내면에 묻혀 있던 그의 고통을 파헤칠 수 있었고, 그것이 성공적인 상담치료에 결정적인 역할을 했다.

그런가 하면 상담치료사가 내담자에게 감정을 품는 역전이도 있다. 이런 현상은 대개 무의식 선에서 벌어지는데, 무의식적인 동기가 우리의 행동을 가장 강력하고 치명적으로 좌우할 수 있다. 문제는 맨 처음 시작된 역전이로 끝나는 것이 아니다. 내담자가 그걸 간파해 상담치료사를 조종할 수 있다는 것도 문제다. 내가 돌아가신 아버지에 대한 감정을 나보다 25살 많았던 매들린의 아버지에게 무심코 전이했을 때 벌어진 현상이 그것이었다. 덩컨은 몇 년 전에 잠깐 상담치료를 받았을 뿐이지만, 그것이 매들린의 치료에 미친 영향은 깜짝 놀랄 만한 수준이었다. 짧지만 강렬했던 그녀의 아버지와의 상담을 소개함으로써 매들린의 이야기를 시작하려는 이유가 이 때문이다.

1998년 당시 70살이던 덩컨 알링턴이 내게 연락해 부부상담을 받고 싶다고 했다. 그는 토론토에서 가장 오랜 역사와 엄청난 부를 자랑하는 가문 출신의 앵글로색슨계 백인으로, 그의 이름이

병원 명패에 새겨졌는가 하면 신문 재계 난이나 사회 난에도 자주 오르내렸다. 나는 부부상담을 하지 않는다고 했지만, 그는 굴하지 않고 말했다. "잘됐네요. 왜냐하면 우리도 사실 부부는 아니거든요. 내가 어떤 사람과 동거하고 있는데, 그녀를 사랑하지만 이 여자가 또라이라서요." '또라이'라니, 70대 남자가 쓰기에는 특이한 단어였다.

나는 설득에 넘어간 척 그와 단둘이 만나 그녀와의 관계에 관해 이야기를 나눠보기로 했다. 하지만 예약 시간에 도착한 그는 여자친구 캐런을 데리고 왔다. 그러고는 유감스럽게도 둘을 같이 만나달라고 나를 설득했다. 나는 그가 사업으로 성공을 거둔 이유를 알 수 있었다. 허풍 제로에 설득력은 '만렙'이었으니 그 최강의 조합을 당할 재간이 없었다. 그러더니 그는 상담실로 자리를 옮기기 전에 나를 보고 활짝 웃으며 '길디너 선생님'이 아니라 '캐시'라고 불렀다. 그에게서 똑같이 사교적이고 자신만만하며 서글서글한 사업가였던 미국 출신인 내 아버지가 느껴졌다. 아버지도 나를 보자마자 길디너 선생님이 아니라 캐시라고 불렀을 것이다. 그리고 아버지도 덩컨처럼 트위드 재킷에 빳빳하게 다림질한 셔츠를 입었을 것이다.

71살 캐런은 흔히 '트로피 와이프'라고 불리는 여자들과는 놀라우리만치 거리가 멀었다. 그녀는 감색 랠프 로렌 블레이저에 헐렁한 승마 바지를 입었다. 70대가 카우걸 앙상블이라니 심리학자를 처음 만나는 자리에 입고 나온 옷치고는 특이한 선택이었다.

나는 상담 첫 시간에 덩컨이 고등학교 때 캐런에게 반했고 그가 대학교로 진학하기 직전에 둘이 약혼했다는 사실을 알게 됐다. 하지만 혼자 남겨진 데 불만을 품은 캐런은 약혼 직후 다른 남자와 성급하게 결혼해버렸고, 남자는 돈 한 푼 없이 어린 네 아이만 남긴 채 떠나버렸다. 이후 힘든 시기를 거치며 그녀는 여러 번 신경쇠약증을 일으켰고 충격요법과 입원 치료를 받았다. 사실 그녀는 나이에 비해 늙어 보였다. 수척했고, 손가락은 니코틴 자국으로 누렇게 변색됐고, 목소리는 담배에 찌들어 거칠었다.

　고향으로 돌아온 덩컨은 약혼녀가 다른 남자와 결혼했다는 소식에 당황을 금치 못했다. 그러다 마서스비니어드섬에 사는 돈 많은 사촌의 집에 놀러 갔다가 샬럿이라는 아리따운 금발을 만났다. 그는 반발심에 그녀와 당장 결혼식을 올렸지만, 알고보니 그녀는 덩컨을 유혹할 속셈으로 어머니가 그 집으로 보낸 가난한 친척이었다. 딸이 돈 많은 청년을 낚아채면 남루한 처가를 건사하지 않겠느냐는 것이 그 어머니의 작전이었다.

　덩컨과 샬럿은 매들린이라는 딸을 하나 낳았지만, 샬럿은 여러 차례 바람을 피우다 덩컨과 딸을 버리고 다른 남자에게로 갔다. 이후에 당시 60대 후반인 덩컨과 캐런은 재회했다. 그들은 혼인신고는 하지 않은 상태로 4년째 동거 중이었다.

　내가 그들 커플을 괴롭히는 가장 큰 문제가 뭐냐고 물었더니 캐런이 독설을 퍼부었다. "덩컨은 돈 한 푼 쓰지 않으려는 구두쇠 좀생이예요. 나는 한 블록을 독차지하는 대저택에서 살고 있지만 이이가 난방을 틀지 않아서 쓰는 방이 몇 개 없고 가구는 흰 천으로 덮여 있어요. 모든 인테리어가 전처, 아니 **현처**라고 해야 하나? 아무튼 샬럿이 한 그대로예요. 그 집은 이 남자 어머니가 수집한 앤티크와 맨해튼에서 앤티크 사업을 하는 그 건방진 딸내미한테 바쳐진 거대한 무덤이에요. 선생님도 그 아이 이름을 들어보셨을 거예요. 매들린 알링턴." 뉴욕에서 성공한 캐나다인으로 여기저기에서 소개됐으니 나도 들어본 이름이었다.

캐런은 다시 열변을 토했다. "작년 어느 날, 더는 못 참겠더라고요. 그래서 온 집 안을 돌아다니며 이 사람 어머니와 할머니가 수집한 앤티크를 하나도 남김없이 깨버렸죠. 그랬더니, 나 욕 좀 할게요, 그 재수 없는 딸년이 집으로 날아와서 경찰을 부르고 나를 고소하려고 하지 뭐예요. 걔가 집 안으로 들어섰을 때 솔직히 나를 죽이려고 왔나보다 했어요. **죽을까봐 겁이 났다고요.**"

나는 캐런이 저지른 짓과, 참전한 나폴레옹이라도 되는 듯 의기양양하다 싶을 정도로 자신이 벌인 난동을 설명하는 태도에 충격을 받았다. 덩컨 같은 유명인사가 왜 이렇게 표독스러운 여자를 선택했을까? 아직 그 문제에 대해 심층적으로 들어갈 단계가 아니었다. 정보를 수집하는 차원에서 두 사람 모두에게 피해 규모가 어느 정도였는지 물었다. 덩컨은 날씨를 설명하듯 평온한 목소리로 이렇게 말했다. "수백 개가 박살 났어요. 감정인 말로는 수백만 달러는 될 거라고 하더군요. 그중 몇 개는 몇 세대 전부터 대대로 물려받은 거였어요. 사실 전부 내 딸 매들린의 재산이었죠. 어머니가 그 아이에게 물려주셨거든요. 맨해튼으로 이사할 때 들고가지 않고 어렸을 때 살던 집에 남겨두었는데…….”

캐런이 끼어들었다. “아, 젠장, 그래서 뭐 어쩌라고? 그럼 자질구레한 생필품 하나 살 때마다 찔끔찔끔 주지 말고 옷도 사고 말도 관리할 수 있게 뭉칫돈을 좀 주든가.”

“지난주에 말 3마리하고 사육장 사줬잖아.”

“그래, 사육장을 산 건 맞지. 하지만 **당신** 명의고 전부 매들린이 물려받잖아. 당신이 내일 죽으면 내 손에는 아무것도 남지 않아. 당신이 나랑 결혼하거나 유언장에 넣어주지 않는 한, 찔러도 피 한 방울 안 나올 당신 딸은 그 집에 못 들어오는 줄 알아. 개는 거기는 자기 앤티크를 보관할 자기 집이고, **나는** 침입자라고 생각한단 말이지. 뭘 몰라도 유분수지. **개는 그 집에 두 번 다시 발을 들여놓지 못할 수도 있어!**”

놀랍게도 덩컨은 이런 폭언을 듣고도 평정심을 유지했다. 심지어 신랄한 비난이 쏟아지는 내내 미소를 지었다. 나는 그에게 캐런의 요구사항에 어떤 식으로 대처하고 있느냐고 물었다. 그는 이렇게 대답했다. “음, 지금 1년 동안 딸아이가 집에 오지 못하게 막고 있는데 마음이 안 좋아요.”

나는 캐런이 악담을 퍼붓는 동안 중재하려고 했지만 그녀의 언성만 높이는 결과를 낳았다. 상담을 받으러 온 사람들은 먼저 분노를 분출하고 그런 다음 차차 상담치료에 임하는 경우가 많다. 그렇기 때문에 나는 그녀가 노발대발하도록 내버려두었다.

누가 봐도 캐런은 다혈질이었고 정신적으로 슬쩍 불안정하지 않나 싶기도 했다. 그래도 그녀의 독설이 이어지는 내내 태연하고 싹싹한 덩컨의 태도는 이례적이었다.

그 커플이 나가자 나는 책상 앞 의자에 주저앉았다. 나는 부부 상담을 하지 않는다고 했는데 왜 캐런을 상담실 안으로 들였을까? 내가 왜 그랬을까?

다음 시간에 나는 둘에게 서로를 선택한 이유를 묻는 것으로 상담을 시작했다. 두 사람의 관계에서 긍정적인 부분을 끄집어내 캐런을 진정시키려는 작전이었다.

남자가 부부상담을 신청하는 경우는 드문데, 전화로 도움을 요청한 쪽은 덩컨이었다. 그는 캐런의 네 아이는 주기적으로 집에 드나드는데, 자신의 외동딸 매들린은 심지어 크리스마스에조차 집에 발을 들일 수 없는 것이 가장 큰 고민거리라고 했다. 나는 이 때문에 그가 심란해한다는 것을 알 수 있었다. 꿋꿋하게 유쾌한 분위기를 풍기던 그의 가면에 살짝 금이 갔을 때가 이때뿐이었다. 캐런이 보인 반응은 "딱해서 어쩌나, 로미오"였다. "**선택해!** 당신 딸인지, 나인지." 그녀는 요지부동이었다.

나는 대결 구도에서 벗어날 수 있게 상황을 재구성하려고 했지만 두 사람 모두 티격태격을 즐기는 눈치였다. 부부상담은 막다른 곳에 다다랐다. 덩컨은 경제적인 보장을 거부하고 캐런은 애정 표현을 거부하니 공생에 필요한 욕구를 충족시키지 못했기 때문이었다. 하지만 나는 그가 과연 **진정한** 사랑을 원한 적이나 있을지 의심스러웠다. 덩컨이 원한 건 젊은 시절로 되돌아가는 것이었다.

이후 나는 그들을 몇 번밖에 더 보지 못했다. 상담이 진행될수록 그들은 점점 더 자기 입장을 고집했다. 심지어 각자가 문제 해결에 어떤 식으로 기여할 수 있을지 반짝, 깨달음을 얻는 순간조차 없었다. 두 사람 모두 사실은 별로 도움을 받고 싶지 않았든지, 진정한 남녀관계가 어떤 건지 전혀 몰랐든지, 아니면 내가 부부상담에는 영 젬병이든지 그중 하나였다. 아마 이 세 가지 모두였을 것이다. 내가 앞장서는 건 잘하지만 중재에는 별로 소질이 없다는 것을 알게 됐다.

그로부터 3년이 지난 2001년, 50대 초반의 내게 큰 전환의 순간이 찾아왔다. 상담센터를 접고 작가로서 새로운 인생을 살기로 마음을 먹은 것이다. 나는 25년 동안 타인의 회상을 들었다. 이제는 내 이야기를 쓸 차례였다. 그래서 상담센터와 일을 통해 쌓은 인맥을 모두 포기하고 우리 집 3층 다락방에서 행복하게 작업에 착수했다. 회고록 『낭떠러지 앞에서(Too Close to the Falls: A Memoir)』에 이어 두 권의 속편 『낭떠러지 그 이후(After the Falls: Coming of Age in the Sixties)』와 『뭍으로(Coming Ashore: A Memoir)』를 연달아 썼다.

하지만 2004년, 다윈과 프로이트가 등장하는 『유혹(Seduction)』이라는 소설을 집필하던 도중에 받은 전화 한 통으로 나는 갑작스럽게 복직하게 됐다. 6년 동안 만난 적 없는 덩컨의 전화였다.

덩컨은 내게 그의 딸 매들린의 상담을 맡기고 싶어 했다. 나는 일을 접었으니 동료를 소개해주겠다고 했다. 그는 예전에 얼마나 도움이 됐는지 모른다고 입에 발린 소리를 하며 어떻게 하면 자기 딸을 맡아주겠느냐고 전형적인 협상에 나섰다. 나는 돈이 문제가 아니라고 했다. 심리학계를 떠나 작가로 전업했다고 말이다. 그는 말했다. "토론토의 모든 서점에 선생님의 책이 진열되게 할까요? 그거 광고비만 내면 되는 거 아시죠?" 내가 사양하자 그는 다른 방향으로 접근했다. "내가 선생님 책을 1,000권 사서 주변에 선물하면 어때요?" 솔깃했지만 그래도 사양했다.

다음 날 동네 커피숍에 가보니 그가 4인석을 독차지하고 편안하게 앉아 있었다. 내 뒤를 밟은 모양이었다. 그는 장난꾸러기처럼 씩 웃으며 내 테이블에 합석했고 매들린이 무기력성 불안증을 앓고 있다고 했다. 아직 40살도 되지 않았는데 각기 다른 부위에 세 차례 암이 발병했다. 그 와중에 그녀의 어머니 샬럿은 사사건건 딸을 공격하고 깎아내렸다. "농담이 아니라 아내 샬럿에 비하면 캐런은 테레사 수녀예요." 여전히 동거 중이던 캐런이 얼마나 사나운지 그도 모르는 게 아니었다. (그의 딸은 몇 년이 지난 지금까지도 여전히 집 안 출입을 하지 못했다.)

내가 매들린은 뉴욕에 살지 않느냐고 하자 덩컨은 하루치 수임료와 여행 경비를 부담하고 라과디아공항에 기사를 대기시켜놓겠다고 했다. 그는 또다시 나를 추켜세우고 구슬리며 캐런이 개입된 상황을 이해하는 사람이 나밖에 없다고 했다. 그녀가 앤티크를 박살 낸 사건과 매들린을 상대로 발령한 접근금지 명령을 두고 하는 이야기였다.

나는 딱 6번만 매들린을 만나보겠다고 마지못해 승낙했는데, 그 6번이 4년이 되었다.

그리고 다른 것에 비하면 매주 맨해튼을 왕복하는 데 따르는 수고는 아무것도 아니었다.

딸

매들린은 독자적으로 앤티크 사업을 하는 젊고 돈 많은 상속녀로 업계에서는 유명했다. 그런가 하면 날렵한 페라리 컨버터블을 몰고 일대를 과속 질주하는 **악동**으로도 악명 높았다.

그녀의 사무실은 뉴욕의 부촌으로 꼽히는 트라이베카 지역의 어느 공장을 개조한 건물이었다. 1층에 고급 레스토랑이 있었고 2층에서부터 5층까지가 그녀의 회사였다. 집은 거대한 옥상정원이 딸린 꼭대기 층 스위트룸이었다. 1975년에 그녀의 할머니가 헐값에 매입한 건물이었다. 나를 안내하기 위해 등장한 경비가 무전기에 대고 내가 도착했음을 알렸다.

사무실은 천장이 높았고, 우뚝한 아치 모양의 창문 너머로 햇빛이 쏟아져 들어왔다. 550제곱미터는 됨 직한 공간에 듬성듬성 으리으리한 기둥이 박혀 있었다. 벽은 벽돌, 바닥은 넓은 원목이었다. 체계적으로 건설된 개미굴을 짓밟힌 개미처럼 직원들이 미친 듯이 뛰어다니고 있었다. 동유럽권 언어를 쓰는 남자들이 거대한 나무상자에 담긴 앤티크의 포장을 벗기고 있었고, 디자이너 의상을 입고 아찔한 하이힐을 신은 여자들이 클럽보드를 들고 그 옆에서 어른거리며 손상된 부분이 없는지 살폈다. 운송 담당자들은 사인을 받으려고 기다렸다. 벽에는 바닥부터 천장까지 선반이 달렸고 수천 점은 아닐지 몰라도 수백 점은 되는 앤티크가 진열되어 있었는데, 작품마다 양면에 깨알 같은 글씨가 빽빽이 적힌 크림색 라벨이 끈으로 달려 있었다. 누가 그 앞을 지나갈 때마다 동작 탐지기가 빨간색으로 깜빡거렸다. 선반에서 뭐 하나를 꺼내려면 버튼을 누르고 경보를 해제해야 했다. 바퀴 달린 사다리가 이 끝에서 저 끝까지 움직였다.

체구가 왜소한 아르마니 양복 차림의 남자가 사다리를 움직이며 선반에서 앤티크를 꺼내고 있었다. 나중에 알게 된 사실이지만 좀 더 부피가 큰 앤티크는 위층에 보관되어 있었고 그곳은 건장한 흑인 — 목재 재련과 수리를 도맡았고, 말은 한마디도 하지 않고, 항상 러닝셔츠와 멜빵과 얼룩덜룩한 군복 바지를 입고 다녔다 — 이 목에 걸고 다니는 버저로 출입을 통제했다.

약속 시간에서 35분이 지났을 때 레게 머리를 한 수다쟁이 직원이 매들린의 사무실이라는 내실로 나를 안내했다. 이 건물 안에서 벽으로 둘러싸인 몇 안 되는 공간이었다. 비서는 매들린이 힘든 시간을 보냈고 지금까지 버틸 수 있었던 이유는 오로지 일 때문이었다고 말했다. 자기 상사를 아끼고 조금도 무서워하지 않는 듯한 말투였다.

사무실 안으로 들어가자 거대한 책상이 보였고, 흑갈색 머리를 하나로 묶어서 틀어 올린, 키가 크고 멀쑥한 여자가 그 뒤에 서 있었다. 매들린은 진정한 미녀였다. 은은하게 반짝이는 백설 공주처럼 피부에는 잡티 하나 없었고 도톰한 입술은 큐피드의 활 모양이었다. 자주색 스파이크힐을 신었고, 검은색의 풍성한 태피터 스커트와 분홍색 볼레로 스웨터로 이루어진 근사한 프라다 의상을 입고 있었다. 이국적인 프라다 의상이 어울리는 사람은 내가 본 중에서 처음이었다. 여기에 큼지막한 다이아몬드가 박힌 티파니 귀걸이를 하고 고풍스러워 보이는 다이아몬드 메달을 걸고 있었다. (상담을 시작하고 몇 년이 지났을 때 내가 그녀에게 같은 옷을 입은 것을 본 적이 없다고 이야기한 적 있었다. 그러자 그녀는 눈살을 찌푸리며 "병이에요"라고 말했다.) 1930년대 풍의 시대착오적인 화장에도 불구하고 그녀는 한눈에 들어오는 미모를 자랑했다.

비서는 다시 밖으로 나가기 전에 매들린에게 전화가 오더라도 연결하지 않겠다고 말했다. 불안해하는 상사의 표정을 보고는 "안 돼요, 연결하지 않을 거예요. **그렇게 해야 해요**"라고 했다.

매들린이 자리에 앉자 나는 아버지를 별로 닮지 않았네요, 라고 인사를 건넸다. 그녀는 맞다고, 외모는 어머니와 거의 판박이고 머리는 아버지에게 물려받았다고 했다. 나중에 알고보니 매들린은 예일대학교와 런던정치경제대학교 대학원을 졸업한 인재였다. 그 후 어렸을 때 할머니의 수집품을 목록으로 정리하면서부터 관심이 많았던 앤티크 사업을 시작했다. 그녀는 그들 가문의 두 가지 특징인 천부적인 사업 감각과 심미안을 갖춘 할머니를 존경했기에 그 일을 사랑했다.

거기에서부터 가정사 조사에 착수했다. 매들린은 별거 부모의 외동으로, 어머니가 그들 곁을 떠난 10대 중반부터 대학교에 입학하기 전까지 아버지와 살았다고 했다. 20대에 한 남자와 결혼했다가 9년 뒤에 이혼했다.

이 지점에 이르자 매들린은 갑자기 펜을 던지며 말했다. "이건 나중으로 미뤄도 될까요? 나중에 꼭 할게요. 하지만 지금은 급한 불부터 먼저 꺼야겠어요." 내가 좋다는 뜻에서 고개를 끄덕이자 그녀는 안도하는 표정을 지으며 불쑥 내뱉었다. "전 엉망진창이에요. 예전부터 불안증과 강박증이 있었는데, 작년인가부터 무기력증으로 발전해서 사무실 전체에 영향을 미치고 있어요. 제가무너지게 되면 이 회사가 쓰러져요."

나는 매들린의 증상이 어떤 식으로 사업에 악영향을 미치고있는지 설명해달라고 했다. 그녀는 말했다. "저는 여행을 하지 못하고 회사 직원 누구도 여행을 하지 못하게 해요. 비행기 추락 사고가 무서워서요. 꼭, 추락할 거라는 걸 **아는** 사람처럼 그래요. 온종일 그 생각을 해요." 그녀는 예전에는 아무렇지 않게 비행기를타고 전 세계 곳곳으로 부모님과 함께 휴가를 떠나거나 할머니의 출장길에 동행했다고 했다. 전부터 강박적인 성향이 있기는했지만 지난 몇 년 새 심해졌다고 말했다.

"제가 사무실 전 직원한테 말했어요. 선생님이 저를 도와주지 않으면 회사 문을 닫아야 한다고요." 그제서야 아까 직원들이 나를 보고 왜 그렇게 안심했는지 알 것 같았다. 매들린이 어떤 면에서는 무시무시한데, 또 어떤 면에서는 엄청 연약하다니 신기했다. 《포브스》 잡지에 소개되는 비즈니스 리더들은 대개 경비를 비롯한 여타의 직원들에게 회사가 위태롭다고 실토하지 않는다.

이 무렵 매들린은 과호흡 증상도 보이고 있었다. 나는 상담치료가 미스터리를 해결하는 것과 비슷하다며, 둘이서 같이 증상의 원인을 찾고 문제를 해결하자고 그녀를 다독였다. 그녀는 자기 손에 달린 사람들이 많다며 **꼭** 나아야 한다고 했다. 나는 말했다. "가장 큰 관심사가 자기 자신이 아니라 다른 사람들에 대한 책임감이라니 흥미롭네요. 대개는 '선생님, **저** 이렇게는 못 살겠어요. **제** 인생이 지옥이에요'라고 하는데요."

그녀는 뜻밖의 대답을 했다. "솔직히 저를 걱정하는 사람은 없어요. 동정심을 자극하려고 하는 말이 아니라 그냥 제가 책임져야 하는 식솔이 많다는 거예요." 그 말로 판단하건대 그녀에게 책임감은 너무 과하고 자존감은 바닥이라는 것을 알 수 있었다.

매들린이 설명한 증상을 들어보니 강박충동장애(OCD)와 불안증이 문제였다. 강박이란 원치 않는 생각들이 제멋대로 떠올라 불안을 유발하는 현상이다. 매들린은 그녀와 직원들이 비행기 추락 사고로 죽을 거라는 강박적인 생각에 붙들려 있었다. 충동이란 어떤 사람이 강박을 없애고 불안을 줄이려고 하는 행동을 말한다. 매들린은 충동적으로 비행기 예약을 취소해 비행기 추락 사고에 대한 강박을 줄이고 불안을 덜었을지 몰라도 그 때문에 사업이 제대로 돌아가지 않고 있었다.

덩컨은 그녀가 불안증에 시달리고 있다고 했을 뿐, 장애가 있다는 이야기는 하지 않았다. 불안치료는 내 전문 분야지만 강박충동장애의 경우에는 항상 다른 전문가에게 내담자를 보냈다. 그렇기 때문에 나는 맨해튼의 유명한 정신과 의사에게 연결해줄 테니 강박충동장애는 그에게, 불안증은 내게 치료를 받는 양방향 접근을 시도해보자고 했다. 정석에서 살짝 벗어나긴 했지만 짧은 시간 안에 여러 가지 문제를 해결해야 할 것 같은 예감이 들었다. 이런 식으로 향후 치료 계획을 의논하고 있었을 때, 매들린의 사무실 문이 열리더니 덩컨이 성큼성큼 들어와 명랑한 목소리로 말했다. "아, 다행이다. 캐시, 와주었군요!"

매들린은 놀라서 소리를 질렀다. "여긴 뭐 하러 오셨어요? 상담치료 받는 중간에 제 사무실로 불쑥 쳐들어오면 어떻게 해요? 나가주세요! 저는 **아버지** 집에 들어오지도 못하게 하면서 아버지는 **제** 사무실에 막 들어오기예요?"

그는 꿈쩍하지 않았다. 그녀는 큰소리로 외쳤다. "진심이에요. 안 그러면 경비를 부를 거예요!"

"캐시를 여기로 모셔온 사람이 **난데**." 덩컨은 어리둥절한 척 미소를 지으며 말했다. 6년 전 캐런이 폭언을 퍼부었을 때 그가 보인 묘한 반응이 지금 내 눈앞에서 똑같이 재현됐다.

그가 의자를 당겨서 빼자 매들린은 언성을 한층 더 높였다. "정말로 나가시지 않으면 운송업체 직원들을 시켜서 아버지를 집으로 탁송할 거예요. 저를 망쳐놓은 걸로도 모자라서 이제는 심리치료도 못 받게 바보짓을 하시는 거예요? 여기까지 와서 밥맛처럼 이래라저래라 하지 않으면 못 배기겠느냐고요."

"알겠다." 덩컨은 문을 향해 걸음을 옮기며 말했다. "나중에 저녁 같이 먹을래?"

놀랍게도 그녀는 완벽하게 평정심을 되찾은 목소리로 대답했다. "네, 그래요."

그 말을 듣고 그는 나갔다.

매들린은 나를 보고 고개를 저으며 눈을 굴렸다. "죄송해요. 우리 무슨 이야기를 하고 있었죠?"

매들린의 복잡한 인생사를 파악하기까지 3주도 넘게 걸렸다. 매들린의 설명에 따르면 그녀의 어머니 샬럿은 아이를 낳고 싶어 하지 않았지만 덩컨이 그럼 그 많은 돈을 어쩔 셈이냐고 이의를 제기했다. 누구한테 물려주어야 할까? 경악스럽게도 샬럿은, 그녀의 후임인 캐런처럼 다 써버리면 된다고 했다. 내가 오로지 재산을 물려주려고 아이를 낳겠다는 건 이상한 발상 아니냐고 했더니 매들린은 이렇게 말했다. "록펠러 집안사람들은 왜 아이들을 낳았을 거라고 생각하세요? 대대로 물려주지 않으면 지금까지 일군 성과가 모두 바람결에 날려 가버리니까요. 사람들은 노상 '혈통을 물려주고 싶다'라고 하잖아요. 그거랑 이거랑 뭐가 달라요?" 그녀는 적어도 그녀의 어머니는 솔직했다고 덧붙였다. "어머니는 아버지와 할아버지, 할머니의 비위를 맞추는 차원에서 딱 하나만 낳고 그 뒤로 쇼핑하러 다니겠다고 했어요."

샬럿은 약속한 대로 대부분 시간을 쇼핑에 할애했다. 대저택 3층 전체를 4개 드레싱 룸으로 나누고(계절별로 하나씩), 옷과 신발, 거기에 어울리는 핸드백으로 가득 채웠다. 그리고 끊임없이 인테리어를 바꾸었다. 덩컨이 한번은 멀쩡한 가구를 왜 바꾸느냐고 하자 그녀는 커터칼로 죄다 가구를 난도질하고 꽃가루처럼 둥둥 떠다니는 오리털 사이로 말했다. "이제는 멀쩡하지 않으니까." 몇 년 뒤에 캐런이 앤티크에 대고 난동을 부렸던 사건이 연상되는 대목이었다.

매들린은 어머니가 그녀와 아버지를 무궁무진한 방식으로 괴롭혔다고 했다. 샬럿은 신경성 식욕부진증 환자였다. 집 안에 먹을 게 거의 없었기 때문에 — 냉장고에 있는 거라고는 라임, 올리브 그리고 술잔에 얹는 체리뿐이었다 — 그들은 외식을 했다. 매들린은 말했다. "믿기지 않으시겠지만 진짜예요." 희한한 게 있다면 내게는 이상하게 들리지 않았다는 점이었다. 나 역시 전문직 아버지와 특이한 어머니 밑에서 자란 외동딸이었고 집 안에 먹을 게 없었다. 우리도 레스토랑에서 모든 끼니를 해결했다. 어떻게 보면 매들린과 나는 닮은꼴이었다. 내가 짧은 은퇴생활을 정리하고 그녀의 상담을 맡은 이유도 그 때문이었는지 모른다.

그녀는 덩컨이 집에 없으면 어머니가 어떤 식으로 그녀를 학대했는지 설명했다. 매들린은 식사 시간 중간에 자기 방으로 감자칩을 몰래 들고가곤 했다. 매일 아침 학교 가기 전에 뭘 좀 먹을 수 있기를 바라며 고용인들이 쓰는 뒷계단을 돌아 부엌으로 들어가면 어머니는 "안녕, 괴물아"라는 인사로 그녀를 맞았다. 그러고는 먹을거리를 숨겨서 가져갔다고 혼을 냈다. 하지만 샬럿이 배가 고프지 않다고 말하도록 강요했기 때문에 매들린은 레스토랑에서 먹는 것으로는 항상 부족했다. 샬럿은 입버릇처럼 말했다. "나중에 뚱보 돼지로 자라지 않은 걸 나한테 고마워하게 될걸?"

매일 저녁 그들은 토론토에서 가장 근사한 레스토랑에서 저녁을 먹었다. 샬럿은 음식을 씹다가 리넨 냅킨에 뱉었다. 그 냅킨을 몰래 들고나가서 쓰레기통에 버리는 게 매들린의 일이었다. 한번은 7살 때 어머니 심부름을 하다가 웨이터에게 들켜 리넨 냅킨을 훔쳤다고 붙잡혀온 적이 있었다. 덩컨은 경악하며 그걸로 뭘 했느냐고 물었다. 매들린은 말했다. "뭐라고 하면 좋을지 모르겠더라고요. 사실대로 말하면 어머니한테 혼이 날 게 분명한데, 어머니가 잔인하게 혼을 낼 수도 있었거든요. 하지만 솔직하게 이야기하라는 아버지를 궁지로 몰고 싶지도 않았어요."

"그 나이에 그런 끔찍한 딜레마를 겪다니요." 나는 말했다.

그 당시 샬럿이 옆에서 매들린은 학교에서도 잡힌 적 있는 '맹랑한 도둑'이라고 말했다. 웨이터가 냅킨을 펼치자 씹고버린 음식이 나왔다. "그는 구역질할 것 같은 표정을 지으며 손가락 두

개로 그걸 들고 갔어요." 나는 그때 심정이 어땠느냐고 물었다. "어땠겠어요? 창피했고 배신감을 느꼈지요. 저 때문에 아버지가 난처해졌다는 데 경악했죠. 레스토랑 안이 얼마나 고요했는지 몰라요." 그러더니 그녀는 덧붙였다. "아! 이 부분이 방금 생각났어요. 잠시 후 어머니가 다른 테이블에서 구경하고 있던 사람들을 돌아보더니, 그중 몇 명은 아는 사람이었는데요, 이렇게 말했어요. '외동아이를 너무 오냐오냐 키우는 남자하고는 절대 결혼하지 마세요.' 마치 **자기가** 피해자인 것처럼 말이에요."

집으로 돌아왔을 때 매들린의 아버지는 방으로 찾아와 자기한테는 뭐가 문제인지 털어놓아도 된다고, 너는 너무 말라서 좀 더 먹어야 한다고 말했다. 그러고는 나가려다가 문 앞에서 머뭇거리며 할머니하고 좀 더 많은 시간을 보내는 게 좋겠다고 말했다. "저한테 무슨 문제가 생긴 건 분명한데 어머니는 도움이 되지 않을 거라는 걸 아신 거죠."

"아버지는 어머니가 누명을 씌웠을지 모른다고 의심하셨을까요?" 나는 물었다. 매들린은 고개를 저었다. "전혀요. 아버지는 항상 어머니한테 유리한 쪽으로 해석하셨어요. 그리고 어머니를 무서워했어요. 어머니한테는 일반적인 원칙이 통하지 않았거든요. 아버지는 사업 쪽으로는 똑똑했어요. 집안의 재산을 두 배로 늘렸어요. 하지만 아버지는 기본적으로 신사적이었어요. 어머니는 그렇지 않았고요. 어머니는 자는 사람을 목 졸라 죽일 수 있는 성격이었고 아버지는 그걸 알았지요."

나는 그런데도 아버지가 이혼하지 않은 이유가 뭐냐고 물었다. 그녀는 말했다. "알링턴 집안에는 이혼한 사람이 아무도 없었어요. 아버지 말로는 우리 집안 사전에 이혼은 없다고 했어요." 나는 그 말을 머릿속에 저장했다. 그게 다가 아닐 게 분명했다.

냅킨 사건 이후 매들린은 앤티크 수집가였던 할머니네 집에서 매주 하루씩 지냈다. 그녀는 할머니를 무척 따랐다. "할머니는 돌아가셨을 때 앤티크를 경매로 처분해 병원 건물을 하나 새로 지으라는 유언을 남기셨어요."

"할머니는 어떤 분이셨어요?"

"격식을 따지셨어요. 하지만 다정하고 친절하고, 어쩌면 제 생명의 은인이었는지 몰라요. 지금 제가 아는 모든 것은 할머니한테서 배운 거예요." 나는 할머니가 샬럿은 어떻게 생각했느냐고 물었다. "할머니는 어머니한테 항상 예의를 갖추셨어요. 하지만 조금씩 배어나오는 무시하는 분위기를 느낄 수 있었어요. 속을 알수 없도록 포장하는 게 앵글로색슨계 백인 신교도의 주특기지요."

다음번 상담 시간이 됐을 때 나는 매들린이 어린 시절 이야기를 점점 힘들어한다는 것을 느낄 수 있었다. 그녀는 울지 않겠다고 했고. 눈가에 맺힌 눈물만 꾹꾹 눌러서 닦았다. 나는 그녀의 목에 큼지막한 반점이 벌겋게 몇 군데 올라온 것을 보고 지원 사격이 필요하겠다는 생각에 샬럿에게 고마웠던 적은 없느냐고 물었다. 그녀는 한참 동안 생각하고 또 생각하더니 어머니는 자신을 좋아한 적이 없었기 때문에 아주 엄하게 키웠다고 말했다. (나는 이 말을 듣고 언제쯤 좋은 부분으로 넘어가려나 생각했다.) 매들린은 날마다 잠자리를 정리하고 방청소를 했고 어느 한구석이라도 미진한 부분이 있으면 샬럿에게 지적당했다. "인형을 크기에 따라 일렬로 정리해야 했는데, 토끼 인형 하나가 잘못 놓여 있으면 '저건 왜 저러니? 당장이라도 튀어나올 기세네' 이랬어요. 그래서 저는 학교에 입학했을 때 항상 숙제를 완벽하게 해서 제출했어요. 선생님들도 어머니처럼 아주 시시콜콜한 부분까지 꼼꼼하게 따지는 줄 알았거든요. 처음부터 제대로 하는 게 훨씬 쉬웠지요." 매들린은 잠깐 아무 말도 없이 앉아 있었다. "게으름은 절대 금물이었어요. 그러니까 어머니를 통해 근면 성실한 생활 태도를 배웠다고 볼 수 있겠죠."

부모가 아이들에게 근면 성실한 생활 태도를 심어주는 것은 배려지만 이 경우는 달랐다. 샬럿의 혹독한 완벽주의는 건강한 생활 태도 함양에 도움이 되지 않았다. 오히려 일 중독을 유발했다. 그리고 일 중독은 또 다른 강박이다. 일하지 않으면 불안해서 일하는 것이니 말이다. 실제로 중독으로 간주하는 심리학자들도 있지만 현대 사회는 일 중독을 미화한다. 자기는 일밖에 안 한다고 자랑스럽게 이야기하는 사람들을 심심찮게 볼 수 있다. 그것을 일이 아닌 다른 걸로 대체해보면 — 예를 들어 "나는 술 마시는 것밖에 안 해." — 별로 고결하게 들리지도 않는데 말이다.

회사 직원들이 이미 매들린은 의욕이 너무 넘치고 일의 속도가 가혹하다고 말했지만 내가 이 단계에서 그 이야기를 꺼내지 않은 이유는 단순히 매들린이 그것을 자신의 증상에 포함하지 않았기 때문이었다. 이러니저러니 해도 심리치료의 핵심은 핵심 지점을 파악하는 데 있다. 내담자가 자신의 병적인 측면을 마주할 마음의 준비가 되는 시점을 말이다. (상담치료 후반부에 나는 이 부분을 간과하고 말았다.)

나는 자존감을 북돋워주는 사람이 있었기에 매들린이 사업적으로 엄청난 성공을 거둘 수 있었을 거라고 보았다. 그녀의 아버지는 가끔 힘이 되었지만 어머니의 손아귀에서 그녀를 보호해주지는 못했고, 캐런이 그녀의 집 안 출입을 막았을 때 또다시 심정적으로 그녀를 버렸다.

아무래도 할머니가 가장 유력한 후보였다. (그녀는 할아버지에 대해서는 거의 언급한 적이 없었다. 말수가 없고 다정하며 주식시장을 끊임없이 확인했다고 하고는 그만이었다.) 집안의 돈줄이었던 할머니는 매주 한 번씩 매들린과 함께 점심을 먹고 앤티크 쇼핑을 했다. 그럴 때면 두 사람은 계획표를 들고 나가서 완수할 때마다 하나씩 지웠다. 앤티크를 찾아 다른 도시로 출장도 갔고 거기에서 매들린은 할머니가 얼마나 협상을 잘하는지 배웠다. 뉴욕으로 함께 건너가 미술계를 접하기도 했다. 그럴 때면 할머니는 매들린을 데리고 옷을 사러 다녔고, 인형극과 브로드웨이 뮤지컬을 보러 다녔고, 먹고 싶다는 게 있으면 뭐든 사주었다.

매들린은 할머니와 같이 있으면 배부르게 먹을 수 있다는 데 신기해했다. 한번은 섬의 별장에 놀러 갔을 때 할머니와 함께 초콜릿칩 쿠키를 구워 앉은 자리에서 세 개를 먹은 적도 있었다. "할머니가 나더러 괴물이라고, 돼지라고 하실 줄 알았는데 그냥 '천천히 먹어라, 우리 예쁜이. 이거 다 네가 먹어도 돼' 하시고는 그만이었어요. 저는 누가 치우기 전에 입안에 몽땅 넣어야겠다고 생각했거든요."

"어머니는 같이 가지 않으셨어요?"

"절대로요. 사실 할머니, 할아버지를 좋아하지 않았어요. 그분들 앞에서는 본색을 드러내지도 않았고요. 미국 출신이 캐나다 오지에서 살게 된 것만으로도 끔찍한데, 세 명의 내숭쟁이와 한 명의 애새끼와 함께 모기가 버글거리는 섬으로 놀러 갈 리 있겠어요?"

"어머니가 당신의 아버지와 할머니, 할아버지를 내숭쟁이라고 부른 이유가 뭔가요?"

"아, 어머니한테는 친구들이 있었는데요……." 매들린은 괴롭게 한숨을 쉬며 말끝을 흐리다 내가 재촉하자 말을 이었다. "달리 표현할 방법이 없으니 좀 **방탕했다**고 해야겠네요. 다들 담배 피우고 술을 마시고 요란하게 치장하는 데 돈을 아끼지 않았거든요. 미국에 가서 페이스 리프팅 시술을 받고, 컨트리클럽에서 취하도록 마시고 서로 배우자를 바꿔가며 스와핑하고. 그 남편 중 한 명은 다른 사람들 위탁금에 손을 댔다가 변호사 자격을 박탈당했어요. 몇 명은 이혼했고요. 어머니의 가장 친한 친구가 게이 인테리어업자였거든요. 둘이 항상 같이 쇼핑 다녔고 한번은 어떤 그릇장식장을 사러 로마로 두둥 떠났지요. 그런데 제가 하루는 학교가 일찍 끝나서 집에 와보니 어머니가 그의 무릎에 앉아 있지 뭐예요. 그때 알아차렸죠, 그가 게이가 아니었다는 걸요."

"아주 훌륭한 위장 작전이었네요."

"그러니까요. 그게 30년 전이었으니 참 독창적이었죠."

"어머니는 그 상황을 어떻게 처리하셨나요?"

"그 자리에서 당장 애인을 내보내고는 저더러 더러운 염탐꾼이라고 하더니……." 매들린은 더 이상 말을 잇기 힘든지 고개를 떨구었다. 그날 들어 두 번째로 눈물이 그렁그렁 맺혔다.

"얼마나 심한 말씀을 했길래 이렇게 괴로워해요?"

"아, 엄청 심한 말씀을 하셨죠. 아버지한테 제가 정원사랑 야한 장난을 쳤다고, 제가 먼저 시작했다고 이야기하겠다고 했거든요. 그러고는 베란다 문을 열고 나가 그 자리에서 그를 자르고 엄청난 금액이지 않았을까 싶은 수표를 써줬어요." 매들린은 사실 정원사를 아주 좋아했다. "가끔 저랑 숨바꼭질도 했고, 수영장 안으로 아니면 다이빙 보드 위에서 나를 던져줬어요. 주머니에서 몰래 사탕을 꺼내주기도 했고요. 하지만 이제는 제가 그와 지저분하고 역겨운 짓을 저질렀나 생각하게 했지 뭐예요."

당황한 매들린이 항의하자 어머니는 이렇게 말했다. "잘했다, 꼬마 괴물. 네 덕분에 방금 정원사가 일자리를 잃었네." 그러고는 언성을 높여서 덧붙였다. "그 바보 같은 잡종을 데려왔으니 그래도 싸지."

정원사가 기르던 개가 낳은 새끼를 한 마리 데려오자 매들린이 아버지에게 키워도 좋다는 허락을 받은 것을 두고 한 말이었다. 매들린은 내가 그때까지 본 적 없는 함박웃음을 지으며 평생 그렇게 행복했던 적은 처음이었다고 했다. 강아지 이름은 댄스영화로 유명한 영화배우 이름에서 따온 프레드였다. 매일 저녁 춤을 추어야 그녀의 어머니에게서 사료를 얻어먹을 수 있었기 때문이었다. 나는 매들린에게 어머니가 그녀에게 한 것과 똑같이 프레드에게 한 것 아니냐고 반문했다.

"맞아요. 공짜 점심은 없다." 잠시 후 그녀는 표정이 바뀌더니 열띤 목소리로 외쳤다. "저를 사랑해주는 존재가 생기다니 놀라웠어요." 프레드는 그녀가 학교에서 돌아오면 좋아서 어쩔 줄 몰라 했다. 밤에는 그녀와 한 침대에서 잤다. "솔직히 그 아이의 따뜻한 체온이 저를 살렸다고 생각해요. 어머니는 가끔 저를 때렸는데, 한번은 어머니가 저를 때리려고 손을 들었더니 프레드가 어머니를 향해 으르렁거렸어요." 매들린은 이 이야기를 하며 울음을 터뜨리더니 대리석 테이블에 얼굴을 묻었다.

"왜 그렇게 마음 아파해요?"

"저를 지켜준 사람이 프레드밖에 없었거든요." (그녀는 항상 프레드를 사람처럼 간주했다.)

"아버지는요?"

"가끔 제 편을 들어주셨지만 어머니가 폭발하면 절대 맞서 싸우지 않았어요. 한번은 어머니가 정말 화가 났을 때 학교에서 들고온 초코바를 먹으려고 지하 창고로 내려간 적이 있었어요. 아버지가 거기 앉아서 캔에 든 스파게티를 드시고 계시더라고요. 저도 옆에 가서 앉았고 둘이서 아무 말 없이 초코바와 스파게티를 먹었어요."

"지상은 어머니한테 넘기고요?" 나는 물었다.

"무서웠거든요."

"아버지는 당신 어머니를 왜 그렇게 무서워했을까요?" 나는 전에도 같은 질문을 한 적이 있었지만 여전히 이해되지 않았다. "자기 부모님에게 학대를 당했나요?"

"전혀요. 두 분은 아주 올바르고 근면 성실하셨지만 정이 많고 시간을 아낌없이 내주셨어요. 할머니는 제가 어렸을 때부터 따로 시간을 내서 조각상에 대해 가르쳐주셨어요. 함께 전 세계를 여행하며 즐거운 시간을 보냈고요. 덕분에 저는 13살 때부터 명나라 꽃병을 보면 진품인지 가품인지 알 수 있었어요, 진짜로요."

다음 상담 시간에 매들린은 내 앞에 예쁘게 포장한 큼지막한 크리스마스 선물을 준비해놓았다. 상담치료사는 직업윤리상 내담자에게 선물을 받을 수 없다고 설명하자 그녀는 군소리 없이 치웠다. 그 거대한 선물은 일종의 테스트였다. 내가 받지 않겠다고 하자 안도하지 않았을까 싶다. 나는 나중에 신뢰에 관해 대화를 나눌 때 이 일을 써먹어야겠다고 머릿속에 저장했다.

명절 계획이 어떻게 되느냐고 물었다. 그녀는 혼자 집에 있을 생각이라고 했다. 나는 궁전 같은 뉴욕 아파트에서 혼자 배회할 매들린을 상상하며, 가뜩이나 크리스마스 같은 때 고향집에 가지 못하면 힘들겠다고 말했다.

매들린은 어머니 같은 사람이 또 없을 줄 알았기 때문에 아버지가 캐런과 동거를 시작했을 때 깜짝 놀랐다고 했다. "캐런도 어머니처럼 미치광이 기질이 있지만 그만큼 집요하거나 젊고 예쁘지는 않아서 제대로 발휘하는 데 어려움이 있었죠. 게다가 집안에 돈이 많지 않아서 수습할 재간도 없고요."

캐런이 앤티크를 부수기 시작하자 오랫동안 저택에서 근무했던 가정부가 매들린에게 연락했다. 그녀는 경찰에 신고하고는 비행기를 타고 토론토로 날아갔다. 집에 도착하니 경찰이 거실에서 잡지를 뒤적이며 기다리고 있었다. 캐런은 매들린을 보자마자 '샬럿'이라고 불렀다. 미쳤거나 술에 취했거나 둘 중 하나였는데, 그녀는 양쪽 모두 전적이 있었다. 가정부는 캐런이 덩컨을 괴롭힌다고, 가끔 그가 화장실로 피해 문을 잠그면 그녀가 프라이팬으로 문을 두드린다고 했다. 그러면서 경찰에게 문에 남은 파인 자국을 보여주었다. 이 광란극이 벌어지는 동안 아무도 덩컨의 행방을 찾지 못했지만 매들린은 어디 가면 그가 있을지 알았다. "이번에도 토마토 수프 캔을 들고 지하 창고 벤치에 앉아 계시더라고요." 매들린이 따져 묻자 그는 기다리면 캐런이 진정될 거라고, 전부 지나갈 거라고 했다. "한마디로 요약하자면 경찰은 그냥 갔어요. 결론적으로 아버지는 캐런의 편을 든 셈이었고 저는 그날 이후로 집 안에 발을 들이지 못하고 있어요."

나는 수년간 덩컨이 보인 행동에 대해 좀 더 물었다. 매들린은 그가 그녀와 어떤 협정을 맺었다고 생각하는 눈치라고 했다. "아버지가 말씀하시길 캐런은 불안하고 저는 튼튼하니까 우리가 참아야 한다고 했어요. 어머니가 폭발할 때마다 했던 노블레스 오블리주 발언 같은 맥락이었죠. 사실 그건 거짓말이에요. 아버지는 어머니가 위험한 사람이라 어떤 큰일을 저지를지 모른다고 시인했거든요." 아버지는 이어서 그와 매들린이 진정한 알링턴 가문의 후손이고 샬럿은 바보 같은 침입자라고 덧붙이곤 했다. "맞는 말이에요. 어머니는 별로 머리가 좋지 않았으니까요. 하지만 악랄하고 잔인했고, 평생 아버지보다 한 수 위였지요."

나는 사업에 있어서는 당당하고 저돌적인 덩컨이 처음에는 샬럿, 그다음에는 캐런에게 정서적으로 거세당한 이유를 끝까지 알아내지 못했다. 그는 애정 없는 두 여자에게 평생 붙들려 지냈다. 딸에게 집 안 출입을 금지시키며 심란해했지만 그런데도 그 대가로 아무것도 주지 않는 여자가 요구하는 대로 했다. 매들린은 덩컨의 부모, 즉 조부모가 격식을 차리고 겉으로 감정을 잘 드러내지 않았지만 냉정하지는 않았다고 했다. 손녀에게는 따뜻하고 다정하지만 자식을 키울 때는 그렇지 않았던 사람들도 있지 않을까 짐작할 따름이다. 나이가 들면 대개 유해지지 않는가.

덩컨은 돈에 감정적으로 집착하는 듯 보였다. 처음에는 돈을 버는 것 자체에, 그다음에는 권력의 도구로 말이다. 그가 진심으로 사랑한 사람은 딸뿐이었지만, 자기 자신도 보호할 수 없었기에 딸을 보호하는 임무를 완수할 수 없었다.

상담 첫해가 끝나가고 있었다. 딱 6번만 하겠다고 했던 것은 헛된 맹세였다. 매들린처럼 심한 트라우마를 겪은 사람들은 고통을 모두 쏟아낸 다음에서야 치유가 되기 시작한다. 내 역할은 옆에서 참관자 노릇을 하며 아침마다 인사 대신 '괴물' 소리를 들은 건 너무했다고, 그녀가 뭘 잘못해서 그런 건 아니라고 달래는 것이었다. 그토록 고통스러웠던 어린 시절의 후유증을 감당할 수 있도록 돕는 일이었다.

비행
공포증

나는 매들린이 비행기 여행을 무서워하는 이유를 파헤치고 싶었다. 원래 있던 공포증이 아니었으니 최근 들어 생긴 이유가 대체 무엇인지, 어떻게 하면 없앨 수 있을지 알아내야 했다.

매들린의 비서도 같은 생각이었다. 그녀는 나를 옆으로 불러 회계사들의 전언을 옮겼다. 회사가 휘청거리고 있었다. 고가 제품은 단독 운송이 되지 않는데 매들린이 모든 스카우트의 비행기 탑승을 막고 있었다. 비서는 이런 말로 상황을 정리했다. "주제넘게 나서서 죄송하지만 조만간 클라이언트들이 들고일어날 거예요. 특권의식 쩌는 트로피 와이프 아니면 까탈스러운 박물관 전문가들이고, 어제 만들어진 거라면 뭐든 사겠다는 인간들이거든요. 무슨 뜻인지 아시죠?"

바로 그때 매들린이 사무실 안으로 들어와 고함을 쳤다. "여기서 **뭐 하는** 거야? 길디너 선생님 눈에 우리가 이상한 인간들로 보이면 되겠어? 처음에는 아버지가 그러더니 이젠 자네야? 맙소사, 나가줘!" 비서는 태연하게 레게 머리를 어깨 뒤로 넘기고 미소를 지으며 작별 인사를 했다.

매들린은 비서가 무슨 말을 했느냐고 물었다. 나는 대답했다. "당신과 회사 걱정을 하던데요. 비행기가 추락할 거라는 당신의 강박증이 사업에 악영향을 미치고 있다고요. 골드블랫 선생님 — 내가 소개한 강박충동장애 전문가였다 — 을 만나서 상담받고는 있나요?"

그녀는 그를 만나고 있었다. 6주 프로그램의 하나로 그녀가 어떤 데 공포를 느끼는지 기록하는 큼지막한 워크북을 받았다. "비행기가 추락하고 말 거라는 공포가 강박인지, 아니면 노이로 제성 공포인지 잘 모르겠더라고요." 그녀는 이렇게 실토했다. "그런데 선생님, 모든 게 잘 해결되면 운명의 여신이나 다른 누군가가 제 정체를 알아차릴까봐 겁이 나요. 제가 사실은……" 그녀는 머뭇거렸다.

"사실은 뭐요?" 나는 물었다.

매들린은 놀란 표정으로 눈을 깜빡이다가 한 대 얻어맞은 사람처럼 의자에 털썩 몸을 기댔다. "사실은 괴물이라는 걸 알게 될까봐서요."

"어머니가 당신을 그렇게 불렀죠?"

그녀는 고개를 끄덕였다.

"그래서 당신은 일이 잘 풀리면 안 된다고 생각하죠. 당신은 괴물이라서 가장 훌륭한 직원과 앤티크를 싣고가던 비행기가 추락할 수밖에 없다고요."

매들린은 잠시 당황한 표정을 지었다. "네. 이 사업은 사기꾼 괴물에 의해 건설됐어요."

그녀는 말없이 앉아서 무의식에서 흘러나온 말을 곱씹었다. "그거 아세요? 제가 고등학교에서 여학생회 회장과 학년 대표를 맡았을 때 다들 제가 완벽한 어머니 밑에서 자란 줄 알았던 거 말이에요. 다른 친구 어머니들이 이렇게 물었어요. '샬럿, 매들린은 어쩜 저렇게 매사에 진지하고 열심이에요? 어떻게 키웠길래 저래요?' 그러면 어머니는 웃으며 이렇게 대답했죠. '아, 그냥 내가 운이 좋았어요.'"

"어머니도 강박증이 있었나요?"

"아, 그럼요. 그리고 온 식구가 그걸 견뎌야 했죠." 그녀는 단호하게 대답하고는 어머니가 어떤 식으로 눈썹을 뽑았는지 설명했다. "처음에는 눈썹을 다 뽑았어요. 그러다 정말 광분하면 모근까지 뽑고 족집게로 피가 날 때까지 살갗을 후벼 팠어요." 샬럿은 딱지를 감추느라 몇 주씩 선글라스를 써야 했다. "아버지가 그만하라고 하면 괴물인 딸 때문에 그러는 거라고, 아버지와 재미없고 쪼잔한 아버지의 친구들과 가족들 때문에 그러는 거라고 소리를 질렀어요. '**머리를 쥐어뜯고 싶다**는 말 들어봤어? 당신이랑 당신 딸 때문에 내가 그 심정이야. 이러쿵저러쿵하기 좋아하고 답답한 당신 부모까지 똘똘 뭉쳐서 나를 공격하고 있잖아.'"

나는 매들린에게 그녀의 어머니는 발모광이라는 흔한 장애를 일으킨 거라고 설명했다. 발모광은 자기 머리카락을 강박적으로 뽑는 (때로는 먹는) 증상이다. 탈모, 통증, 사회적 또는 기능적 퇴보를 유발한다. 충동조절장애인데 만성적이며 치료하기 어려운 경우가 많다.

나는 이렇게 설명하며 숱이 없는 매들린의 눈썹을 쳐다보았다. 처음 만났을 때 이상한 아치 모양으로 얇게 그린 눈썹이 특이하게 느껴졌는데, 그녀도 같은 장애를 앓고 있는 건 아닌가 싶었다. 나는 그녀가 뭐라고 대꾸하기를 기다렸다.

치료에 도움이 되는 오랜 정적이 흐른 뒤에 그녀가 물었다. "왜요?"

"**당신** 눈썹은 어떻게 된 거예요?" 나는 과감하게 물었다.

"저는 그런 문제는 없어요. 족집게로 뽑아서 눈썹 숱이 없긴 하지만 어머니가 그랬던 것처럼 딱지가 앉을 정도로 후벼 파지는 않아요. 이건 제가 추구하는 스타일이에요."

나는 아무 말도 하지 않았다. 매들린이 내 앞에서 어물쩍 넘어가려고 한 건 이때가 처음이지 않았을까 싶었다. 이상했다. 그녀는 상담받는 내내 발모광이 있다고 한 번도 시인한 적이 없었다.

상담하면서 알게 된 사실이지만, 어떤 사람들이 아주 반사회적이거나 점잖지 못한 행동은 시인하거나 흔쾌하게 분석에 응하는 반면, 비교적 사소한 사회 규범은 위반한 적 없다고 딱 잡아떼는 이유는 예측이 불가능하다.

이 시점에 다다르자 나는 신중하게 고민해야 했다. 나도 알다시피 매들린은 비싼 크리스마스 선물로 나를 테스트했고 나는 그걸 사양함으로써 어느 정도 신뢰를 쌓았다. 나중에 이 부분에 관해 이야기를 나누었을 때, 그녀는 예전에 만난 결혼생활 상담사가 자기가 물려받은 앤티크 몇 점을 무료로 감정해주길 바란 적이 있다고 했다. 매들린의 아버지인 덩컨도 상담을 받았을 때 내가 주식시장에 대해 한 번도 물어보지 않는다며 놀라워했었다. 전에 만난 정신과 의사는 매번 주식에 관한 질문으로 상담을 시작했다는 것이다.

하지만 신뢰를 쌓았다고 해서 당장 문제가 해결되는 건 아니다. 그러니까 내담자와 정면으로 부딪칠 이유가 없다는 말이다. 상담치료사가 집중 조명하고자 하는 신경증을 내담자가 고백할 수도 있지만, 그건 너무 많은 대가가 따르는 승리다. 내담자 스스로 깨달음을 얻을 수 있도록 상담치료사는 한 걸음 물러나야 진정한 통찰이 이루어질 수 있다. 매들린이 어머니와 같은 증상을 앓고 있다고 시인할 수 없을 만큼 그녀와 분리되고 싶은 마음이 간절하다면 어쩔 수 없었다. 나는 상담을 정석대로 진행할 필요는 없다는 것을 깨달은 지 오래였다. 내가 최선을 다해 돕고 싶어 한다는 것과, 나를 믿으면 악마를 상대하는 데 도움이 된다는 것을 매들린이 알아주기만 하면 됐다.

매들린과 상담을 진행하러 번잡한 맨해튼의 사무실로 들어설 때마다 매번 다른 사람이 내게 말을 거는 느낌이었다. 회사 전체가 일 중독자들과 전형적인 히스테리 환자들로 득시글거렸다. 가끔 기업에서 심리 분석을 진행한 적도 있었는데, 요구가 많고 자기애 넘치는 부모 밑에서 자란 회사 사장은 무의식적으로 자신의 부모와 비슷한 성격의 직원을 채용하는 경우가 많았다. 그래놓고 자신이 책임자인데도 그들의 비위를 맞추느라 진을 뺐다. 회사도 일종의 가족이고 사내문화는 가족 간의 역학관계를 재현하는 장이 될 수 있다.

하루는 매들린이 약속 시간보다 30분 늦게 등장하더니 신문 봤냐고 물었다. "전남편이 이번 주말에 재혼했다지 뭐예요." 처음 만나 가족사를 파악했을 때 말고는 전남편 조이 이야기를 꺼낸 것이 그때가 처음이었다. 매들린은 이민 1세대로 빵집을 하는 부모 밑에서 자란 이탈리아계 가톨릭 신자 조이와 결혼한 이유가, 그녀가 너무나 잘 아는 부유한 백인 신교도 사회의 틀에서 그가 벗어났다고 생각했기 때문이었다. 그와 결혼하면 그녀가 "좀 더 현실적인" 인물이 될 수 있을 거라고 생각했다.

전남편은 전 세계 비즈니스 트렌드에 영민하게 대처했다. 결혼 이후 그는 덩컨에게 돈을 대출해, 전 세계적으로 가장 큰 매출을 올린 어느 회사 제품의 캐나다 유통권을 확보했다. 매들린의 말마따나 "상당히 영리한 선택"이었다. 그는 5년 만에 덩컨에게 빌린 돈을 갚았다.

"**영리하다**는 건 당신이 어머니를 설명할 때 썼던 말인데요."

매들린은 내 말에 깜짝 놀란 듯했다.

"저는 어머니의 정체를 간파한 사람과 결혼한다고 생각했어요. 솔직히 어머니를 싫어한 게 그이의 가장 큰 매력이었어요."

"어머님의 정체를 간파한 사람이 아무도 없었나요?"

매들린의 눈에 눈물이 고였다. 그녀는 상담을 받는 동안 자신이 겪은 잔인한 행각을 설명했을 때도 눈물을 보인 적이 거의 없었기에, 무슨 말을 하려는지 몰라도 고통스러운 기억이라는 것을 알 수 있었다.

그녀는 한동네에 살았고 같이 어울려 다닌 첫 번째 남자친구 배리에 대해 소개해야겠다고 했다. 둘은 사립학교에 다녔고 같은 동아리 소속이었다. 9학년부터 4년을 사귀었으니 10대치고는 긴 세월이었다. 그녀는 5형제인 배리의 화목한 대가족에도 애착을 느꼈다. 그의 어머니는 요리를 직접 하고 상다리가 부러져라, 저녁을 차렸다. 그녀의 눈에 비친 배리의 어머니는 따뜻하고 동글동글하며, 완벽한 메이크업에는 관심 없는 사람이었다. "형제들이 아주머니를 놀리고 어깨동무를 하고 안아올려서 빙빙 돌리고 그랬거든요. 그러면 아주머니는 항상 '얘들아! 얘들아! 얘들아!' 했어요. 제 눈에는 그게 천국처럼 보였어요. 아주머니는 추파를 던지지도, 야한 옷을 입지도, 스파이크힐을 신고 집 안을 걸어 다니지도 않았거든요."

"추파를? 세상에, 어떤 엄마가 추파를 던져요?" 나는 물었다. 이번에는 내가 놀란 표정을 지을 차례였다.

배리는 매들린의 어머니가 예쁘다고 생각했다. 샬럿은 수영복 차림에 하이힐을 신고 담배를 피우며 집 안을 돌아다니곤 했다. "저는 배리하고 자지 않았어요. 어머니 같은 사람이 되고 싶지 않았거든요. 어머니는 배리한테 '내숭쟁이랑 오늘 저녁에 둘이 뭐 하니? 숙제는 뭐 하러 해? 나가서 탱고를 추지 않고.' 이런 말을 하고는 개 앞에서 탱고를 추고 그랬어요." 한번은 그녀의 아버지가 배리에게 추파를 던지는 그녀를 보고는 그만하라며 40살짜리한테 관심 있는 16살짜리는 없다고 했다.

샬럿의 대답에 그녀의 딸은 등골이 오싹해졌다. "아, 그래? 어디 한번 두고보라지."

어느 날 그녀가 배리의 별장에 놀러가보니 선착장에서 다들 술을 마시고 있었다. 매들린은 어머니처럼 행동하고 싶지 않았기 때문에 술을 마시지 않았다. 그런데 술이 약한 배리가 취했는지 울면서 미안하다고, 그때로 돌아가면 절대 그런 짓을 저지르지 않겠다고 했다. 매들린은 배리가 그녀의 어머니와 잔 걸 두고 하는 이야기라는 것을 단박에 알아차렸다. 샬럿이 그를 유혹해 거의 한 달 동안 만난 것이었다. 매들린은 어머니와 첫사랑에게 동시에 배신당했다. 배신의 상처는 너무 쓰라렸고, 관계는 그렇게 끝이 났다.

『백설공주』는 예쁘게 큰 데다 젊기까지 한 딸을 보고 어머니가 느끼는 살기 어린 질투에 관해 이야기한다. 브루노 베텔하임 (Bruno Bettelheim)은 『옛이야기의 매력 1·2』(시공주니어, 1998)에서 어머니가 이야기의 초반부터, 그러니까 백설공주의 미모가 그녀를 뛰어넘기 훨씬 전부터 벽에 걸린 요술거울에 확답을 요구했던 걸 보면 나르시시스트였다는 것을 알 수 있다고 했다. 질투심 강한 나르시시스트 어머니에게 10대 딸이 얼마나 큰 위협을 느낄 수 있는지 이보다 더 확실하게 보여주는 동화는 없다.

"남편감을 골랐을 때 어머니의 매력에 넘어가지 않는 게 우선순위였던 이유를 이제 알겠네요." 조이는 매들린과 결혼함으로써 하룻밤 새 그야말로 백만장자가 되었고, 덩컨의 돈으로 캐나다에 성공적인 프랜차이즈를 설립했다. 그러자 매들린에 따르면, 그는 소름 끼치도록 졸부 티를 냈고 창피할 정도로 야단스러운 온갖 상품을 사고 싶어 했다. 그는 결혼 첫해가 저물어갈 무렵부터 매들린이 일을 너무 많이 한다고 투덜거렸다. 그 말에도 일리는 있었다.

두 사람의 차이점은 점차 극명해졌다. 조이는 비행기, 레이싱카, 대형 보트, 이런 걸 사고 싶어 했지만 매들린은 관심이 없었다. 매들린의 어머니도 자기 자신과 자신이 원하는 것에만 관심이 있었다. 그리고 그녀가 그랬듯이 조이도 매들린이 바라는 것에 짜증으로 응수했고, 그 어떤 것도 맞춰줄 생각이 전혀 없었다. 샬럿은 덩컨을 낚아채 평생 그의 돈을 쓰며 살았다. 조이도 매들린을 상대로 똑같은 짓을 저질렀다.

"조이가 처음부터 당신 어머니를 싫어할 수밖에 없었겠네요. 둘의 닮은 점을 모를 수 없었을 테니까요." 나는 말했다.

"그래도 그이가 저를 떠날까봐 참아보려고 했어요."

"왜 버림받는 걸 두려워했어요? 아니, 인간이라면 누구나 그걸 두려워하지만 못된 남편 곁에 머물 이유가 뭐가 있어요? 이렇게 돈도 많고 예쁘고 재능도 특출한데."

"일단 저는 그 세 가지 모두 해당 사항 없게 느껴지지만요. 뭐, 돈은 많을지 모르겠지만 중요한 건 그게 아니에요. 그렇다고 한들 저는 행복한 적 없었어요."

"제가 마음에도 없는 소리를 한다고 생각해요?"

"아뇨……." 그녀는 머뭇거렸다. "그렇지는 않아요. 솔직히 선생님까지 저한테 속았나 싶어서 무서워요."

버림받는 것에 대한 두려움은 매들린의 인생에서 강력한 원동력 역할을 했다. 그녀가 못된 남편과 계속 헤어지지 않은 이유도 그 때문이었다. 또한 의욕 없고 불성실한 몇몇 직원들에게 과한 연봉을 주고 도가 지나칠 정도로 참은 것도 그들에게 '버림받을지' 모른다는 두려움 때문이었다. 그녀의 어린 시절 이야기를 들으면 들을수록 오랜 기간 방치당한 데서 비롯된 문제라는 것을 알 수 있었다.

매들린이 고등학교 조정팀 활동을 했을 때 그녀의 어머니는 제시간에 딸을 데리러 온 적이 거의 없었다. 연습이 끝나면 그녀 혼자 얼어붙을 듯이 추운 선착장에 남아 1시간씩 늦는 어머니를 기다렸다. 그녀가 항상 맨 마지막으로 남는 학생이었기 때문에 선생님들이 집으로 협조문을 보내 그렇게 늦게까지 같이 있을 수 없으니 시간에 맞춰 데리러 와달라고 요청했다. 그녀의 어머니는 아버지가 보지 못하게 가정통신문을 갈기갈기 찢으며 말했다. '그 사립학교에 떼돈을 갖다 바치는데 당연히 내가 갈 때까지 기다려야지. 이런 건 왜 보내니? 괴물, 네가 우는 소리를 늘어놓은 모양이네? 그 인간들은 네 정체를 아직 모를지 몰라도 나는 알지.'

샬럿처럼 철저한 나르시시스트들은 자신이 틀릴 리 없다고 생각한다. 그들은 폭언을 퍼붓더라도 자신을 해코지하려고 발칙하게 도발하는 사람을 상대하기 위한 자구책이라고 정당화한다. 그들은 위협을 느끼면 과잉 반응으로 잽싸게 복수한다. 나르시시즘은 걸핏하면 총을 쏘려드는 방어기제라고 설명할 수 있다.

그다음 주에도 계속 버림받는다는 것에 대해 분석하고 있을 때, 매들린이 그녀가 11살인가 12살이었을 때 부모님이 할머니, 할아버지와 함께 6주 동안 러시아 여행을 간 적이 있었다는 이야기를 꺼냈다. 샬럿은 베이비시터를 부르지 않고 택시비와 식비를 두고 갔다. "하지만 저는 너무 무서워서 집 밖에 나가지도 못하고 프레드를 끌어안고 지냈어요. 집 자체도 넓은 데다 게스트하우스, 온실, 차고, 수영장까지 있었거든요."

그러던 어느 날 그녀는 길 건너에 사는 친구 로레인의 집에서 저녁을 먹다가 아무 생각 없이 부모님이 러시아에 계신다고 말했다. 나중에 로레인의 부모님이 부엌에서 대화를 나누는 소리가 들렸다. "저 아이 엄마를 보면 **방치와 아동학대**의 기미가 느껴졌 거든." 매들린은 로레인의 어머니가 정상적인 사람이고 없는 말을 만들어내거나 부풀리는 성격이 아니라는 걸 알았다. 로레인의 아버지는 매들린이 혼자 지내는 사실을 덩컨은 모를 거라고, 알았더라면 절대 용납하지 않았을 거라고 했다. 매들린은 조용히 말했다. "**아동학대**라는 단어가 제 머릿속에 남았어요. 그날 조그만 문이 열렸던 것 같아요."

부모님이 러시아로 떠난 첫 주의 어느 날 밤에 바람이 심하게 분 적이 있었다. 도난경보기가 울렸고 전기가 나갔다. 경찰이 경보업체 직원을 데리고 출동했다. 알고보니 강풍에 나무 몇 그루가 전깃줄 위로 쓰러지면서 경보가 울린 것이었다. 경보업체 직원은 경찰에 상황을 설명했다. 출동한 2명의 경찰은 부모님과 면담을 원했고, 매들린은 두 분 다 6주 일정으로 러시아에 가셨다고 이야기했다. 그들이 그럼 누구랑 같이 지내고 있느냐고 묻자 그녀는 혼자 있다고 대답했다. 그들은 서로 흘끗 쳐다봤다. 어머니 대신 자신이 적당히 둘러대야 한다는 사실을 뒤늦게 깨달은 매들린은 경악하며 청소부가 매주 2번씩 온다고, 불안해지면 여기저기 연락하면 된다고 말했다.

"경찰이 혼자 지내면 안 된다고 하지 않았어요?" 나는 물었다.

"네. 머뭇거리더니 문제가 생기면 옆집에 연락하라면서 갔어요." 이 무렵 옆집 사람 하나가 왜 이렇게 시끄러운지 불안해하며 욕실 가운을 걸친 채 밖에 나와 있었다. 매들린은 심각한 상황이라도 되는 듯 사람들이 고개를 내젓는 것을 먼발치에서 보았다.

이와 같은 아동방임 사례에서 계층 간 차이에 주목하면 흥미로워진다. **경제적으로** 궁핍한 계층만 위험에 노출된 것으로 간주하고 있으니 말이다. 임대주택단지에 출동했다가 6주 동안 혼자 지내게 된 아이와 맞닥뜨렸다면 경찰은 부모의 소재를 파악하러 나섰든지, 아이를 위탁보호시설로 옮겼을 것이다. 매들린의 대저택으로 출동한 경찰은 돈 많은 부유층에 대해서는 도덕적으로 권위 있는 계층으로 간주했다. 그들이 딸만 혼자 두고 갔다면 그럴 만한 이유가 있었을 거라고 생각했다. 이러니저러니 해도 '책임감 있는' 성인이었으니 말이다. 아니면 경찰은 부유한 유력가의 아동방임 사건을 폭로하는 데 두려움을 느꼈을 수도 있다. 덩컨이 복수를 감행할 수 있었고, 그런 자살 행위로 경찰생활을 마감하는 것은 그들도 원치 않는 바였다. 그래서 그들은 체중 34킬로그램의 11살짜리가 한 달 넘게 혼자 지내도록 내버려두었다. 아동복지기관에 신고하지도, 다시 와서 안부를 확인하지도 않았다.

매들린은 몇 년 뒤에 조이와 함께 〈나 홀로 집에〉 영화를 보러 갔을 때 어떤 심정이었는지 토로했다. "기절할 것 같아서 중간에 나와야 했어요. 관객들이 웃는 걸 보고 얼마나 충격을 받았는지 몰라요. 그만 웃으라고 소리를 지르고 싶었어요."

"당신은 겪어봤기 때문에 그게 재밌는 일이 아니라는 걸 알았던 거죠."

매들린의 부모님이 러시아에서 돌아오자 가끔 와서 함께 밤을 지내고 가던 청소부의 딸이 그들을 문 앞에서 맞이하며, 매들린을 걱정하는 친구 로레인 어머니의 연락을 받아서 저택에 와 있다고 말했다. 그 아이가 돈을 받고 가자 덩컨은 그답지 않게 노발대발했다. 그는 샬럿이 매들린을 맡길 만한 사람을 구해놓은 줄 알았기에 도대체 무슨 생각으로 그랬느냐고 따져 물었다. "두 분은 대판 싸웠어요. 그러고는 어머니가 본격적으로 비명을 지르기 시작했는데, 나중에 대가를 치러야 한다는 걸 알기 때문에 비명소리가 머릿속을 관통하는 느낌이었어요. '여기 이 소공녀한테 누가 뭘 시킨 적 있어? 천만의 말씀! 쟤는 식당에서 저녁만 해결하면 됐어. 나라면 남자친구를 불러들일 수 있다고 좋아했을 텐데 쟤는 아니었어. 경찰에 연락해 온 동네 사람들 눈에 내가 못된 년으로 보이게 만들었지. 이런 망할. 이놈의 집구석 때문에 못 살겠네.' 그러고는 쿵쾅거리면서 계단을 올라갔어요." 덩컨은 그녀의 뒤통수에 대고 11살과 15살은 천지 차이라고 외쳤다. 그리고 당신은 어떻게 자랐는지 몰라도 자기 아이는 그렇게 키우고 싶지 않다고도 했다.

"어머니는 층계참에서 어깨 너머로 외쳤어요. '귀한 딸이 그렇게 걱정되면 베이비시터한테 맡기지 그래? 여기서 핵심적인 말은 **베이비**라는 단어야.'"

나는 그 비슷한 이야기를 숱하게 들었기에 매들린에게 어머니가 작정하고 그녀를 짓밟으려는 사람 같았는지, 아니면 그냥 부모 노릇에 대해 잘 모르는 사람 같았는지 물었다.

그녀는 한참 동안 앉아서 곰곰이 생각하다가 마침내 대답했다. "양쪽 모두였던 것 같아요. 어머니가 저를 짓밟고 싶어 했는지는 잘 모르겠어요. 제가 그럴 만큼 중요한 존재가 아니었을 거예요. 하지만 부모 노릇에 대해서라면 외할머니가 어머니보다 더 하면 더 했지, 그보다 낫지는 않았을걸요."

나는 매들린이 외할머니를 만난 적이 없다는 이야기를 듣고 깜짝 놀랐다. 샬럿은 자기 어머니를 가리켜 '하도 징징거려서 남편에게 버림받은 여자'라고 했다.

다음번 상담 시간 때 매들린과 이야기를 나누었다. "사람들이 당신을 두고 비행기를 타면 수많은 감정이 교차하나봐요. 부모님이 러시아로 여행을 떠났을 때 버림받은 기분을 느낀 것에 대해 지난주에 이야기했잖아요. 버림받았다는 건 강렬한 감정이고 누구든 여러 가지 방법으로 그걸 피하려고 할 거예요. 사업이 위험해지는 것까지 감수해가면서요."

"아뇨, 버림받은 기분 때문이 아니에요." 매들린은 족히 5분 동안 아무 말 없이 앉아 있기만 했다. "이번에도 다시 괴물이 등장하는데요, 일이 잘되면 저는 벌을 받을 거라는 생각이 들어요. 저는 괴물이고, 사람들은 그걸 알아차릴 테고, 사람들이 알아차리지 못하더라도 안 좋은 사태가 벌어질 거라는 생각 말이에요. 괴물은 성공할 자격이 없으니까요." 그녀는 머뭇거리다 다시 덧붙였다. "행복해질 자격도 없고요."

"이게 다 어머니에게 세뇌당한 결과인가요, 아니면 당신 스스로 괴물처럼 느껴질 만한 짓을 저지른 적이 있나요?"

그녀의 얼굴이 벌게졌다. "그걸 어떻게 아셨어요?"

나는 대답하지 않았다. 하지만 그녀가 아무 말도 하지 않자 나는 이렇게 말했다. "한 가지 분명한 게 있다면 인간은 누구나 부끄러운 짓을 저지른다는 거예요. 금기를 어기면 수치심이 뿜어져 나오죠. 자기는 수치심을 느낀 적 없다는 사람은 제대로 살아본 적 없거나 거짓말을 하는 거예요."

나는 어머니로서의 샬럿보다 아버지로서의 덩컨이 훨씬 훌륭했던 건 분명하다고 설명했다. 그리고 그는 진심으로 그녀를 사랑했을 것이다. "하지만 필요했을 때 당신을 지켜주지 못했어요. 그분도 두려움을 느꼈고, 무슨 이유에선지 모르겠지만 잔인하고 애정 없는 여자들에게 길들어 있고요." 그는 매들린을 보호해야 했을 때 지하 창고에 그녀와 함께 숨었다. 그러고는 이제 또다시 매들린의 적인 캐런과 한편이 됐다. "캐런이 할머니의 앤티크를 다 부쉈는데 당신은 당신 집에 발도 못 들여놓고 있어요. 아버지는 캐런의 편을 들었어요. 당신을 또다시 배신했어요. 그러니 당신이 지금 이런 증상을 보일 수밖에요." 나는 그녀가 어머니를 두고 덩컨이 한 번 배신했을 때는 버텼지만 캐런을 두고 다시 한 번 배신했을 때는 감당하기 버거웠던 거라고 설명했다. 그건 발목의 똑같은 자리가 두 번 부러지는 것과 같았다. 그러니 그녀가 정신적으로 절뚝거리는 것도 당연한 노릇이었다.

하지만 매들린은 아버지의 배신에 대해 내가 하는 이야기를 귀담아듣지 않았다. 어머니에게서 벗어나려고 그렇게 노력했는데도 그녀의 복사판과 결혼하고 말았다는 데 여전히 충격을 감추지 못했다.

"저는 조이를 떠나면 안 될 것 같았어요. 그의 곁을 지키는 게 저의 임무라고 생각했어요." 그녀는 잠깐 동안 아무 말도 하지 않았다. "지금 무슨 생각이 드는지 아세요?" 그녀는 얼굴을 찡그렸다. "그냥 이야기하는 편이 낫겠어요. 괴물이 아닌 이상 괴물하고 누가 결혼하고 싶어 하겠어요?"

"미스터 괴물, 미스 괴물을 만나다?" 내 말에 그녀는 그렇다고 고개를 끄덕였다. 그리고 자신 역시 바람을 피운 적이 있다고 토로했다. 내가 말했다. "만족스러운 잠자리를 원했고, 그래서 바람을 피웠어요. 잘했다는 건 아니지만 당신은 절망감을 느꼈을 거예요."

"바로 그거예요. 저는 **절망**했어요. 제가 **그런** 남자를 선택했다니 믿기지 않아요." 그들의 짧은 관계는 어느 날 저녁에 둘 다 야근하면서 시작됐다. 다음 날 아침 일찍 제품을 출고해야 했고 그 남자는 포장 담당이었다. "저녁을 시켜 먹었고 그쪽에서 먼저 유혹했어요. 다정했고 괜찮았느냐고 저를 챙기더라고요. 몇 주 뒤에 제가 이제 그만 만나자고 했더니 죽어버리겠다는 둥 온갖 히스테릭한 헛소리를 늘어놨어요."

나는 이 문제와 관련해서 다른 사람에게 도움을 청한 적이 있느냐고 물었다. 놀랍게도 그녀는 그렇다고 했다. 러시아 출신 박물관 전문가이자 함께 일하고 신뢰하는 직원인 안톤에게 의지했다고 했다. "안톤은 우리 회사에서 가장 정상적인 인물이에요, 그렇다고 아주 정상적이지는 않지만. 제가 사무실에서 울고 있다가 그에게 들켰을 때 지저분한 사연을 전부 실토했어요. 나는 더러운 걸레이며, 그런 내가 싫다고요. 그는 그렇지 않다고, 진짜 찌질이는 조이라며, 더 이상 손해 보기 전에 돈을 주든 뭘 하든 **당장** 그를 정리하라고 했어요." 또한 안톤은 포장 담당 남자에게 전화해 이 일을 매들린이나 다른 누구 앞에서 다시 들먹이면 그 길로 잘릴 줄 알라고 통보했다. 계속 치근대면 해고라고 말이다. 그런 다음 매들린에게 포장 담당이 자살할 리 없다고 했다. 그리고 이민자 출신이라 그 남자는 잘리더라도 경찰이나 이민국이 무서워서 소송을 제기하지도 못할 거라고 했다.

결국에는 안톤 말대로 됐다. 포장 담당은 정신을 차렸고 지금도 계속 그 회사에서 근무하고 있었다.

매들린은 다음 단계에 착수했다. "조이한테 우리는 이제 끝이라고 통보했어요. 그는 눈 하나 깜빡하지 않았고, 결혼해서 사는 동안 받은 돈이 많지 않냐는 내 말에 움찔하지도 않더군요."

그 후 두 사람은 이혼했다.

내담자의 머릿속에서 어떤 것들이 점점 확연해지면서 수수께끼가 풀리고 심리학적인 단서랄지, 새로운 깨달음이랄지 하는 것이 모습을 드러낼 때 나는 상담치료사로서 보람을 느낀다. 큰 그림이 뚜렷해질 때 말이다. 이게 쉬워 보일지 몰라도 특히 내담자가 그 그림의 일부분일 때는 보기보다 수월하지 않다.

매들린의 경우 맨 처음 새롭게 그녀가 깨달은 것은 내심 자신은 괴물이고 괴물은 행복할 자격이 없다고 생각했다는 점이었다. 따라서 그녀가 생각하기에는 일이 지금은 잘되더라도 조만간 박살 나는 게 마땅했다. 이로써 그녀가 비행기 추락을 걱정하는 이유가 설명됐다.

두 번째로 깨달은 것은, 많은 사람이 저지르는 실수이기는 하지만, 정반대라고 착각하면서 사실은 상대하기 힘들었던 부모의 닮은꼴과 자신이 결혼했다는 점이었다. 골수 백인 신교도였던 매들린은 노동자 계급 출신의 이탈리아계 가톨릭 교도 조이를 선택했는데, 계급이라는 허울을 벗기고보니 조이는 그녀의 어머니와 성격이 비슷했다. 그도 자기밖에 몰랐고 게으르고 매정하며 이중적이었다.

세 번째는 매들린이 어떤 식으로 버림을 받아왔는지 제대로 살피고 '나 홀로 집에'의 공포를 재현한 점이었다.

이제는 매들린이 이 세 가지 퍼즐을 한데 짜맞춰 그녀가 집안에서건 회사에서건 나르시시스트의 손아귀에서 벗어나지 못하는 이유를 파악해야 할 때였다. 매들린이 그녀의 수족을 붙잡고 있는 증상에서 벗어날 수 있도록, 정보를 한데 조립해 새로운 서사를 만들어야 했다.

주는 만큼
받기

심리치료에서는 가장 근본적인 문제를 끄집어내지 않으면 백날 증상을 가지고 씨름해봐야 아무 소용이 없다. 매들린의 경우에는 어머니가 문제의 근원이었다. 그녀가 딸의 머릿속에 자신은 괴물이라는 생각을 의도적으로 심어놓았다.

다음 상담 시간에 매들린은 두려움에 벌벌 떨며, 요즘 플로리다주에서 살고 있는 샬럿이 놀러 오라고 전화를 했다는 소식을 전했다. 최근에 다녀왔을 때는 어머니가 공항으로 데리러 오는 걸 '깜빡하는' 바람에 그녀는 전화번호부에서 어머니의 집 주소를 찾아야 했다.

"어머니는 결혼생활 내내 여러 번 바람을 피웠고 굳이 숨기려고 하지도 않았어요." 매들린이 14살이었을 때, 35살이던 샬럿은 같은 클럽 회원이었던 잭이라는 50대 유부남과 깊은 사이로 발전했다. 그들이 동거를 시작한 지도 어언 20여 년이 지났다. 잭의

삼 남매는 그가 아내를 버리고 가산을 탕진하자 연락을 끊었다. 샬럿은 아버지가 암에 걸렸다고 알렸는데 전화 한 통 없다며 매정한 아이들이라고 했다. 매들린은 말했다. "그 삼 남매가 자기들 어머니는 얼마나 잘 챙기는지 몰라요."

"그가 어떤 아버지였을지 궁금해지네요. 주는 만큼 받는다잖아요."

매들린은 허리를 펴고 앉으며 커피잔을 내려놓았다. "방금 뭐라고 하셨어요?"

"주는 만큼 받는다고요."

그녀는 그게 다른 나라 말이라도 되는 듯 큰소리로 천천히 읊었다. **"주는 만큼 받는다."** 그러더니 좀 더 큰소리로 외쳤다. "주는 만큼 받는다!" 그녀는 의자에 기대고 앉았다. "그게 인간관계의 기본이라면 저는 왜 어머니에게 계속 주고만 있을까요?" 매들린은 샬럿이 연락하면 항상 달려가고 특별한 날마다 꽃을 보낸다고 했다. 그런데도 어머니는 아무것도 기억하지 못했고, 그에 대한 보답도 전혀 없었다.

나는 매들린에게 계속 그러는 이유가 뭐냐고 물었다. 그녀는 모르겠다고 하더니 요즘도 어머니가 무섭다고 실토했다. "제가 언제든 떠날 수 있으니 어머니는 발톱이 빠진 상태라고 할 수 있겠지만, 고양이는 무기가 발톱 말고도 많잖아요."

거기에 대해 자유 연상을 해보면 어떻겠느냐고 하자 매들린은 여기가 프로이트의 상담실은 아니지 않냐며 불편해했다. 나는 말했다. "무의식이 고개를 들고 싶다고 아우성을 칠 때도 있거든요. 방어기제는 모두 한쪽으로 치워놓고 그냥 앉아서 '내가 어머니에게 계속 잘하려는 이유는 뭘까?' 자문하고 어떤 생각이 머릿속에 떠오르는지 살펴보면 어떨까요?"

매들린은 감정을 솔직하게 표현하는 성격이 아니었다. 어쨌거나 그녀는 강인하지 않으면 망가졌을 것이었다. 거식증이나 약물 중독이나 정신질환, 기타 등등의 장애를 일으킬 수 있었다. 그녀는 자기 자신과의 싸움에서도 그 강인함을 발휘했다. 용감하게 사선에 서서 눈을 감고 자문했다.

1분 정도 지났을 때 완벽하게 화장한 얼굴 위로 눈물이 줄줄 흘러내렸다. 마침내 그녀가 목이 멜 정도로 흐느끼며 말했다. "매번 잘해드렸던 이유는 **이번에는** 어머니가 저를 사랑해주지 않을까 생각했기 때문이었어요. 제가 알맞은 조합을 찾지 못했을 뿐이라고 생각했기 때문이었어요. 항상 다음을 기약했어요. 딱 하루만이라도 아침에 내려갔을 때 어머니가 '안녕, 괴물아'라고 하지 않으면 얼마나 좋을까. 내가 열심히 노력하면 어머니의 사랑을 받는 방법을 찾을 수 있을지 몰라."

"이 세상에 어머니의 사랑을 갈구하지 않는 아이는 없어요."

그녀는 울며 좌절감에 고함을 질렀다. "**멍텅구리**들도 어머니에게 사랑을 받는데! 조이는 자기 어머니를 위해 뭐 하나 한 적 없었어요. 그런데도 시어머니는 그이를 보면 항상 환하게 웃었어요."

그녀는 눈물이 마르길 기다리는 동안 나를 보며 물었다. "제가 뭘 잘못한 걸까요?"

"어머니가 누굴 사랑한 적 있었나요?"

"잭은 **사랑했을지** 몰라요. 어머니의 미모를 수시로 칭찬했거
든요. 그러니 사랑했을지 모르죠. 헤어지지 않은 걸 보면. 하지만
지금은 어머니 나이가 50대라 어디 갈 데가 없기도 해요."

"어머니가 아버지하고는 15년 동안 같이 살았잖아요. 아버지
를 사랑했을까요?"

"아버지를 못 견뎌 했어요. 그런데 이상한 건 뭔지 아세요? 아
버지는 어머니를 사랑했다는 거예요. 어머니가 남들 보는 앞에서
팔짱을 낀다거나 그런 식으로 뼈다귀 하나만 던져줘도 좋아서
어쩔 줄 몰라 했어요. 그걸 보고 저도 아버지처럼 어머니의 사랑
을 갈구하게 됐고요."

"사랑은 이해하기 힘들죠. 〈누가 버지니아 울프를 두려워하
랴〉 연극만 봐도 그래요. 아내가 그렇게 괴롭히고 바람을 피워도
남편은 계속 아내를 사랑하잖아요."

"선생님이 그런 말씀을 하시다니 신기하네요. 아버지랑 예전
에 브로드웨이에서 그 연극을 봤는데 우리 눈에는 아내가 뭐 그
리 나쁜 사람처럼 보이지 않았거든요." 우리는 같이 웃음을 터뜨
렸다.

"당신 말을 듣고보면 아버지가 번듯한 부모님 밑에서 자랐다
는데, 그런데도 애정이라고는 없는 당신 어머니에게 계속 사랑을
갈구했다니 뜻밖이에요. 하지만 당신이 어머니의 사랑을 갈구한

건 전혀 이상한 현상이 아니에요. 모든 아이가, 아니, 모든 동물이 부모의 사랑을 갈구하죠. 그건 본능이에요."

나는 매들린을 이해시키기 위해 토론토동물원에서 고릴라를 상대로 실시한 연구 결과를 소개했다. 고릴라는 원래 야생에서는 새끼를 알뜰하게 챙기기로 유명한데, 동물원에서는 새끼를 낳으려고조차 하지 않았다. 처음에는 우울해하다가 강박적이고 의례적인 행동을 보였다. 매들린은 강박증이라는 단어에 귀를 쫑긋 세웠다. 수컷 고릴라들은 교미에 관심이 없었다. 가끔 교미를 연상시키는 행동을 보였지만 암컷을 상대로는 그러지 않았다.

동물원 측에서는 암컷을 수태시키고 싶었기 때문에 무리와 함께 어미 품에서 자란(야생에서 고릴라들은 한 마리의 수컷과 다수의 암컷과 그 새끼들로 이루어진 집단생활을 한다) 교미에 대해서 잘 아는 수컷 고릴라를 데려왔다. 하지만 무리 안에서 또는 어미 품에서 자라지 않은 암컷 고릴라들은 수컷이 교미를 시도하자 공포를 드러냈다. 자기들을 공격하는 줄 알고 격렬하게 반항했다. 집단 안에서 교미 행위를 본 적이 없고 더욱 중요하게는 전희를 본 적이 없었기 때문에 그것을 일종의 공격으로 간주했다.

생각다 못한 동물원 측에서는 동물행동 심리학자인 내 친구에게 도움을 청했고 그는 인공수정을 시도했다. 대부분 유산됐지만 몇 마리가 임신에 성공해 실제로 새끼를 낳았다. 맨 처음 새끼를 낳은 어미는 그 자리에서 자기 새끼를 죽였다. 자기 배 속에서 나온 이물질 대하듯 새끼를 쳐다보고 있다가 녀석이 움직이자 놀란 표정을 지으며 쳐서 죽인 것이다. 수의사와 동물행동 심리학자들은 충격을 받았다.

이 암컷 고릴라들은 어미와 애착을 형성하거나 무리 안에서 유대관계를 경험한 적이 없었다. 출산을 목격하거나 새끼 고릴라를 본 적이 없었으니 공포를 느꼈다.

이후 출산을 두고 동물행동 심리학자들은 진퇴양난에 놓였다. 어떻게 하면 어미와 새끼 사이에 유대감을 조성하되, 어미 손에 새끼가 죽는 사태를 막을 수 있을까? 그래서 그들은 출산 직후에 새끼를 친숙한 여사육사에게 맡기고, 어미가 흉내 내주길 바라며 어미 앞에서 새끼를 안고 어르고 우유를 먹이며 역할극을 하게 했다. 하지만 어미는 거의 관심을 보이지 않았다. (가끔은 심지어 "내가 저 신세가 아니라 다행이지"라고 말하는 듯한 표정을 짓기까지 했다.) 동물원 측에서는 새끼를 어미에게 조금씩 소개하려고 했지만 어미는 손으로 쳐가며 거부했다.

슬프게도 새끼는 계속 어미에게 기어가며 유대관계를 맺으려 했다. 손으로 쳐내는 어미에게 하마터면 죽을 뻔해도 새끼는 포기하지 않았다. 안타깝게도 어미가 태어났을 때 그랬듯이, 이 새끼도 어미와 분리시키는 수밖에 없었다. 이처럼 대물림되는 기능 장애는 인간 사회에서도 거듭 목격된다.

매들린은 어미 고릴라가 잔인한 거 아니냐고 했다. 나는 그 어미도 어미의 사랑을 누려본 적이 없었으니 새끼를 어떻게 대해야 하는지 몰랐을 거라고 말했다. 심지어 그 새끼 고릴라가 자기

핏줄인 줄도, 핏줄이 무슨 뜻인지도 몰랐을 거라고 말이다. 그리고 모성 본능은 복잡하다. 본능에 더해 이른 시기부터 애착을 비롯한 사회화가 이루어져야 장착이 된다.

매들린은 말했다. "외할머니가 하도 지독한 분이라 아버지가 우리 집에 발을 들이지 못하게 했다고 말씀드렸잖아요? 종일 침대에 누워 지내면서 그야말로 포주 노릇을 했대요. 엄마가 나가서 중요한 사람들 집에 초대를 받아오지 못하면 집에 들어오지도 못하게 했대요."

우리는 몇 분 동안 아무 말 없이 앉아 있었다. 잠시 후 내가 말했다. "외동은 힘들겠어요. 형제나 자매가 있으면 어머니가 얼마나 냉랭한 성격인지 알 수 있을 테고, 형제나 자매한테 도움을 받고 부모님 대신 기댈 수도 있을 텐데. 하지만 당신은 아버지와 단둘뿐이었죠. 둘이 지하 창고에서 허기를 때웠고 샬럿을 무서워하면서도 사랑을 갈구했어요. 안타깝게도 아버지는 부모로서 당신을 보호한 게 아니라 겁에 질린 애처럼 굴었고요."

"네, 네, 어머니가 저를 **사랑**할 수 없었다는 건 알겠어요. 하지만 저를 **미워**하면서 괴물이라고 부른 이유는 뭘까요?"

"고릴라가 그 조그만 새끼 고릴라만 때린 이유가 뭐였을까요?"

매들린은 한참 동안 아무 말도 하지 않았다. "자기가 줄 수 없는 걸 새끼가 달라고 했으니까요."

"딩동댕. 당신 때문에 어머니의 가면이 벗겨졌거든요. 친구 부모님이 **아동학대** 운운하는 걸 지나가다 언뜻 들었던 거 기억하죠? 당신은 평범한 사랑을 달라고, 버리지 말아달라고 했을 뿐이에요. 어머니도 다른 엄마들이 제 아이들에게 어떻게 하는지 봤을 거예요. 그래서 겉으로 드러내지 않았을 뿐, 속으로는 자신이 부족한 엄마라는 걸 알았을 거예요."

"맞아요. 왜냐하면 어머니는 배리의 어머니를 못 견뎌 했거든요. 자기 자식들을 어린애 취급하고 과잉보호하는 아줌마라고 했어요. 우리가 아는 모든 엄마들을 가리켜 자식들 숨통을 조르고 훈육할 줄 모른다고 했고요. 저는 어머니의 말을 어느 정도 믿었어요."

"정말로 믿었어요?" 나는 좀 더 깊숙이 파헤치기 위해 이렇게 물었다.

"믿은 것도 있고 안 믿은 것도 있어요. 어머니 말처럼 다른 집 아이들은 어린애 취급을 당하고 있다고 생각했지만, 저도 어린애 취급을 당하고 싶었거든요. 인제 보니 배리와 다른 집 엄마들은 그냥 애정이 넘치는 엄마였고 제 어머니는 그렇지 않았다는 걸 알겠네요. 골드블랫 선생님이라면 저더러 '어린애 취급'이라는 부정적인 단어를 '애정이 넘치는'이라는 긍정적인 단어로 재구성했다고 하셨겠어요."

나도 동의했다. "어머니도 속으로는 어린애 취급이 아니라는 걸 알았을 거예요. 무의식적으로는 당신을 볼 때마다 자신은 어머니 역할에 소질이 없다고 생각했을 거예요."

매들린은 한참 동안 먼 곳을 물끄러미 응시했다. "저 때문에 그런 게 아니었다니 **너무** 믿기지 않아요. 어머니가 사랑했던 사람이 있긴 할까요?" 그녀는 어머니의 잔인했던 행동이 자기 잘못이 아니었다는 사실을 여전히 받아들이지 못하면서 혼란스러워했다. 심리치료에서 중요한 순간이었기에 나는 좀 더 분명하게 짚고 넘어가고 싶었다.

"**진정한** 사랑과 애정과 따스함과 공감을 바랐던 사람 중에는 없죠. 어머니 또한 자신의 어머니에게 심하게 상처받았고 아버지에게 버림받았기 때문에 사랑을 베푸는 데 필요한 조건을 갖추지 못했어요. 그분은 나르시시스트거나 사이코패스거나 아니면 둘 다예요. 하지만 그런 건 전부 붙이는 명칭에 불과해요." (나르시시스트와 사이코패스가 선천적인가 후천적인가는 심리학계에서도 엄청난 쟁점이다. 계속 진행 중인 본성 대 양육 논쟁과도 맥을 같이한다.) "문제는 샬럿이 엄마 노릇에 필요한 도구가 없는데도 그 역할을 수행했어야 했다는 거예요."

매들린은 슬픈 눈빛으로 나를 쳐다보며 말했다. "평생 처음으로 어머니가 안쓰러워지려고 해요."

상담치료는 나무를 키우는 것과 여러모로 닮았다. 나무는 처음 한두 해 동안은 성장이 지지부진해 보이지만 3년째로 접어들어 뿌리가 몸통을 지탱할 수 있을 만큼 단단해지면 쑥 자란다. 매들린은 자신의 행동에 대해 몇 가지 중요한 깨달음을 얻었다. 그중 하나가 인간 본성의 법칙이었다. **주는 만큼 받는다.** 그 문구가 그녀에게는 충격이었다. 어머니에게 받은 만큼만 — 눈곱만큼이 었다 — 줘도 된다는 생각조차 하지 못했던 것이다.

두 번째 깨달음은 그녀가 완벽했더라면 어머니가 사랑했을지 모른다는 무의식적인 생각 또는 헛된 믿음을 떨쳤을 때 찾아왔다. 두말하면 잔소리지만 그건 착각이었다. 그녀의 어머니는 사랑할 줄 모르는 사람이었고 그녀가 완벽했던들 그 사실이 달라지지는 않았을 것이다. 이런 깨달음 덕분에 매들린은 어머니의 환심을 사려고 애를 썼던 데서 자유로워질 수 있었다.

그해의 가장 중요한 깨달음은 그녀의 어머니가 우리에 갇힌 고릴라처럼 사랑을 베풀 줄 모르는 사람이라는 것이었다. 자신도 어머니의 보살핌을 받은 적이 없었기에 역할 모델이 없었다. 여러 심리학자에 따르면 자기애성 성격장애는 아주 어린 나이에, 어쩌면 2살 이전에 시작된다고 한다. 방치당하거나 트라우마를 겪은 아이는 주양육자를 통해 기본적인 욕구를 해소할 수 있다는 믿음을 상실한다. 그러면 트라우마가 발생한 나이에 정서적인 성장이 멈추고 감사, 후회, 공감, 사랑 같은 성숙한 감정을 경험할 수 없게 된다.

매들린은 어머니에게 사랑을 받지 못한 것이 그녀의 잘못이 아니었다는 사실을 깨달았을 때, 그녀가 사랑할 수 없는 '괴물'이 아니라 어머니가 사랑을 베풀 줄 모르는 사람이었다는 사실을 깨달았을 때, 엄청난 마음의 짐을 덜었다.

마지막 깨달음은 매들린이 예전에 했던 질문의 해답을 알아냈을 때 찾아왔다. "어머니가 저를 사랑하지 않은 건 그렇다 쳐도 저를 미워하면서 괴물이라고 부른 이유는 뭘까요?" 샬럿은 그녀의 딸에게는 그녀가 줄 수 없는 것이 필요하다는 사실을 무의식적으로는 알았고, 그런 그녀에게 매들린은 실패의 상징이었다. 매들린을 볼 때마다 자신의 무능력이 일깨워졌을 테니 그녀를 보기만 해도 반발심을 느꼈을 것이다. 자신이 잘하지 못하는 것을 좋아하는 사람이 어디 있겠는가.

매들린은 이런 깨달음으로 무장하고 나자 기존의 패턴을 무너뜨릴 수 있었다. 그녀는 더는 샬럿을 만나러 가지 않았다. 끊임없이 불평을 늘어놓는 돈 많은 여자 고객들(어머니의 복사판이었다)의 비위를 더는 맞추려고 하지 않았다. 대신 목표를 구체적으로 기재한 새로운 계약서를 작성하고, 그들이 계약 조건을 바꾸거나 그녀를 휘두르려고 하면 그냥 넘어가지 않았다.

어머니를 두려워하다가 안쓰러워하게 됐다는 것은 회복이라는 종착역까지 많이 다가갔다는 뜻일 때가 많다.

정신적인
잠수병

매들린의 상담 4년 차는 우리 둘 모두에게 아주 파란만장한 한 해였다. 나는 심리학자로서 큰 실수를 저지르고 엄청난 대가를 치르게 될 예정이었다.

매들린은 약속 시간에 늦지 않고, 이야기하고 싶은 주제가 적힌 쪽지를 들고 오기 시작했다. 하지만 어느 날 갑자기 공포에 질린 표정으로 문에 대고 고함을 질렀다. 일상에 지장이 있을 정도로 불안해하던 시절로 퇴보하고 비행기 사고에 대한 강박도 더심해진 것 같았다. 나는 대답했다. "세 가지 방법이 있어요. 첫째, 불안을 감수하고 직원을 비행기에 태워서 보낸다. 둘째, 회사를 제대로 운영할 수 있게 약을 먹는다. 그리고 셋째, 계속 상담치료를 받는다. 나라면 약을 먹는 동시에 상담치료를 받겠어요."

매들린은 상담치료의 느린 속도에 괴로워했고 약으로 불안을 잠재우는 건 거부했다. "약물은 절대 사양이에요. 어머니처럼 되고 싶지는 않아요. 어머니는 책에 나오는 모든 걸 섭렵했는데, 그 중에서도 술이 최고였고 지금도 마찬가지거든요. 아버지도 술을 제법 드시지만 여전히 팔팔하세요. 젊은 사람들이 못 따라와요." 그녀는 한참 동안 침묵을 지키다 책상 위에 고개를 묻고 중얼거 렸다. "제 몸이 이제 더는 버티지 못할 거예요."

나는 키가 크고 유연한 그녀의 몸을 보며 그게 무슨 소리일까 생각했다. 그녀는 어떻게 보면 모든 면에서 활력이 넘쳤지만, 또 어떻게 보면 너무 많이 망가졌다. 한참 만에 그녀는 이제껏 암에 네 번 걸렸는데, 네 개의 암이 모두 서로 연관성이 없었다는 이야 기를 꺼냈다. 21살에 유방암, 28살에 갑상샘암, 35살에 자궁내막 암 진단을 받았고 현재는 흑색종을 앓고 있었다.

나는 고개를 저었다. 자궁내막암까지는 그녀의 아버지에게 들 어서 알고 있었지만 매들린이 직접 이야기를 꺼내기까지 왜 그 렇게 시간이 오래 걸렸나 싶었다. 나는 그렇게 젊은 나이에 서로 연관성이 없는 암에 여러 번 걸린 이유가 뭐라고 생각하느냐고 물었다. 그녀는 말했다. "음, 솔직히 제가 과학적인 걸 좋아해서 모든 자료를 읽고 있지만요, 어렸을 때 면역체계를 다 소진해서 싸울 기운이 없는 게 아닐까 싶어요. 그럼 잔인한 어머니 밑에서 큰 다른 아이들은 왜 암에 100번 걸리지 않느냐고 뻔한 질문은 하지 말아주세요. **저도 모르겠으니까.**" 그녀는 연필을 툭툭 두드 렸다. "제가 아는 건 다음 주에 신장 엑스레이를 찍을 건데 암일 게 분명하다는 것뿐이에요." 내가 이것도 괴물로 살아온 데 대한 벌을 받는 거라고 생각하느냐고 물었더니 그녀는 얼굴을 환하게 밝히며 말했다. "선생님이 **드디어** 저를 이해해주시다니 기뻐요." 그러고는 진지한 표정을 지었다. "조물주가 '유방암으로는 부족하니까 갑상샘암에도 걸리게 하자. 그런 다음 아이를 낳을 수 없게 작업에 착수하자' 이러는 것 같아요."

"아이를 낳고 싶었어요?"

그녀는 생각에 잠긴 눈빛으로 창밖을 내다보았다. "낳을지 말지 제가 선택할 수 있었으면 좋았을 거예요. 암 덕분에 조이와의 사이에서 아이를 낳지 않은 건 그나마 다행인 것 같아요."

"당신에게 벌을 주는 자는 조물주예요, 아니면 운명의 여신이에요?"

"어머니가 말씀하신 대로 된 거예요. '세상이 네 정체를 파악할 테고 너는 끔찍한 인생을 살게 될 거야. 괴물들은 숨을 수가 없거든.' 예전처럼 그 말을 믿지는 않아요. 하지만 서로 연관성이 없는 암들은 감당하기가 버겁네요."

나는 매들린이 21살에 처음 암에 걸렸을 때 샬럿이 어떤 반응을 보였느냐고 물었다. 그녀는 그 질문에 대답하는 대신 그녀가 10대 중반이었을 때 어머니가 어떤 식으로 아버지 곁을 떠났는지 설명했다. 샬럿과 잭은 뉴욕으로 이사했고(거기서 잭은 새로운 사업을 시작했다) 겨울이 되면 덩컨이 부모님에게 물려받아 샬럿에게 준 플로리다주의 집에서 지냈다. 매들린은 말했다. "어머니가 없으니까 훨씬 좋았어요. 아버지와 저는 외식으로 저녁을 해결했어요. 아버지가 학부모 간담회와 경기를 챙겼고 토론대회에 참가했을 때는 오타와까지 와주셨어요. 입주 가정부는 체계적이고 정이 많고 저한테 잘해주었고요. 워낙 정이 들어서 몇 년 전에 저를 따라 뉴욕으로 건너왔을 정도예요."

나는 매들린이 내 질문을 못 들은 체하는 이유가 궁금했다. 그래서 나는 다시 물었다. 그녀는 기억이 잘 안 난다는 듯이 고개를 저었다. 이야기하기 싫은 표정이라는 걸 알 수 있었다. "아버지가 소식을 전했더니 어머니가 카드를 보냈더라고요. 하얀색 조그만 손수레에 보라색 제비꽃이 수북이 담겨 있는 카드였던 게 아직도 기억이 나요. 안에 '쾌유를 기원합니다'라는 문구가 적혀 있었고 **샬럿**이라고 서명이 되어 있었어요."

"'엄마'가 아니라?"

"네."

14년 뒤 매들린이 자궁내막암에 걸렸을 때는 샬럿이 병원으로 찾아왔다. "어머니를 보고 깜짝 놀랐어요. 아버지가 같이 계셨거든요. 아버지가 거의 내내 병실을 지켜주셨어요. 그런데 어머니가 분홍색 원피스에 분홍색 구두를 신고 들어와서 '덩컨, 여기 있다고 비서한테 들었어' 하더니 저한테 위로의 말을 딱 한마디 하더라고요." 매들린은 왜 그렇게 차려입었느냐고 물었다. 샬럿은 결혼식 참석차 잭과 함께 뉴욕에 온 길이고, 잭은 차에서 기다리고 있다고 말했다. "그러더니 아버지에게 이혼 서류를 건네고는 갔어요. 돈이 필요할 때마다 이혼하자고 협박하셨거든요. 지금까지 절대 이혼은 하지 않았지만. 법률 규정에 따라 인편으로 서류를 전하러 온 거예요. 저를 문병하러 온 게 아니라."

내가 실망스러웠겠다고 하자 매들린은 이렇게 말했다. "상담 치료를 받으면서 알게 된 사실이지만 아이들이 절망하는 이유는 희망의 끈을 절대 놓지 않기 때문이었어요. 솔직히 지금은 희망을 버렸다고 생각해요. 어머니는 속이 빈 호박 같아요. 외할머니가 속을 긁어내고 얼굴에 미소를 새겼죠. 어머니가 미모가 부족했다면 사이코패스로 어느 교도소에 갇혔을 거예요."

"제가 보기에는 정당한 평가 같은데, 진심으로 그렇게 생각한다면, 어머니가 지어서 붙인 괴물이라는 별명에 집착하는 이유가 뭐예요?"

"**논리적으로는** 그 말을 안 믿어요. 저는 어머니가 될 수 없었던 것의 상징이었죠. 한 아이의 엄마. 그래서 저를 싫어하셨던 거예요. 하지만 저를 정의하는 게 그 단어**밖에** 없어서요."

"아버지는 어떠세요?"

"아버지가 매주 여기 뉴욕에 오셔서 우리 회사의 해외거래와 관세 업무를 처리해주고 계시는 거 아세요? 차라리 돈을 주고 다른 사람한테 맡겼으면 좋겠어요. 솔직히 그럼 덜 귀찮을 텐데."

"당신을 집 안에 들이는 것 말고는 모든 걸 해주고 계시는군요."

"정확해요."

"중요한 문제는 이거네요. 아버지가 사이코패스와 나르시스트 기질이 있는 여자를 두려워한다고 해서 당신을 사랑하지 않는 게 되는 걸까?"

"아버지가 저를 사랑하는 마음은 느껴져요. 완전히 엉망진창
인 사람도 자기 자식은 사랑할 수 있잖아요."

상담 시간 중에 매들린은 회사 직원인 안톤과 대화가 통하고
자주 이야기를 나누고 있다고 말했다. 중요한 부분으로 넘어가
그가 아직 미혼이냐고 물었다. 매들린은 그가 20대 때 러시아에
서 잠깐 결혼생활을 했지만 지금은 이혼 상태라고 했다. 그녀에
게 안톤을 좋아하느냐고 묻자 그녀는 아직 같이 잔 적은 없다고
했다. 서로 성격이 다르고 몸담은 집단도 다르지만 같이 일하면
죽이 잘 맞는다고 했다. 안톤은 모스크바에서 손꼽는 대학교에서
박사학위를 받았고, 뉴욕의 거대한 러시아 공동체 사람들하고만
어울렸다. 매들린은 그의 예술적인 감각을 칭찬했고 그의 두뇌를
카탈로그에 비유했다. "한번은 현장 답사를 갔는데 그가 고객의
자택 현관에서 안으로 움푹 들어간 공간을 보고는 '몇 년 전 에스
토니아에서 유품 정리 세일 때 산 핀란드제 파란색 서랍장을 두
면 어떻겠어요?' 하더라고요. 항상 딱 맞는 걸 정확히 알아요." 그
러면서 안톤이 금전 감각은 젬병이라 물건 가격을 매기게 하거
나 장부 근처에는 가지도 못하게 한다고 말했다. 나는 사업 감각
을 원하면 조이와 헤어지지 말지 그랬느냐고 말했다. 그 말에 우
리 둘 다 웃음을 터뜨렸다.

다음 주에 찾아가보니 매들린이 아주 피곤해 보였다. 나는 암

의 원인과 치료에 관한 한 걸어 다니는 백과사전이랄 수 있는 매들린에게 면역체계 과부하 이론을 상기시켰다. 사람이 지속적으로 스트레스에 시달리면 거기에 대응하느라 면역체계가 고갈돼 암과 싸울 여력이 남지 않는다고 말이다. (조사 결과에 따르면 학대를 경험한 어린이가 그렇지 않은 경우에 비해 암에 걸릴 확률이 50퍼센트 높다고 한다.)

매들린은 다른 직원들도 매일 근무한다고 항변했다. 그러다가 잠시 후 저녁과 주말에는 그녀와 안톤뿐이고 가끔 비서와 그녀의 아들이 추가된다고 말을 바꿨다. 그녀는 어쩌다 한 번씩만 볼 수 있는 귀한 미소를 지으며 이렇게 덧붙였다. "우리는 조그만 가족 같아요. 9살 된 자크가 얼마나 웃기는지 몰라요. 이 일에 관심이 많고 천부적인 감각을 타고났어요." 안톤이 그에게 여러 가지를 가르쳤고, 매들린은 사립예술학교 학비를 대주고 있는 데다 면접 때는 비서와 동행하기까지 했다.

"듣자니 안톤은 정말 좋은 사람인 것 같아요. 그런데 그의 이름이 매주 등장하다니 신기한데요?"

"아우, 그만하세요. 솔직히 고백할게요, 그가 왜 저를 원하겠어요? 불평 많고, 소리나 지르고, 인간관계에 매번 실패하고, 몸에는 암세포가 가득하고, 애처로울 정도로 노이로제도 심한데."

"그럼 그가 계속 이 회사에 다니는 이유는 뭔데요?"

매들린은 연봉이 높고 자리 구하기 힘든 분야에 취직이 됐기 때문이라고 말했다. 그러고는 잠깐 아무 말 없이 앉아 있다가 환한 미소를 지었다. "제가 좋아하는 게 하나 있는데 그가 저녁마다 퇴근할 때 제 머리를 건드리면서 '스포코이노이 노치 모이 자베트니 오딘'이라고 하는 거예요." 내가 그게 무슨 뜻이냐고 묻자, 매들린은 "모르겠어요. 잘 자라는 인사 아닐까요?"라고 했다.

잘 자라는 인사치고는 너무 길다는 생각이 들었기 때문에 나는 앉은 자리에서 휴대전화로 찾아보았다. 검색 결과가 뜨길 기다리는 동안 이렇게 말했다. "그에게 무슨 뜻이냐고 물어보거나 찾아보지 않았다니 이상하네요. 당신은 매일 엔화 환율을 기억하고 계약서를 몇 초 만에 분석할 줄 알잖아요. 이 말을 매일 저녁 하는 사람이 있는데 물어보지도 않았단 말이에요?" 나는 검색 결과가 뜨자 소리 내 읽었다. **"잘 자요, 내 소중한 사람."**

정적이 흘렀다. 그녀는 미간을 찌푸리고 책상을 쳐다보며 한참 동안 앉아 있다가 마침내 이렇게 외쳤다. "세상에!"

그녀의 얼굴이 충격으로 일그러졌다. 퍼즐이 점점 맞춰져가고 있었다.

하지만 이 지점에서 나는 심각한 실수를 저질렀다. 확대해석을 한 것이었다. "당신은 그를 비행기에 태우기 싫은 거죠? 당신은 괴물이라서 그를 빼앗길 거라고 생각하기 때문에. 그가 탄 비행기가 추락할 것이기 때문에. 안톤처럼 다정하고 착하고 애정이 넘치는 사람을 잃을까봐 너무 두려운 거예요. 이렇게 통제가 되지 않는 공포라는 특이한 방식으로 어쩌면 당신 자신에게 안톤을 사랑한다고 되뇌고 있는 걸까요?"

매들린은 "꺼져버려요!"라고 고함을 지르더니 마놀로 블라닉 구두로 바닥을 휘청휘청 디뎌가며 씩씩대고 밖으로 나가버렸다.

잠시 후에 비서가 뛰어 들어왔다. "무슨 일이에요? 사장님이 엄청 흥분하셨어요. 서류를 파쇄기에 잔뜩 집어넣으시면서 상담 치료는 영구 종료됐다고 말씀 전하래요. 수표는 우편으로 보내드린다고요."

감정 폭발을 일으킨 와중에도 **수표는 우편으로 보내겠다**니 매들린과 그 가족다웠다.

나는 기사 딸린 차로 공항까지 태워다주겠다는 것을 사양하고 뉴욕의 길거리를 좀 정처 없이 걸었다. 눈부신 봄기운에 감탄하며 센트럴파크를 가로질렀다. 진달래가 이제 막 꽃을 피워 잔디밭을 분홍색으로 점점이 수놓았다. 평소에는 눈에 띄지 않던 개나리 줄기마다 샛노란 꽃이 달렸다. 떨어진 꽃잎이 오솔길을 따라 흩뿌려져 꼭 결혼식장에 입장하는 기분이었다.

매들린의 사례에서 뭐가 문제였는지 자문할 필요는 없었다. 누가 봐도 분명했다. 베테랑 상담치료사인 내가 초보 같은 실수를 저질렀다. 나는 그녀가 안톤에게 마음이 있고 그를 잃고 싶지 않아 한다는 것을 간파했다. 어머니에 얽힌 모든 추억이 그녀에게 '너는 가면을 쓴 괴물'이라고 외쳤다. 그러자 강박적인 사고 패턴이 심해졌고 회사 직원 누구도 비행기를 탈 수 없게 됐다. 비행기 추락 사고에 대한 집착이 진정한 애착관계에 대한 두려움을 가리고 있었다. 안톤은 그녀에게 마음이 있는 착한 남자였고 러시아어로만 고백했다. 그녀처럼 그는 예술과 아름다운 작품과 일을 사랑했다. 그녀의 강박이 안톤을 향한 놀랍도록 진솔한 감정을 압도하게 될까?

폭발한 매들린을 보면 강박의 특징을 알 수 있다. 강박은 기본적으로 내담자가 정말로 두려워하는 것이 뭔지 보지 못하도록 그를 보호하는 방어기제다. 매들린은 비행기 사고가 두렵다고 했지만 어렸을 때는 아무 거리낌 없이 유럽 전역을 비행기로 여행했다. 이 강박은 안톤을 사랑하게 된 이후 새롭게 등장한 것이었다. 매들린의 진정한 공포는 사랑하는 것과 사랑받는 것이었다. 그녀에게는 '사랑'이 버림받고 실망하고 배신당하는 것을 의미했다. 그녀의 어머니는 온갖 잔인한 짓을 자행하고는 "너를 사랑하기 때문에 이러는 거야"라고 했다. 아버지는 그녀를 사랑했지만, 그녀의 안위보다 자기밖에 모르는 두 명의 사이코패스를 선택했다. 작가 엘리 위젤(Elie Wiesel)은 "침묵은 고통을 당하는 자가 아니라 고통을 가하는 자를 응원한다"라고 하지 않던가. 그녀의 전 남편 조이는 좀 더 사근사근했을 뿐, 어머니의 판박이였다.

매들린은 생존 자체를 위해 너무나 힘들게 싸워왔다. 암에 걸렸을 때마다 4번 다 **자기 혼자** 병원에 입원했다. 그런데 어떻게 방어를 풀고 누군가를 사랑할 수 있을까? 사랑은 공포를 유발하는, 너무나 큰 모험이었다. 회사에서는 끊임없는 모험이 일상이었지만 그녀는 사업적인 측면에서는 성공할 수밖에 없도록 훈련

되어 있었다. 절대 실패한 적 없었고 아버지와 할머니는 그녀의 예술적인 안목과 사업 수완을 칭찬했다.

괴물이라는 소리를 들으며 자라나 누군가를 사랑하게 되면, 그 사랑에 대한 응답을 받을 수 있을 거라고 무슨 수로 자신할 수 있을까. 매들린은 안톤에 대한 감정을 꾹꾹 누르는 것이 최선이라고 생각할 수밖에 없었을 것이다.

내 첫 번째 실수는 매들린이 두렵게 여기는 것(안톤의 사랑)을 좋은 것으로 포장했다는 것이었다. 두 번째 실수는 프로이트가 방어기제를 맞닥뜨렸을 때 아무 생각 없이 거기에 방어기제라는 명칭을 부여했을 리 없다는 점을 간과한 것이었다. 인간의 무의식적인 욕구는 강력하다. 우리를 압도할 수 있을 만큼 강력하다. 인간은 누구나 사랑받기를 간절히 원한다. 매들린도 예외는 아니었다. 하지만 그녀는 사랑을 주고받으려고 시도했을 때마다 상처만 받았다. 어머니는 그녀를 괴물이라고 불렀다. 아버지는 집 안 출입을 못하게 했다. 전남편은 무관심으로 대했다. 사랑의 실패를 더는 감당할 수 없었다. 이제 그녀는 안톤을 사랑했지만 비행기 사고로 그를 잃을지 모른다는 두려움에 시달렸다. 사실 그녀는 자신이 사랑받을 자격이 없다고 생각했다. 비행기 여행에 대한 그녀의 강박은 **사랑받고 싶은 욕망**뿐 아니라 **사랑받는 것에 대한 두려움**까지 은폐했다. 무언가를 간절히 원하는 동시에 그것을 두려워하면 엄청난 불안이 야기된다. 정신적으로 계속 등척성 운동(근육이 수축하지만 근육의 길이나 움직임에는 변함이 없는 운동 — 옮긴이)을 하는 것이다.

무의식의 세계를 파헤치는 것은 심해 스쿠버다이빙과 조금 비슷하다. 스쿠버다이빙을 할 때는 너무 급하게 수면으로 부상하면 안 된다. 조금씩 위로 올라오며 수압에 적응하지 않으면 잠수병에 걸린다. 매들린은 정신적인 잠수병에 걸렸다. 내가 고통스러운 주제를 너무 많이, 너무 급하게 건드렸다. 비행기 여행에 대한 공포를 보면 알 수 있다시피 그녀의 방어기제는 한 달에 몇 만 달러의 손해와 사업상의 위기를 감수할 정도로 막강했다. 그녀가 사랑이라는 감정으로부터 자기 자신을 그 정도로 보호하고 싶어 했다. 사랑을 하면 약해진다. 나를 사랑하는 사람이 내게 상처를 줄 수도 있다. 스스로 약해지는 것은 최고의 용기다. 하지만 두려운 일이다. 상담치료에 오랜 시간이 걸릴 수 있는 이유 중 하나도 그 때문이다. 내담자가 평생에 걸쳐 건설한 방어기제를 상담치료사가 무작정 무너뜨릴 수는 없다. 천천히 한 겹씩 벗겨내야 한다. 이번 경우에는 매들린이 상담치료에 들인 시간(원래 5년이면 충분하다)이 문제가 아니었다. 나의 갑작스럽고 성급한 확대해석이 문제였다.

상담치료사는 실수를 저지르면 이유를 분석해야 한다. 나는 내게 충동조절장애가 있다는 것을 알았지만 상담실에서는 상담치료사의 방탄 재킷을 장착할 수 있었다. 토론토에는 내가 '거리두기 의자'라고 부른 의자가 있었다. 하지만 여기 뉴욕에서는 자기 딸을 치료해달라는 덩컨의 압력에 굴복했고 회사 직원들이 나를 볼 때마다 던지는 비심리학적인 호소(파산에의 두려움, 업무 스트레스, 기타 등등)에 넘어가고 말았다.

또 다른 요인이 있다면 내가 매들린과 나를 너무 동일시했다는 점이었다. 나도 외동이었다. 내 어머니는 잔인하지는 않았지만 본인 입으로도 고백했다시피 엄마 노릇에 소질이 없었다. 여자들이 집을 지켜야 했던 1950년대가 아니었다면 학자가 됐을 것이다. 내 어머니도 매들린의 어머니처럼 "7살 생일상을 차리느니 부지깽이로 내 눈을 찌르겠다"라고 했다. 따라서 나도 매들린처럼 모든 파티를 알아서 준비하고 샌드위치와 케이크를 주문해야 했다. 매들린이 마음의 준비도 되기 전에 어떤 식으로 어른이 되어야 했는지 속속들이 알았다. 어렸을 때 친구 어머니가 내 어머니를 가리켜 무관심하다고 했을 때 충격을 받았던 기억이 난다. 내 어머니는 그저 남의 일에 신경을 쓰지 않는 것일 뿐이고 모든 어머니가 그런 줄 알았다.

매들린이 내 회고록『낭떠러지 앞에서』를 보고 감동했던 이유도 우리 둘의 과거가 여러모로 닮았기 때문이었다. 양쪽 어머니 모두 요리를 하지 않았다. 양쪽 집 모두 집 안에 먹을거리가 없었다. 하지만 내 어머니는 내가 비난받을 때마다 나를 응원했던 반면, 매들린의 어머니는 그녀를 짓밟았다.

나는 센트럴파크를 걷다 말고 초록색 가운을 입고 있는 어떤 의사 옆에 앉았다. 수술용 헤어네트를 쓰고 있는 걸 보니 근처 마운트시나이병원에서 걸어 나온 모양이었다. 무릎 사이로 손깍지를 끼고 빨간색 크록스를 신은 자기 발치를 내려다보고 있었다.

나는 물었다. "수술이 잘 안 됐나봐요?"

"쌍둥이 중에 한 명을 잃었어요."

비극의 경중은 달랐지만 나는 이렇게 말했다. "나도 방금 전에 내담자를 잃었어요. 나는 심리학자예요."

"둘 다 크기도 괜찮았고 분만 당시 심장 소리도 강했는데. 한 명이 아직 준비가 안 됐었나봐요. 뭐가 문제였는지 아직도 잘 모르겠어요. 선생님 내담자는 어떻게 됐는데요?"

"내가 잘렸어요. 임무 실패로."

"어쩌다가요?" 그는 물었다.

"세상에 태어날 준비가 되지 않은 아이가 있는 것처럼, 자기 자신에 대해 알아나갈 준비가 되지 않은 사람도 있거든요. 모든 게 타이밍의 문제예요."

"그래도 이대로 멈추면 안 되겠죠?" 그는 머리 위로 두 팔을 뻗어 기지개를 켜며 나와 같이 벤치에서 일어났다.

나는 이제 트라이베카 지역에서부터 몇 킬로미터를 걸어온 참이었고 실수를 저질렀다는 것을 완벽하게 깨달았다. 되돌릴 방법은 없었다. 매들린에게 전화할까 고민했지만 그건 나 좋으라고 하는 일이었지, 그녀를 위한 길은 아니었다. 어떤 면에서는 내가 그녀에게 도움이 되기도 했다. 이제는 뒤로 물러나 나 때문에 벌어진 상처가 치유되기만을 바라는 것이 최선이었다.

과연 다음 날 수표가 아무 쪽지도 없이 국제특송으로 배달됐다. 당일 국제특송 요금을 부담하면서까지 나와의 관계를 단절할 사람은 매들린뿐이었다.

깨달음

매들린의 사례를 생각하면 할수록 내가 어쩌다 그 이상한 미궁 속으로 빨려 들어갔는지 알 수가 없었다. 나는 정신의학과 교수이자 내 멘토이며 내가 지금까지 만난 상담치료사 중에서 최고로 꼽을 수 있는 밀히 박사(Dr. Milch)에게 도움을 청했다. 나는 그가 내담자와 상담을 진행하는 광경을 녹화 테이프로는 물론이고 이중 거울을 통해서 직접 얼마나 많이 봤는지 모른다. 그는 1930년대에 뉴욕을 거쳐 캐나다로 망명한 독일계 유대인이었고 현재 80대였다. 함께 연구 활동을 펼쳤고 정신분석이론의 원조로 종종 인용되는 거장 가운데 마지막까지 남은 보루 중 한 명이었다. 우리는 특별한 사이라고 믿고 싶었기에 그가 은퇴했지만 연락해서 조언을 청했다. 밀히 박사는 자택에서 만나자고 했다.

나는 책으로 도배된 서재에서 그를 마주 보고 앉아, 특이한 시작에서부터 국제특송으로 배달된 수표에 이르기까지 이번 사례를 전체적으로 자세히 설명했다. 그러자 밀히 박사는 특유의 강한 억양을 써가며 다음과 같이 요약했다. "그러니까 자네, 이 덩컨이라는 남자에게 부부상담은 하지 않는다고 해놓고 진행했단 말이지. 혼자 오라고 했건만 여자친구를 데리고 왔는데도. 이 남자가 딸의 집 안 출입을 막고 있는데도 자네는 아버지 대신 정신적으로 문제가 있는 여자친구의 잔인한 면모에만 초점을 맞추었고. 이후에 그가 딸의 상담치료를 의뢰했을 때 자네는 은퇴했으니 맡을 수 없다고 했어. 그런데 이 남자가 커피숍까지 쫓아오니까 매주 뉴욕으로 건너가 그 딸의 회사로 찾아가겠다고 했고. 심지어 딸을 자네 쪽으로 보내라고 요구하지도 않고 말이지. 내가 보기에 이 사례는 처음부터, 그러니까 자네가 내담자를 만나기 전부터 망할 운명이었어. 잘 알지도 못하는 이 남자를 위해 모든 원칙을 어긴 이유가 뭔가?"

나는 머리를 한 대 얻어맞은 심정이었다. 내가 덩컨에게 역전이가 됐다는 건 처음부터 인정한 바였다. 하지만 그 여파는 제대로 파악하지 못했던 것이다. 덩컨은 사실 내 아버지와 닮은 부분이 있었다. 두 사람 모두 자신만만한 미국식 말투를 썼고 풀 먹인 셔츠를 입었다. 그리고 매력 넘치는 사업가였다. 밀히 박사가 내게 깨우친 것은 이 역전이의 은밀한 파급효과였다. 나는 덩컨이 감정적으로 딸을 버린 이유를 철저하게 파헤치지 못했다. 전국에 수백 명의 직원을 거느린 회사 사장이 40킬로그램밖에 안되는 아내가 흥분하면 지하 창고로 피신했던 이유도 전혀 파악하지 못했다. 가장 중요한 수수께끼도 아직 남아 있었다. 그가 그렇게 잔인한 여자를 계속 사랑한 ─ 좀 더 정확하게는 사춘기 시절처럼 푹 빠진 상태에서 벗어나지 못한 ─ 이유는 뭘까? 그리고 캐런을 상대로 똑같은 행동을 반복한 이유는 뭘까?

나는 이 가운데 어떤 의문도 해결하지 못했고 무의식 선상에서는 그에게 **제대로** 책임을 묻지도 않았다.

밀히 박사는 내게 25년의 임상 경험이 있고 대학교에서 가르쳤고 심리학과 학생들을 지도하지 않았느냐고 했다. 그런 내가 이런 형태의 역전이를 일으키다니 아버지와의 관계에 트라우마가 있거나 그게 아니더라도 일정 수준의 불안 요소가 있다는 징후라고 했다. 나는 아버지와의 관계가 아주 좋았다고, 어렸을 때부터 아버지의 약국에서 같이 즐겁게 일했다고 단언했다.

하지만 밀히 박사는 인정사정 봐주지 않았다. 내가 무의식적으로는 아버지를 어떻게 생각하는지 자신이 설명해보겠다고 했다. "그는 상당히 출세했고 똑똑했고 인기가 많았지만 자네가 10대 초반이었을 때부터 점점 이성을 상실하기 시작했어. 차를 몰고 식당을 들이받는다든지 드라이브 스루 입구를 놓친다든지 하는 식의 이상한 행동으로 자네를 당황하게 했고. 그런가 하면 전 재산을 이상한 데 투자해 날리는 바람에 자네 모녀는 돈 한 푼 없는 신세로 전락했지. 사실 자네는 빚을 졌어. 그래서 고등학교에 다니면서도 아르바이트를 두 개씩 해야 했어. 하지만 아버지는 자네 곁을 떠나는 것으로, 현실 대처가 안 되는 어머니에게 자네를 버리는 식으로 배신했지. 기본적으로 이렇게 이야기한 셈이야. '너는 아직 14살이지만 알아서 잘살아보도록 해.'"

나는 내가 10대 초반이었을 때 아버지가 뇌종양에 걸려서 그런 거라고, 그러니 이 모든 게 아버지의 잘못은 아니지 않으냐고 항변했다. 밀히 박사는 그만하라는 뜻에서 손을 들었다. 무의식이 실상에 관해 관심을 기울이는 걸 본 적 있느냐고 했다. "버림받는 게 어떤 **기분**인지만 알 따름이지." 그는 무의식이 현실(내 아버지가 수술이 불가능한 암에 걸려서 돌아가셨다는 것)은 인지하지 않지만 감정적인 여파(내가 버림받았다는 것)는 인지한다고 강조했다. 내 무의식은 가난하고 금이 간 가족을 떠맡아야 한다는 공포를 인식했다고 말이다. "매들린의 부모가 러시아 여행을 떠남으로써 그녀를 버렸다면, 자네 아버지는 같은 나이에 죽음으로써 자네를 버렸지." 나는 맞는다는 뜻에서 고개를 끄덕였다.

밀히 박사는 말했다. "이제 이 사실을 바탕으로 덩컨이 자네에게 어떤 의미였는지 이야기해보겠나?"

나는 한참 동안 생각한 끝에 드디어 알아차렸다. "그는 뇌종양에 걸리기 전, 의기양양하게 성공 가도를 달리던 제 아버지를 상징했어요. 저는 그 시절을 재현하고 싶었어요. 제 아버지처럼 재미있고 쾌활한 덩컨의 성격에 유대감을 느꼈고요."

그도 동의했다. "자네는 애정이 넘치고 잘나가던 아버지의 사랑을 한 몸에 누렸던 시절을 영구 보존하고 싶었던 거야."

나는 내가 선을 지키고 내담자를 병리학적인 측면에서 살펴는 상담치료사가 아니라, 아버지의 환심을 사고 싶어 하는 딸처럼 굴었다는 것을 알 수 있었다. 밀히 박사를 좀 더 일찍 만났어야 했다. 인간은 그 누구도 과거의 모든 문제를 혼자 힘으로 극복할 수 없다. 나는 내가 더는 도움이 필요 없다고 생각하는 착각을 저질렀다. 노련한 상담치료사의 장점은 산전수전 다 겪으며 터득한 지혜가 있다는 것이고, 단점은 그로 인해 현실에 안주할 수 있다는 것이다.

훨씬 나중에, 이 책을 집필하는 동안 새로운 상관관계가 밝혀졌다. 아버지가 딸을 키우는 것이 이례적인 일임에도 내가 이 책에 소개한 로라와 매들린은 모두 아버지가 주양육자였다. 나도 한참 뒤에서야 알아차린 사실이었다. 상당한 충격이었다. 상담치료한 여성 수천 명 중에서 나는 나 자신과 성장배경이 동일한 2명을 무의식적으로 선정한 것이다. 그러니 내가 그들과 나를 동일시한 것도 무리는 아니었다. 이보다 심리학자도 무의식의 지배를 받고 그걸 알아차리지 못할 수 있다는 것을 보여주는 더 완벽한 사례가 있을까.

36일 뒤 비서가 전화해 예전과 같은 시간에 약속을 잡았다. "선생님. 여기 난리도 아니에요. 오시면 제가 상세하게 보고할게요. 여기 이 구닥다리 트라이베카에서 신세계가 펼쳐지고 있어요. 이제 시스템 분석가도 있고 컨설턴트도 있고 컴퓨터 전문가도 있고 심지어 벽도 인테리어 공사를 다시 하는 중이에요. 변화가 만발하도다!"

　내가 도착하고 잠시 후 매들린이 아르마니 정장 차림으로 요란하게 사무실로 들어왔다. 금색 불가리 귀걸이가 반짝거렸고 머리는 하나로 묶어서 뱅뱅 틀었고 눈썹을 그렸고 입술은 뾰족했다. 그녀는 자리에 앉아서 말했다. "네, 선생님 말씀이 맞았어요. 듣고 있으려니 고역이기는 했지만. 뭔가 조치를 취해야 했어요. 무서운 이야기를 들었을 때마다 무너졌다면 나는 9살 때 이미 정신병원에서 침을 흘리고 있었을 거예요. 1주일 동안 끙끙 앓았어요. 온몸의 구멍이 다 열린 느낌이었다고 할까요? 하지만 이겨내고 자리에서 일어났고, 어떤 조치를 취해야 할지 목록을 만들었어요." 매들린은 스타카토로 짧게 끊어가며, 모노그램 클립보드를 보고 낭독하기 시작했다. "하나." 매들린은 초빙한 IT 컨설턴트의 조언에 따라 전 직원이 접속할 수 있는 디지털 재고 확인 시스템을 구축했다. 새로운 직원을 채용해 웹사이트를 업그레이드했고, 중국과 헝가리에서 스카우트를 알아보는 중이었다. "전 직원이 자기가 하는 일과 관련해서 교육을 들어야 해요. 모든 수집품의 목록을 다시 작성하고 있어요. 한마디로 말해서 **업무 분장을 하는 중이에요.**"

　매들린은 아무도 믿지 못하는 생활이 이제는 지긋지긋하다고 말했다. 직원들이 월급도 많이 받는데 상품에 대해 제대로 아는 사람은 그녀뿐이라며, 다들 나가고 그녀와 안톤만 한밤중까지 야근하는 생활도 신물이 났다고 했다. 이제 그들은 제대로 배우든지 아니면 퇴사해야 했다. 그녀가 직원들을 자르지 않고 두었던 이유는 딱 하나, 자기 같은 괴물을 위해 일할 다른 사람을 구할 수 없을 거라고 생각했기 때문이었다. "다들 웬만한 박물관에서 보다 월급을 많이 받고 있으니 이제 몸값을 할 때도 됐죠."

나는 고개를 끄덕이며 뭐라고 대꾸하려고 했지만 매들린이 가로막았다. "선생님, 선생님은 이야기할 만큼 하셨잖아요. 이건 제 상담 시간이에요."

그녀는 낭독을 계속했다. "둘. 저는 멘탈이 완전히 붕괴되고 과호흡이 심해져서 종이봉투에 대고 숨을 쉬어야 했어요. 그러면 된다는 걸 8학년 때 배웠거든요." 이 대목에서 목소리가 갈라졌지만 그녀는 단호하게 말을 이었다. "아, 네, 안톤에게 사랑한다고 고백했어요." (나는 그가 뭐라고 했을지 궁금했지만 그걸 물어볼 만큼 멍청하지는 않았다.) "그리고 그도 저를 사랑했으면 **좋겠다**고 했어요. 그는 사랑한다고 하더라고요. 셋. 새로운 체제. 그가 제 집으로 들어왔어요. 아버지에게 안톤과 제가 사랑하는 사이라고 밝히고, 제 타입이 아니라는 이야기는 듣고 싶지 않다고 했어요. 제 타입은 마세라티를 모는 밥맛이었잖아요? 안톤은 자전거를 타고 다니고 빌어먹을 책을 읽어요. 어머니한테 돈을 보내고요." (다행히 덩컨은 그녀가 행복하다면 자기도 기쁘다고 했다.)

항공 출장이 재개됐다. 사실 그 주에 잡힌 항공 출장만 13건이었다. 하지만 매들린은 그래도 가끔 안톤을 붙잡고 울며 비행기 사고를 당하지 말라고 했다. 그러면 그는 그녀를 끌어안고 그녀는 괴물이 아니라고 안심시켰다. (그리고 스타벅스까지 걸어가다가 죽을 확률이 훨씬 높다고 말했다.) 매들린은 사업이 쾌속 순항하고 있지만, 그녀의 불안 증세는 아직 진정되지 않았으니 양해해달라고 전 직원에게 알렸다. 고객들에 대해서는 걱정하지 않았다. 그들은 처리할 수 있었다.

그녀는 안톤과 함께 마이센 도자기 몇 점을 들고 비행기로 팜비치에 다녀왔지만 어머니를 만나지 않기로 했다. "선생님이 이야기하신 대로 하고 있어요. '받은 만큼' 주고 있어요. 어머니는 또 공항으로 마중 나오는 걸 깜빡하거나 안톤을 두고 끔찍한 소리를 하겠죠. 저는 감당할 수 있어요. 하지만 그이는 지켜주고 싶어요. 그이는 그런 대접을 받을 이유가 없잖아요."

매들린은 내 얼굴 앞에 대고 정지 신호를 보내듯 손을 들었다. "'당신도 마찬가지'라고 이야기하고 싶으신 거 알아요. 저도 노력하는 중이에요."

그녀는 그동안 고형식을 먹지 못했다. 그녀와 평생을 함께한 가정부가 유아식을 만들어주고 있었다. **하지만 해내고야 말 거예요.** 공포는 저를 막지 못해요. 오늘은 다리가 너무 심하게 떨려서 플랫 슈즈를 신었어요. 안톤은 하이힐을 그만 신으라고 해요. 바닥에 구멍이 뚫리고, 그런 구두 때문에 제가 발을 아파할 때마다 자기 가슴에도 구멍이 뚫린다면서요."

드디어 발언할 기회가 찾아왔다. 나는 일단 사과부터 했다. "지난번 상담 시간 때 너무 압박해서 미안해요. 제 실수였어요."

매들린은 건조하고 사무적인 투로 내 사과를 일축했다. "신경 쓰실 것 없어요. 저는 그 방면의 대가에게 위협을 당해왔는걸요. 평생 전투 계획을 세워야 했다고요." 그러고는 장난스럽게 덧붙였다. "제 주특기예요."

매들린의 선포는 『영웅: 헤라클레스에서 슈퍼맨까지(Heroes: From Hercules to Superman)』의 저자 브루스 마이어(Bruce Meyer)가 말한 영웅의 정의에 딱 들어맞는다. "가장 세밀한 관점에서 보았을 때 영웅적이라는 것은 서사 안에서 생의 기운이 사의 기운보다 더 강하게 표출되는 순간을 지칭한다고 볼 수 있을 것이다."

그날 매들린은 너무 겁이 나서 다리가 떨렸다. 그랬음에도 성큼성큼 전장으로 뛰어들었다. 그녀는 태어난 순간부터 감정적인 학대에 시달렸음에도 죽기 살기로 버틴 여인이었다. 그녀는 한 번의 전투에서 한 명의 적을 물리친 어른이 아니었다. 날마다 온전한 정신을 지키기 위해 싸워야 했던 소녀였다. 그리고 그녀의 적은 친어머니였다. 그녀는 어머니가 씹고 뱉은 고기를 레스토랑 밖으로 몰래 빼돌려야 했고, 어머니의 불륜을 은폐해주어야 했고, 첫 남자친구와 동침한 어머니의 배신행위를 견뎌야 했고, 비쩍 말라서 음식을 먹고 싶어 하면 돼지라고 불리는 수모를 감당해야 했다. 어머니의 관심을 갈구한 어린 시절부터 괴물이라고 불렸는가 하면 몇 주 동안 방치되기도 했다. 아버지는 도움이 되지 않았다. 아버지 역시 그녀처럼 벌벌 떨었다.

그녀가 8살이었을 때 덩컨이 차를 타고 가다가 그녀를 돌아보며 "매들린, 우리가 어떤 식으로 버티면 좋을까?" 말한 적이 있었다. 매들린이 샬럿에 대해 품은 공포 일부분은 덩컨에게 전염된 것이었다. 그녀는 자기 자신뿐 아니라 아버지까지 건사해야 했다.

그랬음에도 매들린은 해냈다. 아버지로서는 유감스러운 상황이었지만 그녀는 유산을 거부하고 자신의 신탁기금을 암 연구를 위해 기부했다. 할머니에게 트라이베카 건물과 앤티크를 물려받기는 했지만 그것 말고는 오롯이 자신이 번 돈으로 지냈다. 매들린의 사업은 할머니가 수집한 앤티크 컬렉션의 가치를 훨씬 뛰어넘을 정도로 번창했다. 그녀는 장시간 일에 매달렸고, 단 한 번도 "돈이 많으니까 일을 할 필요가 없어요. 마흔이 되기 전에 암에 네 번이나 걸렸으니 좀 쉬어야 할까봐요" 말한 적이 없었다. 이런 사람이 영웅이 아니라면 어떤 사람이 영웅일까?

매들린은 심리적으로 무너진 ― 그녀의 표현을 빌리자면 "뚜껑이 확 열린"― 그 주를 기점으로 완전히 달라졌다. 그중에서도 가장 중요했던 일은 안톤에게 사랑한다고 고백한 것이었다. 그 둘은 이후 아주 멋진 커플로 지냈다. 나는 그들 관계에 대해 걱정하거나 불안해하는 소리를 단 한 번도 들은 적이 없었다. 섹스, 사랑, 친밀감, 이 모두를 그 안에서 누렸다. 그들은 관심사와 일을 대하는 태도가 같았다. 안톤이 연인이기 전에 친구였던 것이 도움이 됐다.

한번은 내가 매들린의 사무실을 나서 공항으로 출발하는 리무진에 올라탔을 때, 키가 크고 호리호리하며 한눈에 들어올 정도로 잘생긴 금발의 남자가 선팅된 창문을 두드렸다. 그는 내게 엄지손가락을 들어 보이며 환하게 미소를 지었다. 내가 창문을 내리지 않자 (뉴욕에서는 아무리 잘생긴 금발이라도 총을 쏠 수 있다) 그는 입 모양으로 "안톤이에요"라고 했고 리무진은 출발했다. 그를 보니 미하일 바리시니코프가 생각났는데 그 발레리노보다 다리가 더 길었다. 그가 얼마나 잘생겼는지 한 번도 이야기하지 않았다니 매들린다웠다. 다시 그녀를 만난 자리에서 내가 그 이야기를 꺼내자 그녀는 나를 보고 비웃으며 말했다. "제가 노이로제 환자일지 몰라도 남자 보는 눈은 있거든요."

매들린은 심리적으로 무너진 이후에 받은 상담을 '포스트 아포칼립스'라고 지칭했다. 종교적인 관점에서 세상의 종말이 찾아오면 하늘이 갑작스럽게 열리고 지상의 현실을 좀 더 쉽게 이해할 수 있게 하는 비밀이 드러난다고 한다. 과연 매들린의 입장에서는 모든 게 쉬워졌다. 내가 지켜보는 가운데 하나의 변화가 다른 변화로 이어졌다.

안톤과 매들린은 일요일에는 회사를 쉬기 시작하더니 유럽으로 출장이 아닌 여행을 떠났다. 이제 10대가 된 비서의 아들을 데리고 아스펜으로 스키를 타러 갔다. 매들린은 아버지를 용서했다. 덩컨은 1주일에 한 번씩 뉴욕으로 날아와 그녀와 안톤과 저녁을 먹곤 했다.

내가 날개 제빙 작업을 거친 비행기를 타고 쓰레기 파업을 뚫어가며 매주 뉴욕으로 가서 2시간씩 매들린과 상담을 진행한 지 4년이 넘었다. 이제 나는 회사에서 모르는 직원이 없었다. 어떤 종류의 본차이나를 알아보기 시작했을 때, 내가 그곳을 들락거린 지도 오래됐다는 것을 절감할 수 있었다.

상담을 종료한 순간에도 매들린의 정신 건강은 완벽하지 않았지만 작업이 얼추 마무리되면 상담치료사는 알아차리기 마련이다. 응원과 의존의 차이를 알아야 한다는 점에서 부모 노릇과 조금은 비슷하다. 우리의 출발점을 돌아보니 중간에 내가 실수를 저지르긴 했어도 뿌듯했다. 외상후스트레스장애를 겪는 전쟁포로처럼 매들린도 퇴행할 수 있었다. 피곤하거나 스트레스를 받거나 심리적 방아쇠를 맞닥뜨리거나 어떤 역경에 부딪히면 대개는 일 중독의 형태로 증상이 다시 등장할 수 있었다.

하지만 매들린과 안톤이 같이 비행기를 탈 수 있게 됐을 때 가장 큰 난관을 극복한 셈이었다. 그는 상트페테르부르크의 에르미타주미술관을 비롯해 그가 사랑하는 러시아의 관광지를 전부터 그녀에게 보여주고 싶어 했다. 사랑하는 사람의 눈을 통해 이 세상의 경이로움을 감상하는 것보다 더 훌륭한 게 어디 있을까?

마지막 상담 시간 때 내가 무지방 디카페인 라테를 마시고 있는데 비서가 들어오더니 나를 끌어안고 울음을 터뜨렸다. 그러고는 보고 싶을 거라며 흐느꼈다. 매들린은 특유의 건조한 농담을 건넸다. "걱정 마. 내 팔자 덕에 다시 오실 테니까."

돈이 많은 사람들은 모든 것을 가진 것처럼 보인다. 이 때문에 오해를 받을 때가 많다. 한번은 어느 잡지기자가 웃지도 않고 눈을 맞추지도 않는다며 매들린을 가리켜 '도도하다'라고 비난한 적이 있었다. 만약 그녀가 돈이 없었다면 '낯을 가린다'라는 평가를 받았을 것이다. 그 기자의 평가는 그보다 더 잘못됐을 수 없었다. 매들린이 눈을 맞추지 않는 이유는 모든 형태의 친밀감과 관심을 두려워하기 때문이었다. 그녀가 웃지 않는 이유는 자신의 어머니에게 웃으면 "자주색 잇몸을 보이며 춤을 추는 하이에나 같아"라는 소리를 들었기 때문이었다.

매들린은 나의 영웅이다. 내가 보기에 그녀는 자신의 집에서 세뇌를 당한 전쟁포로다. 그녀의 어머니는 겉만 번지르르한 자아도취성 사이코패스였다. 아이 입장에서는 누가 봐도 비정상이고 사회에서도 그런 평가를 받는 부모보다 샬럿처럼 사회적으로는 인정받지만 아무도 없을 때 아이를 학대하는 부모가 더욱 힘들 수 있다. 적어도 전자의 경우에는 학대를 당하더라도 자기 잘못이 아니라는 것을 알 수 있으니 말이다.

별 5개짜리 감옥에서 매들린은 그녀가 괴물이고, 버릇없고 성격이 모났으며 게으르고 뚱뚱하다는 소리를 계속 들으며 성장했다. 실제로는 뛰어난 미모의 학급 대표이자 테니스 챔피언에 여학생 대표였는데도 말이다. 어렸을 때 사진을 보니 근사한 파티 원피스를 입은 말라깽이였다. 그랬는데도 매들린은 다른 모든 아이처럼 어머니의 말을 믿었다. 매들린이 어쩌다 한 번 자신의 성과를 언급하면 샬럿은 괴물인 매들린의 본모습을 자기만 알고 있을 거라고 쏘아붙였다.

어느 모로 보나 샬럿은 어떻게 하면 딸을 세뇌할 수 있는지 본능적으로 알았다. 세뇌 전문가인 심리학자 마거릿 싱어(Margaret Singer)는 저서 『우리 안의 컬트: 그들 이면의 위협과 벌이는 끊임없는 투쟁(Cults in Our Midst: The Continuing Fight Against Their Hidden Menace)』에서 세뇌의 기본 원칙을 소개했다.

1. 이것이 어떤 상황이며, 어떤 식으로 상대방을 조금씩 심리적으로 길들일 계획인지 절대 모르게 한다.

매들린의 어머니는 같이 사는 동안 매일 아침 그녀를 괴물이라고 불렀다.

2. 체계적으로 무력감을 조성한다.

모든 아이는 무력하지만 모든 어머니는 전능하다. 핵가족에서는 권력 구조가 그렇게 설정된다. 샬럿은 워낙 막강해서 수백 명의 직원을 거느린 남편조차 딸과 함께 지하 창고에 숨었다.

3. 그 집단의 이데올로기나 신념체계, 집단 안에서 용인되는 행동을 전파할 수 있도록 집단 차원에서 상과 벌과 경험으로 이루어진 시스템을 조작한다.

매들린의 집에서는 두 개의 이데올로기가 충돌했다. 아버지는 진실, 품위 있는 행동, 사회계약의 중요성을 상징했다. (하지만 한 가지 중요한 게 빠졌으니 포식동물 같은 엄마에게서 딸을 지켜주지 않은 것이었다.) 어머니는 아버지의 원칙을 비웃었고, 그의 점잖은 행동을 '내숭'으로 간주했고, 10대인 남자친구와 자지 않는다며 매들린을 '베이비' 취급했다. 자신의 사이코패스적인 행동은 '재미있다'라고, 덩컨의 반듯한 행동은 '재미없고 답답하다'로 표현했다. 그런데 샬럿이 좀 더 잔인했기 때문에 이 집에서는 그녀의 이데올로기가 승리를 거두었다.

내가 매들린을 만난 지 14년, 덩컨을 만난 지는 20년이 지났다. 나는 여러 잡지를 통해 그녀의 사업 현황을 파악하고 있었다. 바닥에 끌리는 구찌 드레스를 입은 매들린이 턱시도를 입은 안톤의 팔을 잡은 눈부신 사진도 한 번 본 적 있었다. 병원 기금마련 행사의 참석자를 소개한 코너에서 두 사람은 얼굴을 환히 빛내며 함박웃음을 짓고 있었다.

매들린은 내게 보낸 이메일에서 여전히 안톤과 행복하게 잘살고 있고, 암은 재발하지 않았고, 아버지와 좀 더 가까워졌다는 소식을 전했다. 캐런은 치매에 걸려 요양원에 입원했다. 매들린은 다시 고향집에 발을 들일 수 있었다. 그녀는 어머니와 캐런에게 맞서 싸우지 못한 아버지를 용서하게 됐다. 그는 그 빚을 갚느라 갖은 노력을 기울였고 그녀는 거부하지 않았다.

매들린의 어머니는 젊었을 때보다 유해졌지만(사이코패스는 에

너지가 소진되는 성향이 있다) 기질이 달라지지는 않았다. 사이코패스는 인간이 존재하는 가장 중요한 목적이라 할 수 있는 장기적인 관계를 만들지 못하기 때문에 말년에 잘 못 지내는 경우가 많다. 샬럿은 예쁘고 돈이 많았고 남편의 사회적 지위를 마음껏 누렸다. 하지만 말년의 동거인 잭은 빈털터리로 세상을 떠났으며, 나이와 담배와 술과 선탠과 운동부족으로 그녀의 미모도 시들해졌다. 그러자 그녀는 갑자기 딸과 더 많은 시간을 보내고 싶어 했다. 매들린은 전에 없던 이런 다정한 제스처에 넘어가지 않았고 딸의 의무만 충실히 이행했다. 그녀와 그녀의 아버지 모두 샬럿에게 돈만 보낼 뿐 그 이상은 거부했다. 자신을 보호하는 법을 터득한 것이었다. 매들린은 이렇게 말했다. "상담치료와 발신자 번호표시 덕분이지요."

◆

고통의 시간을 통과한
나의 영웅들에게

나는 실제 세상은 넓다는 것을,
그 넓은 곳으로 용감하게 뛰어들어
희망과 두려움, 감동과 흥분으로 이루어진
다채롭고 위험천만한 벌판 안에서
진정한 삶의 진리를 찾으려는 사람들을
기다리고 있다는 것을 기억했다.

_ 샬럿 브론테, 『제인 에어』

이 책은 정신적인 관점, 심리학적인 관점에서 내가 영웅이라고 생각하는 사람들의 이야기라 할 수 있다. 정신적인 전쟁의 흉터가 남은 건 사실이지만 그래도 그들은 이겨냈다. 나는 승리를 거둔 사람들, 중독이나 심한 정신질환 없이 힘든 환경을 극복한 사람들에 집중했고, 그들을 선택했다. 나는 항상 비극보다 감동을 더 좋아한다. 실은 9살 때 나는 한 권에서만이라도 안네가 살아 있길 바라며 동네 도서관에 갖춰진 『안네 프랑크의 일기』를 모든 판본으로 읽은 적도 있다.

역사학자 아널드 토인비(Arnold Toynbee)는 영원불변하거나 보편적인 것이 영웅의 첫 번째 조건이라고 했다. 즉, 하나의 용감한 행동을 통해 영웅은 완벽해지고 다시 태어난다는 뜻이다. 영웅의 두 번째 조건은 달라진 모습으로 돌아와 경험이 미천한 우리에게 그가 깨달은 교훈을 가르쳐야 한다는 것이다. 따라서 내

방식대로 승리한 4명의 영웅을 칭송하고 그들의 고통스럽지만 가치 있는 이야기를 소개한 것이 이 책이다. 그들 모두가 각기 다른 무기와 각기 다른 자신의 전략으로 각기 다른 미노타우로스(크레타섬에 살고 있다고 알려진 수소의 모습을 한 그리스 신화 속 괴물 — 옮긴이)를 죽였다. 용감하다는 것은 하나의 행동이 아니라 불가능한 상황을 대면하고 날마다 일어나 똑같은 시련을 반복하는 일이다.

그 영웅들은 아주 다르게 보일지 모르지만, 경제적, 문화적 껍데기를 벗겨놓고 보면 그들이 무의식적으로 바란 것은 놀라우리만치 비슷했다. 그들 모두 사랑을 받는다는 느낌을 누리며 더 나은 삶을 살아가기를 원했다.

피터, 대니, 로라, 그리고 매들린이 우리에게 주는 교훈은 **누구나** 영웅이 될 수 있다는 것이다. 그들은 토머스 하디(Thomas Hardy)가 쓴 시 「어둠 속에서 II(In Tenebris II)」에서 한 말의 산증인이다.

"더 나음으로 가는 길이 있다 한들 최악을 직면하는 것이 전제조건일 터이니."

그들은 자신의 내면을 파헤쳐 그림자 안에 숨어 있는 부분에 불빛을 비추었다. 그 어두컴컴한 구석에 숨어 있는 것들을 불빛이 비추는 곳으로 끄집어내 정면으로 마주했다. 미지의 길로 용감하게 뛰어들어 변화를 추구하고 역경을 극복해냈다. 쉬운 일은 아니었지만 공포를 극복하고, 얽매인 것이 안전하다고 착각하며 스스로 부여한 한계를 깨부술 수 있다는 것을 역설적으로 보여주었다. 그리고 모든 자아성찰은 용감한 시도라는 것을 보여줌으로써 우리에게 잊을 수 없는 감동을 주었다.

이 정신적 용사들 모두 내담자로 만났을 때 내게 잊을 수 없는 인상을 남겨준 사람들이다. 나는 요즘도 그들을 종종 생각한다. 독자 여러분도 그들의 용감한 결단에 나처럼 감동을 느낄 수 있다면 바랄 나위 없을 것이다.

감사의 글

무엇보다 절대로 포기하지 않고 끝까지 싸워 내게 감동을 선사한 이 책 속의 영웅들에게 감사의 뜻을 전하고 싶다. 그들이 없었다면 이 책도 존재하지 않았을 것이다. 그들은 영웅의 자질뿐 아니라 자신의 이야기를 공개해도 좋다고 허락하는 관대한 마음씨까지 보여주었다.

내 첫 번째 독자 존 레드펀과 린다 칸에게도 고맙다는 인사를 전하고 싶다. 그들은 나를 올바른 방향으로 인도해주었다.

지칠 줄 모르는 나의 에이전트 힐러리 맥마흔은 필요한 개선안을 제시했을 뿐 아니라 펭귄출판사라는 완벽한 보금자리를 찾아주었다. 그런가 하면 담당 편집자 다이앤 터비드는 편집의 대가였다. 그녀의 경이로운 자르고 꿰매기 기술과 자주 반복된 '흥미롭지만 전개상 불필요함'이라는 문구 덕분에 이 책은 훨씬 훌륭하고 집중도 높은 작품으로 거듭날 수 있었다. 교열을 담당한 캐런 앨리스턴은 원래 의미를 고스란히 살리면서도 아주 작은 오류를 잡아내는 데 귀재였다.

마지막으로 내가 아이디어를 늘어놓을 때마다 처음 듣는 사람처럼 귀 기울여 들어주는 후천적인 재능의 소유자이자, 나와 48년을 해로한 남편 마이클에게 고맙다는 말을 전하고 싶다.

함께 읽으면 좋은 책들

- Bruce Meyer, *Heroes: From Hercules to Superman*, HarperCollins, 2007
- Janet Woititz, *Adult Children of Alcoholics*, Health Communications Inc, 1990
- Margaret Singer, *Cults in Our Midst: The Continuing Fight Against Their Hidden Menace*, Jossey-Bass, 2003

- 말콤 글래드웰, 『블링크: 운명을 가르는 첫 2초의 비밀』, 김영사, 2020
- 브루노 베텔하임, 『옛이야기의 매력 1·2』, 시공주니어, 1998
- 수전 포워드, 크레그 벅, 『독이 되는 부모』, 푸른육아, 2020
- 주디스 허먼, 『트라우마: 가정폭력에서 정치적 테러까지』, 열린책들, 2012
- 토미 오렌지, 『데어 데어』, 문학동네, 2021

옮 긴 이

이 은 선

연세대학교에서 중어중문학을, 국제학대학원에서 동아시아학을 전공
했다. 편집자, 저작권 담당자를 거쳐 전문 번역가로 활동 중이다. 옮긴
책으로는 『나는 마음이 아픈 의사입니다』, 『키르케』, 『아킬레우스의
노래』, 『악몽과 몽상』, 『미스터 메르세데스』, 『그레이스』, 『딸에게 보내
는 편지』, 『베어타운』 등이 있다.

생존자들: 뿌리 깊은 트라우마를 극복한 치유의 기록
ⓒ Catherine Gildiner

초판 1쇄 펴낸날 2022년 5월 16일

지은이 캐서린 길디너
옮긴이 이은선
펴낸이 배경란 오세은
펴낸곳 라이프앤페이지
주소 서울시 마포구 신촌로2길 19, 316호
전화 02-303-2097 **팩스** 02-303-2098
이메일 sun@lifenpage.com
인스타그램 @lifenpage
홈페이지 www.lifenpage.com
출판등록 제2019-000322호(2019년 12월 11일)
디자인 [★]규
책임편집 이선희

ISBN 979-11-91462-10-4 03180